U0502361

孟子译注评

王立民 译评

李雪冰 注释

中国出版集团　现代出版社

图书在版编目（CIP）数据

孟子译注评 / 王立民译评; 李雪冰注释. —北京: 现代出版社, 2021.4
ISBN 978-7-5143-7808-5

Ⅰ. ①孟⋯ Ⅱ. ①王⋯ ②李⋯ Ⅲ. ①儒家 ②《孟子》—译文 ③《孟子》—注释 Ⅳ. ①B222.5

中国版本图书馆CIP数据核字（2021）第046565号

孟子译注评

作　　者：王立民　译评　李雪冰　注释
责任编辑：谢　惠
出版发行：现代出版社
通讯地址：北京市安定门外安华里504号
邮政编码：100011
电　　话：010-64267325　64245264（传真）
网　　址：www.1980xd.com
电子邮箱：xiandai@vip.sina.com
印　　刷：三河市宏盛印务有限公司

开　　本：880mm×1230mm　1/32
字　　数：296千
印　　张：11.75
版　　次：2021年4月第1版
印　　次：2021年4月第1次印刷
书　　号：ISBN 978-7-5143-7808-5
定　　价：49.80元

孟子序

史記列傳曰孟軻騶人也受業子思之門人道既通游事齊宣王宣王不能用適梁梁惠王不果所言則見以為迂遠而闊於事情當是之時秦用商鞅楚魏用吳起齊用孫子田忌天下方務於合從連衡以攻伐為賢而孟軻乃述唐虞三代之德是以所如者不合退而與萬章之徒序詩書述仲尼之意作孟子七篇

事無足為者矣大學之脩身齊家治國平天下其本只是正心誠意而已心得其正然後知性之善故孟子遇人便道性善歐陽永叔所言聖人之教人性非可添一物堯舜所以為萬世法亦是率性而已所謂率性循天理是也外邊用計用數假饒立得功業只是人欲之私與聖賢作處天地懸隔

朱熹集註序說

唐《开成石经》字样《孟子》拓片（局部）

孟子卷第一

梁惠王章句上

朱熹集註

孟子見梁惠王王曰叟不
遠千里而來亦將有以利
吾國乎孟子對曰王何必
曰利亦有仁義而已矣王
曰何以利吾國大夫曰何
以利吾家士庶人曰何以
利吾身上下交征利而國
危矣萬乘之國弒其
必千乘之家千乘之國弒
其君者必百乘之家萬取

梁惠王章句下

朱熹集註

莊暴見孟子曰暴見於王
王語暴以好樂暴未有以
對也曰好樂何如孟子曰
王之好樂甚則齊國其庶
幾乎他日見於王曰王嘗
語莊子以好樂有諸王變
乎色曰寡人非能好先王
之樂也直好世俗之樂耳
曰王之好樂甚則齊其庶
幾乎今之樂由古之樂也
曰可得聞與曰獨樂樂與
人樂樂孰樂曰不若與人

於鄒豈楚哉蓋亦反其本
矣今王發政施仁使天下
仕者皆欲立於王之朝耕
者皆欲耕於王之野商賈
皆欲藏於王之市行旅皆
欲出於王之塗天下之欲
疾其君者皆欲赴愬於王
其若是孰能禦之王曰吾
惛不能進於是矣願夫子
輔吾志明以教我我雖不
敏請嘗試之曰無恆產而
有恆心者惟士為能若民
則無恆產因無恆心苟無
恆心放辟邪侈無不為已

孟子卷第二

公孫丑章句上　朱熹集註

公孫丑問曰夫子當路於
齊管仲晏子之功可復許
乎孟子曰子誠齊人也知
管仲晏子而已矣或問乎
曾西曰吾子與子路孰賢
曾西蹙然曰吾先子之所
畏也曰然則吾子與管仲
孰賢曾西艴然不悅曰爾
何曾比子於管仲管仲得
君如彼其專也行乎國政
如彼其久也功烈如彼其

萬章章句上　朱熹集註

萬章問曰舜往于田號泣于旻天何爲其號泣也孟子曰怨慕也萬章曰父母愛之喜而不忘父母惡之勞而不怨然則舜怨乎曰長息問於公明高曰舜往于田則吾既得聞命矣號泣于旻天于父母則吾不知也公明高曰是非爾所知也夫公明高以孝子之心爲不若是恝我竭力耕田共爲子職而已矣父母

歲若禹皋陶則見而知之若湯則聞而知之由湯至於文王五百有餘歲若伊尹萊朱則見而知之由文王則聞而知之由文王至於孔子五百有餘歲若太公望散宜生則見而知之若孔子則聞而知之由孔子而來至於今百有餘歲去聖人之世若此其未遠也近聖人之居若此其甚也然而無有乎爾則亦無有乎爾

孟子卷第七

《孟子》人物关系导图

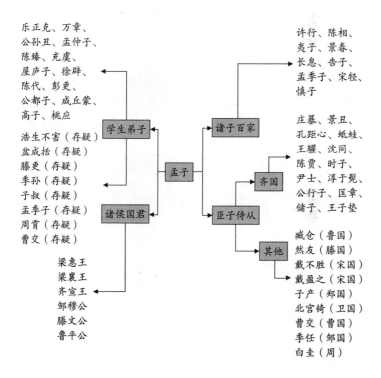

乐正克、万章、
公孙丑、孟仲子、
陈臻、充虞、
屋庐子、徐辟、
陈代、彭更、
公都子、咸丘蒙、
高子、桃应

浩生不害（存疑）
盆成括（存疑）
滕更（存疑）
季孙（存疑）
子叔（存疑）
孟季子（存疑）
周霄（存疑）
曹交（存疑）

梁惠王
梁襄王
齐宣王
邹穆公
滕文公
鲁平公

学生弟子

诸侯国君

孟子

诸子百家

齐国

臣子侍从

其他

许行、陈相、
夷子、景春、
长息、告子、
孟季子、宋牼、
慎子

庄暴、景丑、
孔距心、蚔蛙、
王驩、沈同、
陈贾、时子、
尹士、淳于髡、
公行子、匡章、
储子、王子垫

臧仓（鲁国）
然友（滕国）
戴不胜（宋国）
戴盈之（宋国）
子产（郑国）
北宫锜（卫国）
曹交（曹国）
季任（邹国）
白圭（周）

凡　例

一、本书是对先秦儒家经典著作《孟子》的评述、译文和注释，适合中学生及对传统文化有兴趣的广大读者阅读。

二、本书《孟子》原文以《开成石经》为底本。原唐《开成石经》共收十二部儒家经典，其中本无《孟子》，后清康熙三年（1664）山西巡抚贾汉复等人集其字样补刻《孟子》。

三、对于本书的注释，主要参考赵岐《孟子注疏》和朱熹《孟子集注》的注文，偶有解释矛盾或释义不清的字词则参照《故训汇纂》加以核定，部分参考杨伯峻先生的《孟子译注》加以补正。

四、本书主要对生僻字和容易引起歧义的字及晦涩难解的字词加以注释，同时也对其中产生的成语、俗语和一些可考的名物加注。此外，还对一些疑难字加注字音。在注释过程中，对中学生能够比较熟练掌握的常见古文字不注；前文出现过且已注释过的字、词，后文再次出现且与前文同义的亦不加注；与前文含义或用法不同的字、词，则加注以示区别。

五、《孟子》一书的章节划分基本依循旧例，共分七卷，每卷分上下两章，章后括号内附该章条目数。卷名依照原文，除第七章《尽心》外，基本根据该章出现的除孟子外的第一人的名号来命名。

目　录

孟子卷第一

梁惠王章句上
（共七章）

《梁惠王上》共七章，主要论述行仁政和"王天下"的关系，这二者的关系问题也是《孟子》一书的总纲和核心。

通过行仁政而"王天下"之道，实际上就是行"先王"之道或"三王"（禹、汤、周文武）之道。孟子在头脑中勾画了一幅实行"王道"后的宏伟蓝图，即"人之有道也，饱食、暖衣……教以人伦：父子有亲，君臣有义，夫妇有别，长幼有序，朋友有信"。具体就是，使百姓"仰足以事父母，俯足以畜妻子，乐岁终身饱，凶年免于死亡……五十者可以衣帛矣……七十者可以食肉矣……八口之家可以无饥矣。谨庠序之教，申之以孝悌之义，颁白者不负戴于道路矣"。这幅理想式图画的主要内容，概括起来就是让百姓有饭吃、有衣穿、受教育，懂礼仪，用今天的话说就是先实现物质文明解决温饱问题，然后实现精神文明。孟子的这一主张初看起来似乎要求太低了，细究起来则不然。在人类已进入二十一世纪的今天，全球仍有不少区域刚刚解决温饱问题，许多贫困地区的孩子还上不起学，仍然需要靠社会力量资助。由此可以想见，孟子在两千多年前提出的这一理想该有多么了不起。

理想有了，那么实现这一理想需要什么途径呢？根据战国时期的社会实际，主要有两种途径：一是行"五霸"之霸道;二是行"三王"之王道。前者靠力,用战争手段争城夺地,劫掠财物;后者靠德,施仁政于民,省刑罚,减轻赋税,不违农时,积极发展农业生产。

　　两相比较,孟子主张采取后一种形式。孟子明确指出,行仁政是统一天下必不可省的重要手段,即"不嗜杀人者能一之",因为行仁政、王道能得民心,即"仁者无敌",得民心者自然能得天下。仁政的基础则源于人内心的"仁":"仁,人心也";"人皆有所不忍,达之于其所忍,仁也";"以不忍人之心,行不忍人之政,治天下可运之掌上"。这个过程,实际上是一种推己及人的推恩过程。孟子认为这种"不忍人之心"是人皆有之的恻隐之心,如果在此种情形之下不能推恩于民,那就是"不为也,非不能也"。因此,以任何方式或借口不施恩于民,都是非人道的做法。统治者要统一天下,要做的首先就是施恩于百姓,体恤百姓,与百姓同乐,这样才能上下和谐一心,统一天下也才有牢固的根基。

　　今天,孟子的仁政主张仍有重要的借鉴意义。不管是小至团队管理还是大至国家治理,其颁布的规章制度或大政方针,说到底都是为了使民众生活更富足、更充实,使国家更强大、更安定。

一

孟子见梁惠王^[1]。王曰:"叟^[2]！不远千里而来,亦将有以利吾国乎？"

孟子对曰:"王！何必曰利？亦有仁义而已矣。王曰,'何以利吾国？'大夫曰,'何以利吾家？'士庶人曰,'何以利吾身？'上下交征^[3]利而国危矣。万乘^[4]之国,弑^[5]其君者,必千乘之家；千乘之国,弑其君者,必百乘之家。万取千焉,千取百焉,不为不多矣。苟为后义而先利,不夺不餍^[6]。未有仁而遗^[7]其亲者也,未有义而后^[8]其君者也。王亦曰仁义而已矣,何必曰利？"

【译文】

孟子谒见梁惠王。梁惠王说:"老先生,您不远千里赶来见我,定会有对我国有利的好办法吧？"

孟子回答说:"大王！您为什么一定要讲利呢？只讲仁和义就够了嘛。大王口口声声说,'怎样才有利于我的国家？'大夫口口声声说,'怎样才有利于我的封地？'士人和百姓口口声声说,'怎样才有利于我自己？'上上下下都这样相互追逐、争夺私利,国家就危险了。在一个拥有万辆兵车的国家里,犯上杀死国君的,一定是拥有千辆兵车的大夫；在一个拥有千辆兵车的国家里,犯上杀死国君的,一定是拥有百辆兵车的大夫。在一万辆兵车中就占有一千辆,在一千辆兵车中就占有一百辆，这些大夫所获得的不可谓不多。可是如果他们都把个人私利放在首位，把公义放在其次，那么这些人不把国君的全部夺走是不会满足的。从来就没有讲求仁爱而遗弃父母的人，也从来就没有讲求道义而怠慢自己国君的人。因此，大王您只要讲仁义就行了，为什么一定要讲利呢？"

【注释】

[1] 梁惠王：魏惠王（前400—前319），姬姓，魏氏，名罃（yīng），谥号"惠"。本为魏侯，僭越称王。魏惠王由安邑迁都大梁（今开封西北）后，魏国又称梁国，魏惠王又称梁惠王。《史记》："惠王三十五年，卑礼厚币以招贤者，而孟轲至梁。"[2] 叟：年长者，即"老丈"。[3] 交征："征"，取。"交"，俱。[4] 乘：量词，指车数。"万乘"，兵车万乘，代指天子、帝王。"千乘"，代指诸侯。"百乘"，代指诸侯中的大夫。[5] 弑：指下杀上，卑杀尊。[6] 餍：足，满足。[7] 遗：弃。[8] 后：怠慢。

二

孟子见梁惠王。王立于沼[1]上，顾鸿[2]雁麋[3]鹿，曰："贤者亦乐此乎？"

孟子对曰："贤者而后乐此，不贤者虽有此，不乐也。《诗》云：'经始灵台，经之营之，庶民攻[4]之，不日[5]成之。经始勿亟[6]，庶民子来[7]。王在灵囿，麀[8]鹿攸伏[9]，麀鹿濯濯[10]，白鸟鹤鹤[11]。王在灵沼，于[12]牣[13]鱼跃。'文王以民力为台为沼，而民欢乐之，谓其台曰灵台，谓其沼曰灵沼，乐其有麋鹿鱼鳖。古之人与民偕乐，故能乐也。

《汤誓》^[14]曰：'时^[15] 日^[16] 害^[17] 丧^[18]，予及女偕亡。' 民欲与之偕亡，虽有台池鸟兽，岂能独乐哉？"

【译文】

孟子谒见梁惠王。梁惠王正站在池塘边，看着那些飞翔的鸿雁和奔跑的麋鹿，问道："有德行的人也爱享受这种乐趣吗？"

孟子回答说："只有先成为品德高尚的人，然后才能够享受到这种乐趣；品德不高尚的人，就是有这种景象也体会不到这种快乐。《诗经·大雅·灵台》云：'开始筹建灵台的时候，周文王巧妙作安排，百姓齐心协力干，灵台很快落成。周文王说不要心急，可老百姓却干得更卖力。周文王游览到苑囿中，见到母鹿安卧草丛中油光肥美，白鸟的羽毛洁净秀丽。周文王来到池塘边，看到满池的鱼儿欢蹦乱跳。'周文王运用民力修建高台深池，但百姓却非常高兴，把高台称为'灵台'，把深池称为'灵沼'，还为那里有麋鹿、鱼鳖而高兴。古代有德行的人与百姓同乐，所以能够获得真正的快乐。《尚书·汤誓》云：'你这毒日头什么时候才能灭亡，我们情愿与你一起灭亡。'夏桀这样没有德行的一国之王，百姓痛恨他到了想与他同归于尽的程度，那他即使有了高台深池、珍禽异兽，又怎么能独自享受到快乐呢？"

【注释】

[1] 沼：池。[2] 鸿：大雁。[3] 麋：指像鹿而较大的哺乳动物。[4] 攻：治。工作的意思。[5] 不日：不终日。[6] 亟：速、疾。[7] 子来：指民心归附，如子女趋事父母，不召自来，竭诚忠孝。[8] 麀（yōu）：母鹿。[9] 伏：安其所，不惊动。[10] 濯濯：

肥胖而有光泽的样子。[11] 鹤鹤：《诗经》作"翯翯"，指羽毛洁白的样子。[12] 于（wū）：叹美之词，无实意。[13] 牣（rèn）：满。[14]《汤誓》：《尚书·商书》篇名。[15] 时：指示代词，是。[16] 日：喻指夏桀。[17] 害：同"曷"，何。[18] 丧（sàng）：亡。

三

梁惠王曰："寡人[1]之于国也，尽心焉耳矣。河内[2]凶[3]，则移其民于河东，移其粟于河内。河东凶亦然。察邻国之政，无如寡人之用心者。邻国之民不加少，寡人之民不加多，何也？"

孟子对曰："王好战，请[4]以战喻。填[5]然鼓之，兵刃既接，弃甲曳兵而走。或百步而后止，或五十步而后止。以五十步笑百步，则何如？"

曰："不可；直[6]不百步耳，是亦走也。"

曰："王如知此，则无望民之多于邻国也。

"不违农时，谷不可胜[7]食也；数罟[8]不入洿池[9]，鱼鳖不可胜食也；斧斤以时入山林，材木不可胜用也。谷与鱼鳖不可胜食，材木不可胜用，是使民养生丧死无憾[10]也。养生丧死无憾，王道之始也。

"五亩之宅，树之以桑，五十者可以衣[11]帛矣。鸡豚狗彘之畜[12]，无失其时[13]，七十者可以食肉矣。百亩之田，勿夺其时，数口之家可以无饥矣。谨庠序[14]之教，申[15]之以孝悌[16]之义，颁[17]白者不负戴于道路矣。七十者衣帛食肉，黎民[18]不饥不寒，然而不王[19]者，未之有也。

"狗彘食人食而不知检[20]，途有饿莩[21]而不知发[22]；人死，则曰，'非我也，岁也。'是何异于刺人而杀之，曰，'非我也，兵也。'王无罪岁，斯天下之民至焉。"

【译文】

梁惠王说："我治理国家，算是尽心了吧。河内地方发生饥荒，我就把那里的灾民迁到没有发生饥荒的河东去，并把河东的粮食调拨一些到河内。如果河东地方发生饥荒，也如此办理。我仔细研究过邻国的政治，发现邻国君主并没有像我这样为百姓费心尽力。可是邻国的人口却没有减少，而我国的百姓也没有增多。这到底是为什么呢？"

孟子回答说："大王喜好打仗，就让我用打仗来打比方吧。战鼓已经咚咚地擂响，双方刀枪锋芒相撞，战败的士兵丢下盔甲拖着兵器逃跑，有的跑了一百步才停下，有的跑了五十步就停下了。如果那些跑了五十步的士兵嘲笑跑了一百步的士兵，您怎么看呢？"

梁惠王说："不可以，他们只不过是没有跑一百步罢了，但这也是逃跑啊！"

孟子说："大王如果知道这个道理，那就不应该期望您的百姓比邻国多了。

"如果不误农时，那么粮食就会多得吃不完；如果不用太细太密的网到池塘里捕鱼，那么鱼鳖就会多得吃不完；如果砍伐树木也按照时节规律，那么木料就会用之不绝。粮食和鱼鳖等吃不完，木料也用不完，那么老百姓对养家糊口、送终葬死等就没有什么不满。百姓对养家糊口、送终葬死没有不满，那就是王道的开始。

"在五亩大的宅院里种上桑树，五十岁以上的人就可以穿上丝绸衣服了。鸡、狗、猪等家畜的饲养不错过繁殖的时机，七十岁以上的老人就可以吃上肉了。每户人家有百余亩耕地，不耽误他们的农时，那么几口人的家庭就不会挨饿了。认真办好学校教育，反复用孝顺父母、尊敬兄长等伦理教育他们，那么头发花白的老人就不至于头顶或背负重物在路上行走了。老年人有丝绸衣服穿、有肉吃，一般百姓不挨饿、不受冻，做到这种程度还不能使天下归顺，那是从来不会有的事。

"富人家的猪狗吃了人的粮食却不加以制止，路上躺着饿死的人却没有开仓赈济灾民。老百姓饿死了却推托说'这不是我治理的问题，是年成不好'，这种说法与拿着刀将人杀死了，却说'不是我杀的，是兵器杀的'有什么两样。大王，您如果不去怪罪年成不好，而认真从自己治理的方面找原因，那么别国的百姓就会来归顺了。"

【注释】

[1] 寡人：诸侯自称，寡德的人。[2] 河内：与"河东"皆为魏地。"河内"，今河南济源一带。"河东"，今山西安邑一带。[3] 凶：粮食歉收。[4] 请：表示敬意的副词，无实意。相当于"请允许我……"[5] 填：引申为鼓音。[6] 直：只是，不过。[7] 胜（shēng）：尽。形容数量多。[8] 数罟："数"（cù），密。"罟"（gǔ），网。"数罟"，密网。细密的网会把小鱼鳖也捕捞上来，因此禁止使用其捕捞。[9] 洿池："洿"（wū），低洼的地方，水汇聚在此处。"洿池"，水塘。[10] 憾：恨，不满。[11] 衣（yì）：动词，穿。[12] 畜（xù）：养。[13] 时：指孕子的时候。[14] 庠序："庠""序"皆指古代的学校。[15] 申：重。反复叮咛的意思。[16] 孝悌：善事父母为"孝"，善事兄长为"悌"。[17] 颁：同"斑"。老人头发半黑半白的样子。[18] 黎民："黎"，众多。"黎民"，

百姓。[19] 王（wàng）：称王，指以仁德的政治统一天下。[20] 检：制，制止。[21] 莩（piǎo）：饿死的人。[22] 发：指打开粮仓赈济灾民。

四

梁惠王曰："寡人愿安承教。"

孟子对曰："杀人以梃 [1] 与刃，有以异乎？"

曰："无以异也。"

"以刃与政，有以异乎？"

曰："无以异也。"

曰："庖有肥肉，厩有肥马，民有饥色，野有饿莩，此率兽而食人也。兽相食，且人恶之；为民父母，行政，不免于率兽而食人，恶在其为民父母也？仲尼曰：'始作俑 [2] 者，其无后乎！'为 [3] 其象 [4] 人而用之也。如之何其使斯民饥而死也？"

【译文】

梁惠王说："我很愿意接受您的教诲。"

孟子回答说："用棍棒杀人与用刀子杀人有什么区别吗？"

梁惠王说："没有什么不同。"

孟子说："用刀子杀人和施行暴政而置百姓于死地，两者有区别吗？"

梁惠王说："这也没有什么区别。"

孟子说："大王的厨房里有肥美的肉食，马圈里有膘肥体壮的马匹，可是百姓却面黄肌瘦，许多人因为饥饿而暴尸野外，这实在是相当于让禽兽去吃人！兽类自相残杀，人们尚且觉得可憎；可是现在做百姓父母官的人，主持政事时竟然不能避免禽兽吃人的现象，又算什么百姓的父母官呢？孔子说：'第一个制造陪葬用的木偶、土偶的人，大概要断子绝孙的吧！'他说这话就是因为'俑'很像人形却用来陪葬。连这种行为孔子都感到愤慨，又怎么能忍受百姓因受饥饿而死亡呢？"

【注释】

[1] 梃（tǐng）：杖。[2] 俑：殉葬的木偶。古代，殡葬用草束成人形的人偶作为陪葬品，称为"刍灵"。中古时期改用"俑"，有五官毛发，更加像人形。孔子厌恶这种不仁的行为，因而说其无后。后演化为成语"始作俑者"，原指开始制作俑的人，后用来比喻某种坏事或恶劣风气的创始者，有贬义。[3] 为（wèi）：因为。[4] 象：同"像"。

五

梁惠王曰："晋国[1]，天下莫强焉，叟之所知也。及寡人之身，东败于齐，长子死焉；西丧地于秦七百里；南辱于楚。寡人耻之，愿比[2]死者壹洒[3]之，如之何则可？"

孟子对曰："地方百里而可以王。王如施仁政于民，省刑罚，薄税敛，深耕易[4]耨[5]；壮者以暇日修其孝悌忠信，入以事其父兄，出以事其长上，可使制梃以挞秦楚之坚甲利兵矣。

"彼夺其民时，使不得耕耨以养其父母。父母冻饿，兄弟妻子离散。彼陷溺[6]其民，王往而征之，夫[7]谁与王敌？故曰：'仁者无敌。'王请勿疑！"

【译文】

梁惠王说："魏国本是天下无敌的，这一点您是知道的。到了我执政时，在东方被齐国打败，我的大儿子战死了；在西方被秦国打败，丧失了七百里疆土；在南方又被楚国所辱。这使我感到羞耻，我发誓要为魏国所有的阵亡将士报仇雪耻，您看怎么办才能成功呢？"

孟子回答说："一个国家的疆土即使只有纵横百里，也可以使天下归服。大王如果对百姓施行仁政，减轻刑罚，少收赋税，让百姓有时间深耕细作，及时除草；让年轻人利用闲暇时间学习，培养他们孝顺父母、敬爱兄长、待人诚实、恪守信用等品德，在家里用之侍奉父母兄长，在外面则用之尊重长者上级，这样即使他们手持棍棒也足以抗击身披坚固铠甲、手持锐利武器的秦、楚军队。

"秦、楚那些国家征兵备战，耽误了农时，以致百姓无法耕种以养活父母。他们的父母饥寒交迫，兄弟、妻子、儿女离散到四方。秦、楚的君主使百姓陷入水深火热之中，大王若去讨伐他们，还有谁能来抵抗呢？所以，古语说：'施行仁政的人天下无敌。'请大王对此不要再怀疑了！"

【注释】

[1] 晋国：指魏国。魏国本是晋大夫魏斯与韩虔、赵籍共分晋地而成，史称"三家分晋"，因此魏惠王自称魏国为"晋国"。魏惠王三十年，齐击魏，破其军，虏太子申。魏惠王十七年，秦取魏少梁，后魏又数献地于秦。又与楚将昭阳战败，亡其七

邑。王念有此三耻，求策谋于孟子。[2]比：为。指想要为死者报仇雪耻。[3]洒：同"洗"。[4]易：治。[5]耨（nòu）：锄草。[6]陷溺："陷"，陷于阱。"溺"，溺于水。"陷溺"，此处是暴虐的意思。[7]夫（fú）：文言发语词，无实意。

六

孟子见梁襄王[1]，出，语[2]人曰："望之不似人君，就之而不见所畏焉。卒然[3]问曰：'天下恶乎定？'

"吾对曰：'定于一。'

"'孰能一之？'

"对曰：'不嗜杀人者能一之。'

"'孰能与[4]之？'

"对曰：'天下莫不与也。王知夫苗乎？七八月[5]之间旱，则苗槁矣。天油然[6]作云，沛然[7]下雨，则苗浡然[8]兴之矣。其如是，孰能御之？今夫天下之人牧[9]，未有不嗜杀人者也。如有不嗜杀人者，则天下之民皆引领[10]而望之矣。诚如是也，民归之，由[11]水之就下，沛然谁能御[12]之？'"

【译文】

孟子谒见梁襄王，出来后，孟子告诉别人说："梁襄王这个人，远远打量不像个国君的样子，走近看也看不到令人敬畏的气势。他突然问我：'天下怎样才能安定？'

"我回答说：'天下统一就能安定。'

"'谁能统一天下？'

"我回答说:'不随便杀人的国君能统一天下。'

"'谁能跟随他?'

"我回答说:'天下没有谁不跟随他。您知道禾苗生长的情况吧?如果七八月久旱不雨,那么禾苗就会枯萎。如果天上乌云翻滚并降下滂沱大雨,那么禾苗就会生机勃勃地生长。像这种情况,有谁能抵挡得了?现在,天下的国君,没有哪个不好杀人的。如果有一位不好杀人的国君,那么普天之下的百姓都会翘首盼望着他了。果真能这样,百姓归附他,就像水往低处流一样,湍急迅猛之势谁能抵挡得了呢?'"

【注释】

[1] 梁襄王:梁惠王的儿子,名赫,谥号"襄"。[2] 语(yù):告。[3] 卒然:同"猝然",急遽的样子。[4] 与:跟随的意思。[5] 七八月:周代的七八月相当于夏朝的五六月。[6] 油然:云多的样子。[7] 沛然:雨多的样子。[8] 浡然:兴起的样子。[9] 人牧:治理人民的人,即国君。[10] 领:颈。[11] 由:当作"犹",古字借用。后多仿此。[12] 御:禁止。

七

齐宣王[1]问曰:"齐桓、晋文之事可得闻乎?"

孟子对曰:"仲尼之徒无道桓文之事者,是以后世无传焉,臣未之闻也。无以[2],则王乎?"

曰:"德何如则可以王矣?"

曰:"保[3]民而王,莫之能御也。"

曰："若寡人者，可以保民乎哉？"

曰："可。"

曰："何由知吾可也？"

曰："臣闻之胡龁[4]曰，王坐于堂上，有牵牛而过堂下者，王见之，曰：'牛何之？'对曰：'将以衅钟[5]。'王曰：'舍之！吾不忍其觳觫[6]，若无罪而就死地。'对曰：'然则废衅钟与？'曰：'何可废也？以羊易之！'不识有诸？"

曰："有之。"

曰："是心足以王矣。百姓皆以王为爱[7]也，臣固知王之不忍也。"

王曰："然；诚有百姓者。齐国虽褊小，吾何爱一牛？即不忍其觳觫，若无罪而就死地，故以羊易之也。"

曰："王无异[8]于百姓之以王为爱也。以小易大，彼恶知之？王若隐[9]其无罪而就死地，则牛羊何择[10]焉？"

王笑曰："是诚何心哉？我非爱其财而易之以羊也。宜乎百姓之谓我爱也。"

曰："无伤[11]也，是乃仁术[12]也，见牛未见羊也。君子之于禽兽也，见其生，不忍见其死；闻其声，不忍食其肉。是以君子远庖厨也。"

王说，曰："《诗》云：'他人有心，予忖度之。'夫子之谓也。夫我乃行之，反而求之，不得吾心。夫子言之，于我心有戚戚[13]焉。此心之所以合于王者，何也？"

曰："有复[14]于王者曰：'吾力足以举百钧[15]，而不足以举一羽；明足以察秋毫之末[16]，而不见舆薪[17]，则王许[18]之乎？"

曰："否。"

"今恩足以及禽兽，而功不至于百姓者，独何与[19]？然则一羽之不举，为不用力焉；舆薪之不见，为不用明焉；百姓之不见保，为不用恩焉。故王之不王，不为也，非不能也。"

曰："不为者与不能者之形 [20] 何以异？"

曰："挟 [21] 太山以超 [22] 北海，语人曰，'我不能。'是诚不能也。为长者折枝，语人曰，'我不能。'是不为也，非不能也。故王之不王，非挟太山以超北海之类也；王之不王，是折枝之类也。

"老 [23] 吾老 [24]，以及人之老 [25]；幼 [26] 吾幼 [27]，以及人之幼 [28]。天下可运于掌。《诗》云：'刑 [29] 于寡妻 [30]，至于兄弟，以御 [31] 于家邦。'言举斯心加诸彼而已。故推恩足以保四海，不推恩无以保妻子。古之人所以大过人者，无他焉，善推其所为而已矣。今恩足以及禽兽，而功不至于百姓者，独何与？

"权 [32]，然后知轻重；度 [33]，然后知长短。物皆然，心为甚。王请度之！

"抑 [34] 王兴甲兵，危士 [35] 臣，构 [36] 怨于诸侯，然后快于心与？"

王曰："否；吾何快于是？将以求吾所大欲也。"

曰："王之所大欲可得闻与？"

王笑而不言。

曰："为肥甘不足于口与？轻暖不足于体与？抑为采色不足视于目与？声音不足听于耳与？便嬖 [37] 不足使令于前与？王之诸臣皆足以供之，而王岂为是哉？"

曰："否，吾不为是也。"

曰："然则王之所大欲可知已 [38]，欲辟土地，朝 [39] 秦楚 [40]，莅 [41] 中国而抚四夷也。以若 [42] 所为求若所欲，犹缘木而求鱼也。"

王曰："若是其甚与？"

曰："殆 [43] 有甚焉。缘木求鱼 [44]，虽不得鱼，无后灾。以若所为求若所欲，尽心力而为之，后必有灾。"

曰："可得闻与？"

曰："邹 [45] 人与楚 [46] 人战，则王以为孰胜？"

曰:"楚人胜。"

曰:"然则小固不可以敌大,寡固不可以敌众,弱固不可以敌强。海内之地方千里者九,齐集有其一。以一服八,何以异于邹敌楚哉?盖亦反其本矣。

"今王发政施仁,使天下仕者皆欲立于王之朝,耕者皆欲耕于王之野,商贾皆欲藏于王之市,行旅皆欲出于王之途,天下之欲疾其君者,皆欲赴愬于王。其若是,孰能御之?"

王曰:"吾惛[47],不能进于是矣。愿夫子辅吾志,明以教我。我虽不敏,请尝试之。"

曰:"无恒产[48]而有恒心[49]者,惟士为能。若民,则无恒产,因无恒心。苟无恒心,放辟邪侈,无不为已。及陷于罪,然后从而刑之,是罔[50]民也。焉有仁人在位罔民而可为也?是故明君制民之产,必使仰足以事父母,俯足以畜妻子,乐岁终身饱,凶年免于死亡;然后驱而之善,故民之从之也轻[51]。

"今也制民之产,仰不足以事父母,俯不足以畜妻子;乐岁终身苦,凶年不免于死亡。此惟救死而恐不赡[52],奚暇治[53]礼义哉?

"王欲行之,则盍[54]反其本矣:五亩之宅,树之以桑,五十者可以衣帛矣。鸡豚狗彘之畜,无失其时,七十者可以食肉矣。百亩之田,勿夺其时,八口之家可以无饥矣。谨庠序之教,申之以孝悌之义,颁白者不负戴于道路矣。老者衣帛食肉,黎民不饥不寒,然而不王者,未之有也。"

【译文】

齐宣王问孟子道:"齐桓公、晋文公称霸的事,您能讲给我听听吗?"

孟子回答说:"孔子的弟子们没有谁提到过齐桓公、晋文公的事，所以后代就没有流传下来，我也没有听说过。如果您一定要我说的话，我就说说以仁德的力量来统一天下的'王道'好吗？"

齐宣王问道："怎样的德才能够统一天下呢？"

孟子说："从爱护百姓的标准出发统一天下，就没有人抵挡得了。"

齐宣王说："像我这样的人，能做到爱护百姓吗？"

孟子说："能。"

齐宣王问道："您凭什么知道我能做到呢？"

孟子说："我曾听胡龁说过这样一件事，大王坐在殿堂上，有人牵着牛从殿堂下走过，您看见后问：'牛要牵到哪里去？'那人回答说：'准备杀掉后用它的血来涂钟。'您说：'放了它吧！我实在不忍心看它瑟瑟发抖的样子，就像这样毫无罪过却要被杀死。'那人回答说：'那要把祭钟的仪式也废除吗？'您回答说：'怎么可以废除呢？用羊来代替它吧！'不知道有没有这件事？"

齐宣王回答说："有这件事。"

孟子说："您有这慈善之心就完全可以统一天下了。百姓都以为大王吝啬，而我早就知道您是不忍心啊。"

齐宣王说："是的，的确有以为我吝啬的百姓。齐国地方虽然不大，可是我又何至于吝惜一头牛呢？我是不忍心看到牛因害怕而瑟瑟发抖的样子，就像毫无过错却要被杀掉，所以才用羊来代替它。"

孟子说："您对百姓以为您吝啬这一点不要诧异。您用小牲口换下大牲口，百姓怎么能知道您的深意？可是，大王如果同情没有罪过就被送去杀掉，那么杀牛和杀羊又有什么区别呢？"

齐宣王笑着说："这是出于什么心理呢？我确实不是因为吝惜财产才用羊来代替牛的。百姓说我吝啬，也确有他们的道理。"

孟子说："这没有什么关系，您的不忍正是仁爱之心的体现，只是您亲眼看见了牛而没有看见羊。有德行的人对待飞禽走兽，看见它们活着，就不忍心看到它们被杀死；听到它们的哀鸣，就不忍心吃它们的肉。所以，君子总是远离厨房。"

齐宣王很高兴，说："《诗经·小雅·巧言》云：'别人的心思，我能猜测得到。'说的就是您吧！我虽然这么做了，可反过来想想为什么这么做，自己却弄不清出于什么心理。您说出了我的心思，我心里一下子明白了。可是，我的慈善之心和统一天下的王道是一致的，这又是什么道理呢？"

孟子说："假如有一个人向您报告说：'我的力气足以举起三千斤，可我却拿不动一根羽毛；我的眼力可以看清楚秋天鸟儿细细的羽毛尖，可我却看不见一大车柴草。'那么，大王相信他的话吗？"

齐宣王说："不相信。"

孟子接着说："现在您的恩泽连禽兽都能得到，可是功德却没能施加到百姓身上，这是什么原因呢？如此说来，一根羽毛都拿不动，是因为自己不肯用力气；一大车柴草都看不见，是因为自己不肯用眼看；百姓的生活没能得到改善，是因为没有施行慈善之心。所以，您现在没有用仁德去统一天下，是不去做而不是做不到啊！"

齐宣王说："不去做和做不到，这两者之间的表现有什么区别呢？"

孟子说："用两臂夹着泰山跳过北海，对别人说'我做不到'，这是真的做不到；替老年人折取树枝，对别人说'我做不到'，这是不肯做，而不是做不到。所以，大王现在不实行以王道统一天下，不是属于夹着泰山跳过北海这一类，而是属于替老年人折取树枝那一类事啊！

"尊敬自己的长辈，进而推广到尊敬别人的长辈；关心爱护自己的晚辈，进而推广到关心爱护别人的晚辈。如果有这样的心思，治理天下就会像在手掌中转动东西那么容易了。《诗经·大雅·思齐》云：'先给自己的妻子、儿女做榜样，然后影响到兄弟，再进一步推广到封邑领地和国家。'说的就是把自己对待亲人的慈善之心推广到别人身上就行了。所以，推广慈善之心足以使天下安定，如果不这样则连自己的妻子、儿女都保护不了。古代的圣人远远超过一般人，没有别的原因，只不过是善于推广他们的善行罢了。现在，您的恩泽足以施及动物，而百姓却得不到，这究竟是什么原因呢？

"用秤称一称，才知道物的轻重；用尺子量一量，才知道物的长短。什么东西都如此，人的心思更是如此。大王仔细考虑考虑吧！

"难道大王要发动军队，让将士冒着死亡的危险去跟别国结怨，这样做您才高兴吗？"

齐宣王说："不，我怎么会为这种做法感到高兴呢？我只是想通过这样做来实现我的最高理想啊！"

孟子说："大王的最高理想能说给我听听吗？"

齐宣王笑了笑不说话。

孟子说："是嘴巴不满足于肥美的食物，身体不满足于轻暖的衣服，还是眼睛看不够艳丽的色彩，耳朵听不够美妙的音乐呢？或者是宠爱的侍从不够用呢？您的臣下都能尽量地满足您这些，难道大王真的是为了这些吗？"

齐宣王说："不，我不是为了这些。"

孟子说："那么，您的最高理想就清楚了：您是想扩张领土，使秦、楚这样的强国都臣服，自己做天下盟主统治周围的部族啊！如果用您现在的做法想要实现您的理想，那就好像爬到树上去捉鱼。"

齐宣王说："真的严重到这种地步吗？"

孟子说："恐怕比这还严重呢。爬上树去抓鱼即使抓不到鱼，也并没有什么灾祸。但按您现在这种做法去实现您的理想，如果以全部力量去做，结果必然有大灾祸。"

齐宣王说："能把其中的道理讲给我听听吗？"

孟子说："假使邹国和楚国打仗的话，您认为哪国会取胜呢？"

齐宣王说："楚国胜。"

孟子说："这样看来，小国当然抵挡不了大国，人口少的国家当然打不赢人口多的，弱国当然不敌强国。天下土地纵横千里的有九个，齐国是其中之一。以一分的力量去征服另外的八分，这跟邹国与楚国为敌有什么区别呢？这是本末倒置啊。

"如果大王现在发布政令，推行仁道，就会使天下的士大夫都想到齐国来任职，种地的都想在齐国的土地上耕种，经商的都想在齐国的市场里做生意，旅行的都愿意取道齐国，各国中怨恨本国君王的人都想到齐国来申诉。如果做到这样，谁又能抵挡得了呢？"

齐宣王说："我头脑昏乱，不能做到这样了。希望您能帮助我实现理想，并明确地指教我。我虽然愚钝，也希望试一试。"

孟子说："没有固定的产业却有坚定的道德信念，只有士人才能做到。至于一般百姓，没有一定的产业也就不会有坚定的道德信念。如果没有坚定的道德信念，就会为非作歹，违法乱纪，无所不为。等到犯了罪，再去加以处罚，这就是坑害百姓。哪有仁爱的人执政却做出坑害百姓的事情呢？所以，贤明的君主规定百姓的产业规模，一定要使他们有足够的能力对上赡养父母，对下抚养妻儿；好年成一年到头丰衣足食，坏年成也不至于饥饿而死。做到这一点后再引导他们走上为善之路，百姓就会很容易听从了。

"现在呢，规定百姓的产业规模，对上不足以赡养父母，对下不足以抚养妻儿；好年成终年穷苦，坏年成不免饥饿而死。像这样连活命恐怕都做不到，哪里还有空闲时间讲究礼义呢？

"大王要施行仁政，为什么不从根本上做起呢？在五亩大的宅院里种上桑树，那么五十岁的人就可以穿上丝绸了；鸡、狗、猪的饲养不错过它们的繁殖期，那么七十岁的人就可以吃上肉了；给百亩耕地不耽误农时，那么八口人的家庭就可以不挨饿了。认真办好各级学校，反复讲清孝顺父母、敬爱兄长的道理，那么头发花白的老人就不至于顶着东西或背着重物在路上行走了。老年人有好衣服穿、有肉吃，一般百姓不挨饿受冻，国家治理到这个程度还不能使天下归顺，那是从未有过的事。"

【注释】

[1] 齐宣王（约前350—前301）：妫姓，田氏，名辟疆，

战国时期齐国国君，齐威王的儿子。[2] 无以："以""已"通用。"无以"，类似"不得已"，就是如果一定要说的话的意思。[3] 保：安，爱护。[4] 胡齕（hé）：齐宣王的近臣。[5] 衅钟：古代杀牲畜以血涂钟进行祭祀。[6] 觳觫（húsù）：恐惧的样子。[7] 爱：指吝啬、吝惜。[8] 异：怪。[9] 隐：痛，怜悯。[10] 择：指既然牛羊都是无罪而死，那么用羊替换成牛又有什么区别呢。[11] 无伤：指虽然有百姓的言论，但也没什么伤害。[12] 术：指巧用方法。对齐宣王来说，杀牛既是他不忍的，但衅钟之礼也不可废。这种矛盾难以解决，所以这种怜悯之心虽然产生但最终无法施行。不过，见到牛产生的这种怜悯之心已经产生就不可遏制，没见到羊就不会产生这种同理心。所以，以羊易牛，那么二者就可以两全而无害，这就是所说的仁之术。[13] 戚戚：心动的样子。[14] 复：白。此处指回答。[15] 钧：三十斤。百钧，三千斤。此处指极重难举。[16] 秋毫之末：毛至秋而末锐，小而难见。指极细小的东西。[17] 舆薪：以车载薪，大而易见。[18] 许：信。此处指可以。[19] 与（yú）：同"欤"。下文句末同。[20] 形：状，样子。[21] 挟：用两臂夹东西。[22] 超：跃过。[23] 老：用对待老人的态度对待。[24] 吾老：指我的长辈。[25] 人之老：指他人的长辈。[26] 幼：用对待孩子的态度对待。[27] 吾幼：指我的子弟。[28] 人之幼：指他人的子弟。[29] 刑：法。此处指示范。[30] 寡妻：谦辞，寡德的妻子。[31] 御：治，即统治、治理。[32] 权：秤锤。此处指权衡。[33] 度（duó）：丈尺。此处指丈量。[34] 抑：发语词，无实意。[35] 士：战士。[36] 构：结。[37] 便嬖（bì）：指君主宠幸亲近的小人。[38] 已：语助词，无实意。[39] 朝（cháo）：致其来朝觐。[40] 秦楚："秦""楚"皆为大国。[41] 莅：

临。[42] 若：顺。[43] 殆：发语词，无实意。[44] 缘木求鱼：爬到树上捉鱼，必然不可得。后演化为成语，比喻方向、方法都不对，就不可能达到目的。[45] 邹：东周时期诸侯国之一，国土面积极小。周武王得天下后，封颛顼（zhuānxū）高阳氏后裔于邾（zhū）娄国。邾娄国也叫邾国，最初为鲁国的附庸。战国时期，鲁穆公改邾娄国号为邹，后邹国被楚国所灭。[46] 楚：春秋战国时期的大国。[47] 惛：同"昏"。[48] 恒产："恒"，常。"产"，生业。"恒产"，指可以长期经营的营生。[49] 恒心：指人长期拥有的良好心性。士人学知识，懂义理，虽然没有恒久的营生，但有坚韧的心性。[50] 罔：同"网"，罗网。[51] 轻：此处指容易。[52] 赡：赡养。[53] 治：理。此处指讲究。[54] 盍（hé）：何不。

梁惠王章句下

（共十六章）

　　《梁惠王下》共十六章。前几章集中论述了治国要"与民同乐"的道理，后几章则主要论述治国要任用贤能之人。

　　孟子所说的"乐"，当然含有娱乐之义，但又不仅仅指娱乐，而是具有丰富的内涵。第一章和第二章用对比的方式举出贤明君王和暴虐君王的所作所为引起的不同效果，证明了一国之统治者要"与民同乐"的道理。所谓"与民同乐"，不仅仅是指同百姓一道娱乐，更主要的是指统治者要推己及人，施恩于民，关心百姓疾苦。古往今来，何谓仁？何谓得民心？无非是想百姓所想，急百姓所急而已。"乐民之乐者，民亦乐其乐；忧民之忧者，民亦忧其忧"，只有达到此种境界才能君民一心，实现仁政理想。"与民同乐"的道理十分简单，而实行起来却不容易。孟子的提醒是有长久的警示意义的。

　　本卷还涉及治国如何任用贤能的问题。进贤用能是儒家的一项重要政治主张，最初是由孔子提出的。《论语·为政》云："哀公问曰：'何为则民服？'孔子对曰：'举直错诸枉，则民服；举枉错诸直，则民不服。'""直"，就是贤能之人；"枉"就是奸邪小人。孟子继承了孔子的学说，在《告子下》第十五章中举出舜、傅说、胶鬲、管仲、孙叔敖、百里奚等出身微贱而被重用的事例来证明自己的观点。不仅如此，孟子还在本卷第四章中提出了鉴别真假贤能之人的标准，即反复听取多方面的意见，并认真考察。孟子还为所谓"弑君"行为辩护，认为那些"贼仁者"、"贼义者"和"残贼之人"（独夫）只有将其撤换掉甚至杀掉，而执行此行为的臣下则不会有以下犯上的罪名，因为"独夫"已失去了做君王的资格，而这样做的臣下就是贤臣。这些论述，实际上已涉及为君之道和为臣之道是对等的问题。据说，明太祖朱元璋对这些主张颇为不满，因此力主删削《孟子》一书。

今天，我们要对孟子的这些主张做出正确评价，这对处理好党群关系、干群关系大有裨益。

一

庄暴见孟子，曰："暴见[1]于王，王语暴以好[2]乐，暴未有以对也。"曰："好乐何如？"

孟子曰："王之好乐甚，则齐国其庶几[3]乎！"

他日，见于王曰："王尝语庄子以好乐，有诸？"

王变乎色，曰："寡人非能好先王之乐也，直好世俗之乐耳。"

曰："王之好乐甚，则齐其庶几乎！今之乐犹古之乐也。"

曰："可得闻与？"

曰："独乐乐，与人乐乐，孰乐？"

曰："不若与人。"

曰："与少乐乐，与众乐乐，孰乐？"

曰："不若与众。"

"臣请为王言乐。今王鼓乐于此，百姓闻王钟鼓之声，管籥[4]之音，举[5]疾首[6]蹙頞[7]而相告曰：'吾王之好鼓乐，夫何使我至于此极[8]也？父子不相见，兄弟妻子离散。'今王田猎于此，百姓闻王车马之音，见羽旄[9]之美，举疾首蹙頞而相告曰：'吾王之好田猎，夫何使我至于此极也？父子不相见，兄弟妻子离散。'此无他，不与民同乐也。

"今王鼓乐于此，百姓闻王钟鼓之声，管籥之音，举欣欣然有喜色而相告曰：'吾王庶几无疾病与，何以能鼓乐也？'今王田猎于此，百姓闻王车马之音，见羽旄之美，举欣欣然有喜色而相告曰：'吾王庶几无疾病与，何以能田猎也？'此无他，与民同乐也。今王与百姓同乐，则王矣。"

【译文】

庄暴来见孟子，说："我谒见大王，他告诉我说他喜欢音乐，我不知怎样回答他。"接着他又说："喜欢音乐到底好不好？"

孟子说："大王如果非常喜欢音乐，那么齐国就会治理得很好了。"

过了些日子，孟子去谒见齐宣王，说："大王曾告诉庄暴先生，说您喜欢音乐，有这回事吗？"

齐宣王的脸色一下子变得不自然，回答说："我并不是爱好古代帝王留下来的典雅音乐，只是爱好流行的民间音乐罢了。"

孟子说："您如果非常喜欢欣赏音乐，那么齐国治理得一定是很好了。现在的音乐与古代的典雅音乐都是一样的。"

齐宣王问道："您能讲讲这个道理让我听听吗？"

孟子说："单独一个人欣赏音乐的快乐，与跟别人一起欣赏音乐的快乐，哪一种更快乐呢？"

齐宣王回答说："当然是与别人一起欣赏音乐更快乐。"

孟子说："跟少数人一起欣赏音乐的快乐，与跟众人一起欣赏音乐的快乐，哪一种更快乐呢？"

齐宣王答道："不如跟众人一起欣赏音乐更快乐。"

孟子接着说道："让我给您说说欣赏音乐的乐趣吧。假如大王在这里奏乐，百姓听到了您的钟鼓之声、箫笛之音，全都愁眉苦脸地互相议论起来：'我们君王喜好音乐，可是为什么我们的生活苦难到这种地步？父子不能相见，兄弟妻儿四处逃散！'假如大王在这里打猎，百姓听到您的车马声，看到华丽的仪仗旌旗，全都愁眉苦脸地互相议论起来：'我们君王这么喜欢打猎，为什么我们苦难到这种地步？父子不能相见，兄弟妻儿四处逃散！'百姓如此怨恨，没有别的原因，只因为您不跟百姓一同享受快乐。

"假如大王在这里奏乐，百姓听到钟鼓之声、箫笛之音，全都高高兴兴、喜形于色地互相告诉：'我们君王大概身体健康吧，不然怎么会奏乐呢？'假如大王在这里打猎，百姓听到了您的车马声，看到了华丽的仪仗旌旗，全都高高兴兴、喜形于色地互相告诉：'我们君王大概身体健康吧，不然怎么会打猎呢？'百姓如此快乐，没有别的原因，只因为您跟百姓一同享受快乐。如果大王能跟百姓一同享受快乐，那就可以统一天下了。"

【注释】

[1] 见（xiàn）：谒见。下"见于"同。[2] 好（hào）：喜欢。篇内同。[3] 庶几：相当于"治"。此处指积极方面的"差不多"。[4] 钟鼓、管籥（yuè）：皆为乐器。"管"，笙。"籥"，箫。有的叫"籥若笛"，短而有三孔。[5] 举：皆。[6] 疾首：头痛。[7] 蹙（cù）頞（è）："蹙"，聚。"頞"，额头。"蹙頞"，忧愁的样子。[8] 极：穷。此处指穷尽。[9] 羽旄（máo）：旌旗，即旗帜。此处指仪仗。

二

齐宣王问曰："文王之囿[1]方七十里，有诸？"

孟子对曰："于传有之。"

曰："若是其大乎？"

曰："民犹以为小也。"

曰："寡人之囿方四十里，民犹以为大，何也？"

曰："文王之囿方七十里，刍荛[2]者往焉，雉兔[3]者往焉，与民同之。民以为小，不亦宜乎？臣始至于境，问国之大禁，然后敢入。臣闻郊关[4]之内，有囿方四十里，杀其麋鹿者如杀人之罪，则是方四十里为阱[5]于国中。民以为大，不亦宜乎？"

【译文】

齐宣王问孟子道："听说周文王养鸟兽的园林方圆七十里，有这回事吗？"

孟子回答说："文献上有这样的记载。"

齐宣王说："真有这么大吗？"

孟子说："百姓还认为它太小了呢！"

齐宣王说："我的园林方圆不过四十里，百姓还认为它太大了，这是什么原因呢？"

孟子说："周文王的园林方圆七十里，割草砍柴的可以去，打野鸡野兔的也可以去，这园林是周文王和百姓共同享用的。百姓认为它小，不是理所当然的吗？我刚到齐国边境时，先问明白了齐国最大的禁令之后，然后才敢进入。我听说在齐国国都的郊外有一座方圆四十里的园林，谁杀死了里面的麋鹿就等于犯了杀人罪，那么这方圆四十里的地方就像是国中设置的一个大陷阱。百姓认为它太大，不也是理所当然的吗？"

【注释】

[1] 囿（yòu）：繁育鸟兽的地方，即养动物的园子。古代，

四时之田在做农活的间隙用来演武练兵，但又不希望将鸟兽牲畜放养在稼穑场圃之中，所以圈出一些闲旷之地成为圃。[2] 刍（chú）荛（ráo）者："刍"，草，指喂牲畜的草。"荛"，薪，指柴草。"刍荛者"，指取柴草的贫贱人。[3] 雉兔：指取雉兔的人，猎人。[4] 郊关：古代，国境外百里为郊，郊外有关，齐国四境之郊都有关。[5] 阱：陷阱。此处指在地上做陷阱捕猎的人，就相当于逼死百姓。

三

齐宣王问曰："交邻国有道乎？"

孟子对曰："有。惟仁者为能以大事小，是故汤事葛[1]，文王事昆夷[2]。惟智者为能以小事大，故太王[3]事獯鬻[4]，勾践事吴。以大事小者，乐天者也；以小事大者，畏天者也。乐天者保天下，畏天者保其国。《诗》云：'畏天之威，于时保之。'"

王曰："大哉言矣！寡人有疾，寡人好勇。"

对曰："王请无好小勇[5]。夫抚剑疾视[6]曰，'彼恶敢当我哉！'此匹夫之勇，敌一人者也。王请大之！

"《诗》云：'王赫斯[7]怒，爰[8]整其旅[9]，以遏[10]徂莒[11]，以笃[12]周祜[13]，以对[14]于天下。'此文王之勇也。文王一怒而安天下之民。

"《书》曰：'天降下民，作之君，作之师，惟曰其助上帝宠之。四方有罪无罪惟我在，天下曷敢有越[15]厥[16]志？'一人衡[17]行于天下，武王耻之。此武王之勇也。而武王亦一怒而安天下之民。今王亦一怒而安天下之民，民惟恐王之不好勇也。"

【译文】

齐宣王问道："与邻国交往有什么法则吗？"

孟子回答说："有。只有仁爱的君王才能做到以大国的身份为小国服务，所以商汤曾服事过葛伯，周文王曾服事过昆夷；只有明智的君王才能做到以小国的身份为大国做事，所以太王曾为獯鬻做事，勾践曾为吴国做事。以大国的身份为小国服务的，是乐于顺从客观规律的人；以小国身份为大国服务的，是畏惧而遵循客观规律的人。乐于顺从客观规律的君王可以安定天下，畏惧而遵循客观规律的君王则足以保护好自己的国家。《诗经·周颂·我将》云：'敬畏老天的威严遵守天道，所以才能把天下保住。'"

齐宣王说："您的话真是太高明了！可是，我有个毛病，总是喜欢勇武。"

孟子说："我希望您不要喜欢小勇。如果手按着剑、瞪着眼说：'他哪里敢阻挡我呢！'这只是匹夫之勇，是只能对付一个人的勇武。希望您有更大的勇武。

"《诗经·大雅·皇矣》云：'文王勃然动怒，整顿军队奋勇进剿，痛击敌人猖狂侵扰，增强周人的福祉，报答了天下对周的厚望。'这是周文王的勇武。文王一发怒便使天下百姓得到了安宁。

"《尚书》云：'上天造就了一般的人，也造就了君王、老师，君王和老师的任务就是辅助上天爱抚百姓。普天之下所有有罪无罪的人都由我来处置，谁敢违反上天的意志？'当时，只有商纣王一个人违反天意在人间横行霸道，周武王便认为这是奇耻大辱而推翻了商朝。这是周武王的勇武。

周武王一发怒，便使天下的百姓得到了安宁。大王如果一发怒就使天下的百姓得到安宁，那么百姓还害怕您不喜欢勇武呢！"

【注释】

[1] 汤事葛：参见《孟子·滕文公下》第五章，对此有较详细的叙述。[2] 文王事昆夷：具体事件已不可考。"昆夷"，又作"绲（gǔn）戎""混夷"。古代西北少数民族，即犬戎。殷、周时期，游牧于泾、渭流域，即今陕西彬县、岐山一带。[3] 太王：古公亶（dǎn）父，上古周国领袖，周文王的祖父。[4] 獯鬻（xūnyù）：北方少数民族，即后来的匈奴。[5] 小勇：指血气所为。大勇，指义理所发。[6] 疾视：怒目而视。[7] 赫斯：同"赫然"，发怒的样子。[8] 爰：发语词，无实意。[9] 旅：师。《说文解字》云："军之五百人为一旅。"[10] 遏：《诗经》作"按"，止。[11] 徂莒（jǔ）："徂"，往。"莒"，《诗经》作"旅"。"徂旅"，指密国人不恭敬顺从，对抗大国实在狂傲，侵阮伐共气焰甚嚣。周文王对此勃然大怒，整顿军队奋勇进剿，痛击敌人猖狂侵扰。[12] 笃：厚。[13] 祜（hù）：福祉。[14] 对：答。[15] 越：远。[16] 厥：代词，用法同"其"。[17] 衡：同"横"。

四

　　齐宣王见孟子于雪宫[1]。王曰："贤者亦有此乐乎？"

　　孟子对曰："有。人不得，则非其上矣。不得而非其上者，非也；为民上而不与民同乐者，亦非也。乐民之乐者，民亦乐其乐；忧民之忧者，

民亦忧其忧。乐以天下，忧以天下，然而不王者，未之有也。

"昔者齐景公问于晏子曰：'吾欲观[2]于转附、朝儛[3]，遵[4]海而南，放[5]于琅邪[6]，吾何修而可以比于先王观也？'

"晏子对曰：'善哉问也！天子適诸侯曰巡狩。巡狩者，巡所守也。诸侯朝于天子曰述职。述职者，述所职也。无非事者。春省[7]耕而补不足，秋省敛[8]而助不给[9]。'夏谚曰：'吾王不游，吾何以休？吾王不豫[10]，吾何以助？一游一豫，为诸侯度。'今也不然：师[11]行而粮食，饥者弗食，劳者弗息。睊睊[12]胥[13]谗[14]，民乃作慝[15]。方[16]命[17]虐民，饮食若流[18]。流连[19]荒[20]亡，为诸侯忧。从流下而忘反谓之流，从流上而忘反谓之连，从兽[21]无厌谓之荒，乐酒[22]无厌谓之亡[23]。先王无流连之乐，荒亡之行。惟君所行也。'

"景公说[24]，大戒[25]于国，出舍于郊。于是始兴发[26]补不足。召大师[27]曰：'为我作君臣相说之乐！'盖《徵招》《角招》[28]是也。其诗曰，'畜君何尤[29]？'畜君者，好君也。"

【译文】

齐宣王在雪宫接见孟子。齐宣王问道："贤德的人也有这种乐趣吗？"

孟子回答道："有。百姓如果得不到这种乐趣，就会抱怨其君王。得不到这种乐趣就抱怨其君王的人，是不对的；而作为君王不与百姓一同享受这种乐趣，也是不对的。君王以百姓的快乐为自己的快乐，百姓也会以君王的快乐为快乐；君王以百姓的忧愁为自己的忧愁，百姓也会以君王的忧愁为忧愁。与天下人一同快乐，与天下的人一同忧愁，这样做了而不能取得天下的，是从来没有过的事。

"从前齐景公问晏子说：'我想到转附、朝儛两座名山上

去游览，然后沿着海边南下，一直到琅邪。我该怎么做才能与古代圣王的外出巡游相比呢？'

"晏子回答说：'问得太好了！天子到诸侯国去视察，叫作巡狩。所谓巡狩，就是天子巡视诸侯国守卫的疆土；诸侯去朝拜天子，叫作述职。所谓述职，就是陈述职责范围内的工作情况。这些无不和工作相联系。春天视察耕种情况，补助穷困的人家；秋天视察收获情况，补助歉收的农户。'夏朝时的谚语说：'我们的君王不出来巡视，我们怎么能得到休息？我们的君王不出来巡视，我们怎么能得到帮助？君王出来巡视，是诸侯的法度。'可是，现在却不是这样了：君王一出游就兴师动众且四处征集粮草，使饥饿的人没饭吃，使辛苦劳作的人得不到歇息。大家都侧目而视，埋怨国君，一些百姓趁机起来干坏事。这样的巡游违背天意，虐待百姓，他自己大吃大喝花费如流水。这种流连忘返、荒亡放肆的逸乐行为，诸侯们都为之担忧。什么叫流连荒亡呢？顺着水流泛舟而下玩乐以至于忘记了返回的叫作流，逆着水流而上玩乐以至于忘记了返回的叫作连，整天外出打猎追逐野兽不知满足的叫作荒，毫无节制大饮其酒的叫作亡。古代的圣贤君王都没有流连荒亡的行为。您是学古代圣王还是学当今的诸侯，只看您的行动了。

"景公听了很高兴，在都城内作了充分的准备，又搬到都城的郊外去住。接着，又开始进行开仓救济贫困百姓的工作。他还把乐官召来吩咐说：'给我制作一些君臣同乐的乐曲吧！'这大概就是《徵招》《角招》两首乐曲吧。歌词中有一句是这样的：'匡正君王之失有什么过错呢？'所谓匡正君王之失，正是爱护君王的意思。"

【注释】

[1] 雪宫：齐宣王的离宫。宫中有苑囿台池的装饰，还有众多禽兽，王非常享受这种乐趣，因而问道："贤者能有这样的快乐吗？"[2] 观：游。[3] 转附、朝（cháo）儛（wǔ）：皆是山名。又有说，"朝"是水名。《孟子正义》云："转附、朝儛皆山名，今案诸经并未详，据梁时顾野王释云：滩，水名，出南阳。恐误滩为儛，他并未详。"[4] 遵：循。[5] 放（fǎng）：至。[6] 琅邪：齐东南境上邑名。《孟子正义》云："'琅邪为齐东南上邑'者。案《地理志》云：'齐地东有琅邪。'《南越志》云'琅邪，邑名'是也。"[7] 省：视察。[8] 敛：收获。[9] 给：足。[10] 豫：巡视。[11] 师：二千五百人为师。《春秋传》曰："君行师从。"[12] 睊睊（juàn）：形容因忿恨而侧目的样子。[13] 胥：相互。[14] 谗：谤。[15] 慝：怨恶。[16] 方：逆，违背。[17] 命：王命。[18] 若流：像水流一样无穷无尽。[19] 连：引。[20] 荒：废。[21] 从兽：田猎。[22] 乐酒：以饮酒为乐。[23] 亡：失。指荒废时事。[24] 说（yuè）：通"悦"。[25] 戒：备，准备。[26] 兴发：指始兴惠政，开仓放粮赈济贫困不足的人。[27] 大师：读作"太师"，古代乐官之长。[28] 招：同"韶"，指舜乐。[29] 尤：过错。

五

齐宣王问曰："人皆谓我毁明堂[1]，毁诸？已[2]乎？"

孟子对曰："夫明堂者，王者之堂也。王欲行王政，则勿毁之矣。"

王曰："王政可得闻与？"

对曰："昔者文王之治岐 [3] 也，耕者九一 [4]，仕者世禄 [5]，关 [6] 市 [7] 讥 [8] 而不征 [9]，泽梁 [10] 无禁，罪人不孥 [11]。老而无妻曰鳏，老而无夫曰寡，老而无子曰独，幼而无父曰孤。此四者，天下之穷民而无告者。文王发政施仁，必先斯四者。《诗》云：'哿 [12] 矣富人，哀此茕 [13] 独。'"

王曰："善哉言乎！"

曰："王如善之，则何为不行？"

王曰："寡人有疾，寡人好货。"

对曰："昔者公刘好货，《诗》云：'乃积乃仓，乃裹餱 [14] 粮，于橐于囊 [15]。思戢 [16] 用光。弓矢斯张，干戈戚扬 [17]，爰方启行。'故居者有积仓，行者有裹粮也，然后可以爰方启行。王如好货，与百姓同之，于王何有？"

王曰："寡人有疾，寡人好色。"

对曰："昔者太王 [18] 好色，爱厥妃。《诗》云：'古公亶父，来朝走马，率 [19] 西水浒 [20]，至于岐下，爰及姜女 [21]，聿 [22] 来胥宇 [23]。'当是时也，内无怨女，外无旷 [24] 夫。王如好色，与百姓同之，于王何有？"

【译文】

齐宣王问孟子道："人们都建议我把明堂拆掉，是拆掉还是不拆呢？"

孟子回答说："明堂，是有德行能统一天下的君王的殿堂。您如果要施行王政，那就不要拆毁它。"

齐宣王说："能给我讲讲王政吗？"

孟子回答说："从前周文王治理岐地，耕田的人把九分之一的收成交给国家，对从政的人则给以世袭的俸禄；在关卡和集市上只追查违法活动却不收税；到湖泊里打鱼不加以禁止；对犯罪的人的刑罚不株连他的妻子儿女。年纪大了失去妻室的人叫作'鳏'，年纪大了失去丈夫的妇人叫作'寡'，年纪大了没有儿女的人叫作'独'，年幼时就失去父亲的人叫作'孤'。这四种人是天下处境最不好且又无依无靠的人。周文王发布政令施行仁政，一定最先照顾这四种人。《诗经·小雅·正月》说：'富人的日子很好了，可怜那些孤独无助的穷人吧！'"

齐宣王说："这话说得真好啊！"

孟子回答说："大王既然认为这话说得对，那么为什么不去具体实施呢？"

齐宣王说："我有个贪财的毛病。"

孟子回答说："从前，公刘也喜欢钱财。《诗经·大雅·公刘》云：'粮食多多，外有粮囤，内有粮仓。包好干粮，装满口袋。百姓和睦安定，为国争光。张弓带箭，拿着各式武器，开始动身向前方。'所以，留在家里的人有囤积的粮食吃，外出打仗的有干粮，这样才能率领大军进发。您喜欢钱财，如果能与百姓一起，那对您来说实行王道有什么难办的呢？"

齐宣王说："我有喜好美色的毛病。"

孟子回答说："从前，太王也喜欢美色，很疼爱他的妃子。《诗经·大雅·绵》云：'古公亶父，大清早骑着快马，沿着河岸来到岐山之下，还带着妃子姜氏女到处察看住处。'在他统治时期，百姓家里没有不出嫁的女子，社会上也找不到没有妻室的单身汉。大王如果喜欢美色，如果能让百姓都有配偶，那对您来说施行王政、一统天下又有什么难办的呢？"

【注释】

[1] 明堂：王者所居，用来发布政令的场所。此处所说的泰山明堂，原本是周天子东巡狩朝诸侯的地方，齐国侵入后占领此地。有人劝齐宣王说诸侯不用明堂，可毁坏，所以齐宣王问孟子应不应当毁掉。[2] 已：止。[3] 岐：周国的旧属国，在今陕西岐山一带。[4] 九一：井田之制。方圆一里为一井，划田九百亩，中间画一个井字，分成九个区。一区中有田一百亩，中间那块田为公田，周围的八百亩是私田。八户人家各自耕种自己的私田，一起耕种中间的公田，这就是九分田地而以其中一分为税。[5] 世禄：先王的时代，官员的子孙都能受到教育，教导成才的就让他做官，如果不中用也会让他不失去俸禄。大约是因为他们的先辈曾有功于人民，因而有这样的回报。[6] 关：指道路的关卡。[7] 市：指都邑的集市。[8] 讥：察。[9] 征：收税。[10] 泽梁："梁"，鱼梁。"泽梁"，指古代用以在流水中拦鱼的一种装置。[11] 孥（nú）：子女。《诗经》："乐尔妻孥。""罪人不孥"，指恶恶止其身，不及妻子和子女。[12] 哿（gě）：可。[13] 茕（qióng）：孤独。[14] 餱（hóu）：同"糇"，干粮。[15] 于橐（tuó）于囊：无底的叫作"橐"，有底的叫作"囊"，都是用来盛糇粮的器具。[16] 戢（jí）：安集。[17] 干戈戚扬：皆为兵器。"干"，盾。"戈"，勾矛戟。"戚"，斧。"扬"，钺。[18] 太王：参见《孟子·梁惠王下》第三章注释。[19] 率：循。[20] 浒：水涯。[21] 姜女：太姜，太王的妃子。[22] 聿：发语词。[23] 宇：居，屋宇。[24] 旷：空。此处指没有妻室。

六

孟子谓齐宣王曰："王之臣有托其妻子于其友而之楚游者，比其反也，则冻馁其妻子，则如之何？"

王曰："弃之。"

曰："士师 [1] 不能治士，则如之何？"

王曰："已之。"

曰："四境之内不治，则如之何？"

王顾左右而言他。

【译文】

孟子对齐宣王说："如果大王有一个臣子把妻子儿女托付给朋友照顾，而后他自己去楚国游历去了，等他回来却发现他的妻子儿女在挨饿受冻。对这种朋友应当怎样办呢？"

齐宣王说："与他绝交。"

孟子又说："如果狱官不能依法管理下属，那又该如何处置呢？"

齐宣王说："罢免他。"

孟子说："如果一个国家治理得不好，那又该怎么办呢？"

齐宣王转过头去东张西望，把话题扯到别的事情上去了。

【注释】

[1] 士师：管理监狱的官吏。《孟子正义》："士师即周司寇之属，有士师、乡士，皆以士为官。"郑玄云："士，察也。主

察狱讼之事。"

七

孟子见齐宣王，曰："所谓故国者，非谓有乔木之谓也，有世臣[1]之谓也。王无亲臣矣，昔者所进，今日不知其亡也。"

王曰："吾何以识其不才而舍之？"

曰："国君进贤，如不得已，将使卑逾尊，疏逾戚，可不慎与？左右皆曰贤，未可也；诸大夫皆曰贤，未可也；国人皆曰贤，然后察之；见贤焉，然后用之。左右皆曰不可，勿听；诸大夫皆曰不可，勿听；国人皆曰不可，然后察之；见不可焉，然后去之。左右皆曰可杀，勿听；诸大夫皆曰可杀，勿听；国人皆曰可杀，然后察之；见可杀焉，然后杀之。故曰，国人杀之也。如此，然后可以为民父母。"

【译文】

孟子谒见齐宣王，说道："平常所说的历史悠久的国家，并不是说它有高大的树木，而是说它有几代元老功臣。现在您没有亲信的臣了，过去进用的人现在不知道都跑到哪儿去了。"

齐宣王说："我怎样才能识别那些没有才干的人而不用他们呢？"

孟子回答说："君王选贤任能，如果迫不得已用新人，会使地位低的超出地位高的，使疏远的超出亲近的，对这种事情能不谨慎吗？所以，左右亲信的人都说贤能的，不能轻信；大夫们说贤能的，也不能相信；全国的人都说贤能的，这才能去考察他；如果那人真的贤能，才可以任用。左右亲信的人都说不行的，不能轻信；大夫们说不行的，也不能相信；全国的人都说他不行的，这才能去考察他；如果那人真的不行，才可以罢免。左右亲信的人说可杀的，不要轻信；大夫们说可杀的，也不要相信；全国的人都说可杀的，这才能去考察他；如果那人真的可杀，才可以杀掉。因此，才可以说这是全国人要杀的。只有这样，才可以做百姓的父母官。"

【注释】

[1] 世臣：累世勋旧的臣子，与国家休戚与共。

八

齐宣王问曰："汤放桀，武王伐纣，有诸？"

孟子对曰："于传有之。"

曰："臣弑其君，可乎？"

曰："贼[1]仁者谓之'贼'，贼义者谓之'残'[2]。残贼之人，谓之'一夫[3]'。闻诛一夫纣矣，未闻弑君也。"

【译文】

齐宣王问孟子道："商汤放逐夏桀，周武王讨伐商纣，真有这回事吗？"

孟子回答说："文献上有这种记载。"

齐宣王说："做臣子的杀掉他们的君王，这样做可以吗？"

孟子说："败坏仁的人，人们叫作'贼'；败坏义的人，人们叫作'残'。这两种人，人们称之为'独夫'。我只听说过周武王诛杀了独夫商纣，没听说过犯上杀君王的事。"

【注释】

[1] 贼：害。指害仁的人，凶暴淫虐，灭绝天理，所以被叫作"贼"。[2] 残：伤。指害义的人，颠倒错乱，伤败彝伦，所以被叫作"残"。[3] 一夫：指"独夫"，指失去了民心成为孤立者。

九

　　孟子见齐宣王，曰："为巨室，则必使工师[1]求大木。工师得大木，则王喜，以为能胜其任也。匠人斫[2]而小之，则王怒，以为不胜其任矣。夫人幼而学之，壮而欲行之，王曰，'姑[3]舍女所学而从我'，则何如？今有璞玉于此，虽万镒[4]，必使玉人雕琢之。至于治国家，则曰，'姑舍女所学而从我'，则何以异于教玉人雕琢玉哉？"

【译文】

　　孟子谒见齐宣王，说："建造一座规模巨大的宫殿，就一定要派主管建筑的官员去寻找很人的木料。主管官员找到了木料，君王就会高兴，认为这个官员能够胜任他的职责。木匠把木料砍削小了，君王就会很生气，认为木匠不称职。有许多学问本领是从小开始学习，长大后就想具体应用，可是君王对他们说'先把你所学的搁在一边儿，听从我的话去做'，那会怎么样呢？假如这里有一块未经雕琢过的玉石，虽然它价值万金，可是也一定要让治玉人来雕琢它。在治理国家这方面，您却说'先把你所学的搁在一边儿，听我的话去做'，那这跟您让治玉的人按您的话去雕琢玉石又有什么区别呢？"

【注释】

[1] 工师：主管工匠的官吏。[2] 斫（zhuó）：砍削。[3] 姑：姑且。[4] 万镒(yì)："镒"，金二十两为镒。《国语》云"二十四两为镒"；《礼》云"朝一镒米"，注亦谓"二十四两"。今注误为二十两。"万镒"，表示贵重。

十

齐人伐燕，胜之。宣王问曰："或谓寡人勿取，或谓寡人取之。以万乘之国伐万乘之国，五旬而举之，人力不至于此。不取，必有天殃。取之，何如？"

孟子对曰："取之而燕民悦，则取之。古之人有行之者，武王是也。取之而燕民不悦，则勿取。古之人有行之者，文王是也。以万乘之国伐万乘之国，箪食壶浆 [1] 以迎王师，岂有他哉？避水火也。如水益深，如火益热，亦 [2] 运 [3] 而已矣。"

【译文】

齐国人攻打燕国，并取得大胜。齐宣王问道："有人建议我不要占领燕国，有人建议我要占领它。以一个拥有万辆兵车的大国去攻打拥有同样数量兵车的国家，只用五十天就攻克下来，光靠人力是无法做到的（看来是上天在帮忙）。如果不占领燕国，上天定会降下灾祸。占领燕国，怎么样？"

孟子回答说："如果占领燕国而燕国的百姓很高兴，那就占领它。古代的圣王曾有这样做的，如周武王。如果占领了燕国而燕国的百姓不高兴，那就不要占领它。古代的圣王也有这样做的，如周文王。以拥有万辆兵车的齐国去攻打拥有同样数量兵车的燕国，燕国的百姓却用竹筐盛着米饭，用壶装满美酒来迎接齐军，难道还有别的用意吗？只不过是想摆脱燕国君王统治下水深火热的苦难罢了。如果您占领燕国后，水更深，火更热，那只是又换了个统治者而已。"

【注释】

[1] 箪（dān）食（sì）壶浆："箪"，古代盛饭的竹器。《礼记·曲礼》郑玄注："圆曰箪，方曰笥，饭器也。""食"，饭。"壶"，一种礼器。腹部方，口部圆，叫作壶。"浆"，水。此处指酒。"箪食壶浆"，即用箪装着饭食，用壶盛着浆汤，后用为犒劳拥护王者之师的典故。[2] 亦：只是。[3] 运：转，换。

十一

齐人伐燕，取之。诸侯将谋救燕。宣王曰："诸侯多谋伐寡人者，何以待之？"

孟子对曰："臣闻七十里为政于天下者，汤是也。未闻以千里畏人者也。《书》曰：'汤一征，自葛始。' 天下信之，东面而征，西夷怨；南面而征，北狄怨，曰：'奚为后我？' 民望之，若大旱之望云霓也。归市者不止，耕者不变，诛其君而吊其民，若时雨降。民大悦。《书》曰：

'徯^[1]我后^[2]，后来其苏^[3]。'今燕虐其民，王往而征之，民以为将拯己于水火之中也，箪食壶浆以迎王师。若杀其父兄，系累^[4]其子弟，毁其宗庙，迁其重器^[5]，如之何其可也？天下固畏齐之强也，今又倍地而不行仁政，是动天下之兵也。王速出令，反其旄^[6]倪^[7]，止其重器，谋于燕众，置君而后去之，则犹可及止也。"

【译文】

　　齐国人攻打燕国，并占领了它。别的诸侯国谋划着准备救助燕国。齐宣王便问孟子："很多国家都在谋划着要攻打我，怎么对付他们呢？"

　　孟子说："我听说有凭借纵横七十里国土而统一天下的如商汤，但我从没听说过拥有纵横千里的大国却害怕别国的事。《尚书》云：'商汤开始征伐，葛国是第一个。'当时，天下人都很信赖他（商汤）。他向东方征伐，西方国家的百姓便埋怨他；他向南方征伐，北方国家的百姓便埋怨他。各方百姓都说：'为什么后征伐我们这里呢？'百姓盼望他（商汤），就好像大旱时盼望甘霖降下一样。商汤征伐期间，做生意的照样做，耕种的照样种。商汤只是诛杀了那些暴君来安抚那里的百姓，就像下了及时雨一样，百姓非常高兴。《尚书》云：'等到我们的圣君商汤一到，我们就有救了。'现在燕国的君王残害百姓，您率大军去征伐他，百姓认为您是去把他们从水深火热中解救出来，所以都用竹筐盛着米饭，用壶装满美酒来迎接您的军队。如果您杀害他们的父兄，捆绑他们的子弟，拆毁他们的宗庙，抢走他们的宝物，如此这样怎么行呢？况且天下本来就害怕齐国的强大，现在齐国的疆土扩展了一倍却不施行仁政，这是招惹天下各国兴兵啊！您赶快发布命令，遣返燕国的老幼战俘，不要再抢他们的宝物，并与燕国的人民商议选择一位新的君王，然后率军撤出燕国。这样，就能及时阻止各诸侯国的征伐了。"

【注释】

[1] 俟：待，等待。[2] 后：君王。[3] 苏：复生。[4] 系累：指捆绑、束缚。[5] 重器：宝器。[6] 旄（mào）：同"耄"，老人。[7] 倪（ní）：小儿。

十二

邹与鲁哄 [1]。穆公 [2] 问曰："吾有司死者三十三人，而民莫之死也。诛之，则不可胜诛；不诛，则疾视其长上之死而不救，如之何则可也？"

孟子对曰："凶年饥岁，君之民老弱转 [3] 乎沟壑，壮者散而之四方者，几 [4] 千人矣；而君之仓廪实，府库充，有司莫以告，是上慢而残下也。曾子 [5] 曰：'戒之戒之！出乎尔者，反乎尔者也 [6]。'夫民今而后得反之也。君无尤焉！君行仁政，斯民亲其上，死其长矣。"

【译文】

邹国和鲁国交战。邹穆公问孟子道："这一仗我损失了三十三位官员，可是百姓却没有一个为长官拼死的。杀了他们吧，又杀不了那么多；不杀吧，又恨他们看着长官死而不去援救。该怎么办好呢？"

孟子回答说："闹灾荒的年头，您的百姓年老体弱的死了

暴尸沟壑；年轻力壮的背井离乡四处逃荒，这样的人差不多上
千。可是，您的粮仓却满满的，库房里满是财宝，而您的官
员却没有把这种情况向您报告，这就是在上位的人怠惰失职
残害百姓。曾子说：'要警惕啊，要警惕啊！你怎样对待人家，
人家反过来也会怎样对待你。'现在这些百姓得到机会报复，
您就不要怪罪百姓了。您如果施行仁政，这些百姓一定会热
爱他们的长官，并为他们的长官拼死了。"

【注释】

[1] 哄（hòng）：打斗声。形容拿起武器战斗的声音。此
处指交战。[2] 穆公：应为邹穆公，与孟子同时代人，其在位
时间大约为公元前 382 年—公元前 330 年。邹穆公是邾娄（后
改为邹）国除邾文公曹籧篨（qúchú）之外，也是最为时人及
后人称颂的英明君主。[3] 转：弃尸。《淮南子》："是故生无乏
用，死无转尸。"与《孟子·公孙丑章句下》第四章"老羸转
于沟壑"之"转"意同。[4] 几（jī）：近。[5] 曾子：孔子的弟
子曾参。[6] "出乎尔者，反乎尔者也"：后演化为成语"出尔
反尔"，原意是你怎样做就会得到怎样的后果。现指人的言行
反复无常，前后自相矛盾。

十三

滕文公[1]问曰："滕，小国也，间于齐楚。事齐乎？事楚乎？"

孟子对曰："是谋非吾所能及也。无已，则有一焉：凿斯池也，筑斯
城也，与民守之，效[2]死而民弗去，则是可为也。"

【译文】

滕文公问道："滕国是个小国，处在齐、楚两个大国之间。是归服齐国呢，还是归服楚国呢？"

孟子回答说："这是个决策问题，不是我的能力所能办到的。如果您实在要我谈谈，那么我认为只有一个办法：把护城河挖得深些，把城墙修筑坚固，跟百姓一道守卫城池，如果百姓宁愿献出生命也不离开，那么就可以做了。"

【注释】

[1] 滕文公：战国时期滕国的贤君，名宏，滕定公的儿子，当时称"元公"。其事详见《孟子·滕文公上》。[2] 效：致。

十四

滕文公问曰："齐人将筑薛[1]，吾甚恐，如之何则可？"

孟子对曰："昔者太王居邠[2]，狄人侵之，去之岐山之下居焉。非择而取之，不得已也。苟为善，后世子孙必有王者矣。君子创业垂统，为可继也。若夫成功，则天也。君如彼何哉？强[3]为善而已矣。"

【译文】

滕文公问道："齐国人准备加强薛地的军事力量，我很害怕，您看要怎么对付才好呢？"

孟子说："从前太王居住在邠地，狄人来侵犯，他就离开那里到岐山脚下去居住了。这并不是太王要挑个好地方，实在是出于无奈。如果君王能够积善，后世子孙就一定会有统一天下而称王的。有德行的人建功立业传给后代，为的是将功业代代传下去。至于成功与否，那就只有看天意了。现在，您对付那些齐国人能有什么办法呢？努力积善就行了。"

【注释】

[1] 薛：小国，邻近滕国。齐国占据了这块地方，因而滕文公感受到齐国的威胁而非常恐慌。[2] 邠（bīn）：同"豳"，地名。[3] 强（qiǎng）：勉力。

十五

滕文公问曰："滕，小国也；竭力以事大国，则不得免焉，如之何则可？"

孟子对曰："昔者太王居邠，狄人侵之。事之以皮币[1]，不得免焉；事之以犬马，不得免焉；事之以珠玉，不得免焉。乃属[2]其耆老而告之曰：'狄人之所欲者，吾土地也。吾闻之也：君子不以其所以养人者害人。二三子何患乎无君？我将去之。'去邠，逾梁山，邑于岐山之下居焉。邠人曰：'仁人也，不可失也。'从之者如归市[3]。

"或曰：'世守也，非身之所能为也。效死勿去。'

"君请择于斯二者。"

【译文】

滕文公问孟子道："滕国是个小国，我尽力去服事大国，结果还是不能够免于祸患，应该怎么办才好呢？"

孟子回答说:"从前太王居住在邠地,狄人来侵扰,太王就把裘皮和丝绸献给狄人,狄人并没有因此而停止侵犯;太王又把好狗名马献上,也不能免于被侵犯;太王又把珍珠美玉献上,仍然不能免于被侵犯。太王于是召集邠地的长老们,对他们说:'狄人想要的是我们的土地。我听说过:有德的人不能因为用来养人的东西而害人。大家何必担心没有君王呢?我这就离开这里。'于是太王离开了邠地,翻过梁山在岐山下重新建立了城邑住下来。邠地的人们说:'太王真是个有仁德的人啊,我们不能没有他。'于是追随太王离开邠地到岐地的人像赶集一样多。

"有的人说:'世世代代守护着的基业,不是我们自己可以决定的。宁死也不能离开它。'

"这两条路,请您选择一条。"

【注释】

[1] 币:帛,丝绸。[2] 属(zhǔ):会集。[3] 归市:指人多而争先恐后的样子。

十六

鲁平公 [1] 将出,嬖人 [2] 臧仓者请曰:"他日君出,则必命有司所之。今乘舆 [3] 已驾 [4] 矣,有司未知所之,敢 [5] 请!"

公曰:"将见孟子。"

曰:"何哉!君所为轻身以先于匹夫者,以为贤乎?礼义由贤者出;而孟子之后丧逾前丧。君无见焉!"

公曰："诺。"

乐正子[6]入见，曰："君奚为不见孟轲也？"

曰："或告寡人曰，'孟子之后丧逾[7]前丧'，是以不往见也。"

曰："何哉，君所谓逾者？前以士，后以大夫；前以三鼎[8]，而后以五鼎[9]与？"

曰："否；谓棺椁衣衾之美也。"

曰："非所谓逾也，贫富不同也。"

乐正子见孟子，曰："克告于君，君为来见也。嬖人有臧仓者沮[10]君，君是以不果[11]来也。"

曰："行，或使之；止，或泥之。行止，非人所能也。吾之不遇鲁侯，天也。臧氏之子焉能使予不遇哉？"

【译文】

鲁平公准备外出，平时宠爱的侍从臧仓请示说："往常您出门，一定会先告诉有关人员去什么地方。今天您的车马都准备好了，有关人员还不知道您要到哪里去呢，所以我冒昧地来问您。"

鲁平公说："我要去会见孟子。"

臧仓说："您为什么降低自己的身份去拜访一个普通人呢？您认为孟子贤能吗？贤能的人的行为举止应当表现出礼仪，可孟子办理他母亲的丧事时，规模超出了以前办理他父亲丧事的规模。（这种做法不合乎礼仪）您就不要去拜访他了！"

鲁平公说："好吧。"

乐正子去见鲁平公，问道："您为什么不去拜访孟轲呢？"

鲁平公回答说："有人告诉我说，'孟子办理他母亲的丧事大大超过了办理他父亲的丧事',所以我不去见他了。"

乐正子说:"您说的超过是什么意思呢?是指先前为他父亲办丧事用了士礼,后来为他母亲办丧事用了大夫礼,还是指先前为他父亲办丧事用了三个鼎装祭品,后来为他母亲办丧事用了五个鼎装祭品呢?"

鲁平公说:"不是的,我指的是所用棺椁、衣服、被褥的华美。"

乐正子说:"那就不能说是超过了,而是前后家境贫富不同的缘故。"

乐正子去见孟子,说:"我跟君王讲了,他想来拜访您。可是,有个受宠幸的侍从臧仓阻止了他,所以他没有成行。"

孟子说:"人的行动,总有促成它的原因;不行动,也总有阻止它的原因。行动或不行动,不是人的意志所能促成的。我没能和君王会面,这是上天安排好了的。至于臧家那小子,怎么能使我不与君王见面呢?"

【注释】

[1] 鲁平公:姬叔,战国诸侯国鲁国君主之一。鲁平公在位时鲁国国力衰弱,当时战国七雄中的六国都已经称王而鲁国却苟延残喘于列国之中。[2] 嬖(bì)人:受宠爱的人。[3] 乘(shèng)舆:君主的车。[4] 驾:驾马。[5] 敢:表示敬意的副词,无实意。[6] 乐正子:名克,孟子的弟子,在鲁国出仕。[7] 逾:超过。指其厚葬母亲而薄葬父亲。[8] 三鼎:士祭礼。"鼎",古代祭祀的礼器。[9] 五鼎:大夫祭礼。[10] 沮:阻止。上句"泥"(nì)同意。[11] 果:能。

孟子卷第二

公孙丑章句上
（共九章）

《公孙丑上》共九章，集中阐述一个问题：仁政问题。

仁政问题是孟子学说的核心，本卷侧重从人性角度论述行仁政的必要性和可能性。第一章最后一句"当今之时，万乘之国行仁政，民之悦之，犹解倒悬也。故事半古之人，功必倍之，惟此时为然"，指出处在暴政横行的时代，施行仁政的必要性和可能效果。仁政的实施既有必要性，又有事半功倍的效果，那么如何将这种可能变为现实呢？孟子主张首先要进行自我修养，即"养气"。第二章中提出"我善养吾浩然之气"，并指出"其为气也，至大至刚，以直养而无害，则塞于天地之间。其为气也，配义与道：无是，馁也"。这段话最初仅指有志识之人所具备的自信自强、毫不畏惧的精神状态，但正因为"气"与志、与勇、与义相融合，尤其是靠正义与道德的培养，所以它是一种凛然不可侵犯的正气。这种凛然正气，是以"富贵不能淫，贫贱不能移，威武不能屈"的"大丈夫"为依托的。后世儒家士大夫主要继承的就是这种以崇高人格气势去压倒一切的威严，以及随时准备为正义事业和崇高理想而自我牺牲的精神，即所谓"舍生取义"。千百年来，这种威严的人格精神激励着一代又一代的仁人志士，为国家、民族、民众利益前仆后继。因此，"浩然之气"也成了中华民族特有的精神品格。

　　"浩然之气"修养起来也并不难，因为人的本性是善的，这是孟子讨论一切问题的出发点和根本点。第六章提出了著名的"四心"说及"四端"说。"四心"即人皆有"恻隐之心""羞恶之心""恭敬之心""是非之心"。"四端"即"恻隐之心，仁之端也；羞恶之心，义之端也；辞让之心，礼之端也；是非之心，知之端也"。这里的"仁、义、礼、智"即"四德"。"四心""四端""四德"是孟子学说中密切联系又互相区别的三个层面。"恻隐之心"是"四心"之首，是人内心所固有的一种本能的情感活动，并排除了直接的功利目的，在此基础上才有了其他各"心"。"恻隐之心"又是"仁之端也"，即"仁，人心也""仁，人之安宅也"。"仁"是核心，"义""礼""智"则是"仁"的具体表现和运用，而治国之道的"仁政"正是以此为依据的。所以，施行仁政首先要关心民生疾苦，正如第五章指出的那样，如能"尊贤使能""市，廛而不征，法而不廛""关，讥而不征""耕者，助而不税""廛，无夫里之布"，那么"士""商""旅""农"皆悦，"天下之民皆悦，而愿为之氓矣"，"邻国之民仰之若父母矣"。在孟子看来，做到这些并不难，因为"仁、义、礼、智"是与生俱来的，后天学习只是保有或扩大这些天性罢了。个体能否做到"仁"，主要取决于自身。

　　孟子的这些论述，从性善角度出发，明确指出做到"仁"的可能性及显著效果。用"仁，人心也"等论述，使不行仁者没有任何搪塞的借口，使人既看到努力的目标，又不至于产生畏难情绪，而且具有一种鞭策力量，这不能不说是很高明的。

一

公孙丑 [1] 问曰："夫子当路 [2] 于齐，管仲、晏子之功，可复许 [3] 乎？"

孟子曰："子诚齐人也，知管仲、晏子而已矣。或问乎曾西 [4] 曰：'吾子与子路 [5] 孰贤？' 曾西蹴然 [6] 曰：'吾先子 [7] 之所畏也。'曰：'然则吾子与管仲孰贤？' 曾西艴然 [8] 不悦，曰：'尔何曾比予于管仲？管仲得君如彼其专也，行乎国政如彼其久也，功烈如彼其卑也；尔何曾比予于是？'"

曰："管仲，曾西之所不为也，而子为我愿之乎？"

曰："管仲以其君霸，晏子以其君显。管仲、晏子犹不足为与？"

曰："以齐王，由 [9] 反手也。"

曰："若是，则弟子之惑滋 [10] 甚。且以文王之德，百年而后崩，犹未洽于天下；武王、周公继之，然后大行。今言王若易然，则文王不足法与？"

曰："文王何可当也？由汤至于武丁，贤圣之君六七作，天下归殷久矣，久则难变也。武丁朝诸侯有天下，犹运之掌也。纣之去武丁未久也，其故家 [11] 遗俗，流风善政，犹有存者；又有微子、微仲、王子比干、箕子、胶鬲 [12]，皆贤人也，相与辅相之，故久而后失之也。尺地，莫非其有也；一民，莫非其臣也；然而文王犹方百里起，是以难也。齐人有言曰：'虽有智慧，不如乘势；虽有镃基 [13]，不如待时。'今时则易然也。夏后、殷、周之盛，地未有过千里者也，而齐有其地矣。鸡鸣狗吠相闻，而达乎四境，而齐有其民矣。地不改辟矣，民不改聚矣，行仁政而王，莫之能御也。且王者之不作，未有疏于此时者也；民之憔悴于虐政，未有甚于此时者也。饥者易为食，渴者易为饮。孔子曰：'德之流行，速于置^[14]邮^[15]而传命。'当今之时，万乘之国行仁政，民之悦之，犹解倒悬^[16]也。故事半古之人，功必倍之^[17]，惟此时为然。"

【译文】

公孙丑问孟子道："老师如果在齐国当政，能够重建管仲、晏子那样的功业吗？"

孟子说："你真是个齐国人啊，只知道管仲、晏子而已。曾有人问曾西：'您与子路相比，哪个更贤能些？'曾西不安地说：'就连我的先祖都敬畏他，我怎能和他相比？'那人又问：'那么您跟管仲相比，谁更贤能些？'曾西很恼怒地说：'你怎么竟拿我与管仲相比？管仲得到君王那么专一的信任，执政那么长久，可功业又那么微不足道，你怎么竟拿我与这种人相比呢？'"

孟子又说："管仲，连曾西都不屑与他相比，你竟以为我愿意与他相比？"

公孙丑接着问道："管仲帮助君王成就霸业，晏子使君王声名显赫，他们难道不值得仿效吗？"

孟子说："齐国取得天下，易如反掌。"

公孙丑说："照您这么说，我就更不懂了。凭周文王这么高尚的道德，又活了百岁才去世，尚且不能使仁德遍及天下，直到周武王、周公继承遗业才使仁德遍及天下成就大业。现在，您把安定天下说得那么容易，难道周文王也不值得效法啦？"

孟子说："谁能比得上周文王呢？商朝从汤传到武丁，圣贤的君主有六七位，天下人归附殷商已经很久了，时间久了就难改变。武丁让各诸侯来朝见，治理天下就像把东西拿在手里转动一样容易。商纣王离武丁的时代并不远，商朝的功臣世家、传统民俗、流行风尚、优良的政治传统等还有不少存留下来；又有微子、微仲、王子比干、箕子、胶鬲等是贤能的人共同辅佐，所以商纣王维持了好长一段时间才失去天下。当时，没有一寸土地不是商纣王的国土，没有一个百姓不是商纣王的臣民，可是周文王却仅凭着方圆百里这么小的地方建功立业，所以我认为这很艰难。齐国有一句俗语说：'即使有智慧，不如借时势；即使有锄头，不如待农时。'现在时机已到，统一天下就容易了。夏、商、周三代最强盛时，疆土都没有超过纵横千里的，可是现在齐国的领土却纵横千里；鸡鸣狗叫之声连绵不绝，一直延伸到四面边境，可见齐国的人口众多也可想而知了。这种情况下，不用再扩张疆土，不用再增加百姓，只要施行仁政以统一天下，没有谁能阻挡得了。何况，从来没有像现在这样间隔这么长时间，施行仁教统一天下的君王还不出现。百姓被暴政折磨得困苦不堪，也从来没有像现在这样厉害过。饥饿的人不挑选食物，口渴的人不挑选饮水。孔子说：'道德名声的传播，比驿站传达命令还要快。'现在的形势下，拥有万辆兵车的大国施行仁政，百姓心里的高兴劲儿，就好像有人把他们从倒悬着的状态下解救下来。所以，付出的努力只有古人的一半，功效却是古人的一倍，也只有在现在有利的条件下才能这样。"

【注释】

[1] 公孙丑：战国时期齐国人，孟子的弟子。与万章等著

《孟子》一书，公孙丑在书中记其言颇多，有《公孙丑章句》共二十三章、六千多字。[2] 当路：居要地，即当权、当政。[3] 许：兴。[4] 曾西：赵岐注云："曾西，曾子之孙。"唐陆德明《经典释文》："曾申字子西，鲁人，曾参之子。"[5] 子路：仲由，字子路，又字季路，鲁国人，孔门七十二贤之一，以政事见称。[6] 蹴（cù）然：不安的样子。[7] 先子：曾子。[8] 艴（fú）然：不悦，即愠怒之色。[9] 由：通"犹"。[10] 滋：更加。[11] 故家：旧臣之家。[12] 微子：名启，后世称微子、微子启、宋微子，纣王帝辛的庶长兄。微仲：名衍，微子启之弟，帝辛之兄，宋国第二位国君。比干：帝辛的叔叔，也称王叔比干，是殷商王室的重臣，官拜少师（丞相），先后辅佐殷商两代帝王，忠君爱国，为民请命，敢于直言劝谏，被称为"亘古忠臣"。箕子：名胥余，帝辛的叔父，官太师，封于箕。在商周政权交替与历史大动荡的时代，因其道之不得行，其志之不得遂，"违衰殷之运，走之朝鲜"，建立朝鲜，其流风遗韵，至今犹存。在殷商末年，箕子与微子、比干齐名，并称"殷末三仁"。胶鬲：孟子所谓"举于鱼盐之中"的人（详见《孟子·告子下》第十五章）。胶鬲原靠贩卖鱼、盐为生，后周文王把他举荐给商纣王，以作内应。[13] 镃基：田器，农具的一种。[14] 置：驿，即古代的驿站。[15] 邮：驲，也是古代的驿站。[16] 倒悬：倒吊着。比喻困苦。[17]"故事半古之人，功必倍之"：后演化为成语"事半功倍"，意为措施只有古人的一半，而收到加倍的功效。后形容费力小，收效大。

二

公孙丑问曰："夫子加[1]齐之卿相，得行道焉，虽由此霸王，不异矣。如此则动心否乎？"

孟子曰："否！我四十不动心。"

曰："若是，则夫子过孟贲[2]远矣。"

曰："是不难，告子先我不动心。"

曰："不动心有道乎？"

曰："有。北宫黝之养勇也，不肤挠[3]，不目逃[4]，思以一豪挫[5]于人，若挞之于市朝；不受于褐[6]宽博[7]，亦不受于万乘之君；视刺万乘之君，若刺褐夫；无严[8]诸侯，恶声至，必反之。孟施舍之所养勇也，曰：'视不胜犹胜也；量敌而后进，虑胜而后会[9]，是畏三军者也。舍岂能为必胜哉？能无惧而已矣。'孟施舍似曾子，北宫黝似子夏。夫二子之勇，未知其孰贤，然而孟施舍守约[10]也。昔者曾子谓子襄曰：'子好勇乎？吾尝闻大勇于夫子矣：自反而不缩[11]，虽褐宽博，吾不惴[12]焉；自反而缩，虽千万人，吾往矣。'孟施舍之守气，又不如曾子之守约也。"

曰："敢问夫子之不动心与告子之不动心，可得闻与？

"告子曰：'不得于言，勿求于心；不得于心，勿求于气。'不得于心，勿求于气，可；不得于言，勿求于心，不可。夫志，气之帅也；气，体之充也。夫志至焉，气次焉；故曰：'持其志，无暴其气。'

"既曰，'志至焉，气次焉。'又曰，'持其志，无暴[13]其气'者，何也？"

曰："志壹则动气，气壹则动志也，今夫蹶[14]者趋[15]者，是气也，而反动其心。"

"敢问夫子恶乎长？"

曰："我知言，我善养吾浩然[16]之气。"

"敢问何谓浩然之气？"

曰："难言也。其为气也，至大至刚，以直养而无害，则塞于天地之间。其为气也，配[17]义与道：无是，馁[18]也。是集义[19]所生者，非义袭[20]而取之也。行有不慊[21]于心，则馁矣。我故曰，告子未尝知义，以其外之也。必有事焉，而勿正，心勿忘，勿助长也。无若宋人然：宋人有闵[22]其苗之不长而揠[23]之者，芒芒然[24]归，谓其人曰：'今日病[25]矣！予助苗长矣！'其子趋而往视之，苗则槁矣。天下之不助苗长者寡矣。以为无益而舍之者，不耘苗者也；助之长者，揠苗者也，非徒无益，而又害之。"

"何谓知言？"

曰："诐[26]辞知其所蔽[27]，淫[28]辞知其所陷[29]，邪[30]辞知其所离[31]，遁[32]辞知其所穷[33]。生于其心，害于其政；发于其政，害于其事。圣人复起，必从吾言矣。"

"宰我、子贡善为说辞，冉牛、闵子、颜渊善言德行。孔子兼之，曰：'我于辞命，则不能也。'然则夫子既圣矣乎？"

曰："恶！是何言也？昔者子贡问于孔子曰：'夫子圣矣乎？'孔子曰：'圣则吾不能，我学不厌而教不倦也。'子贡曰：'学不厌，智也；教不倦，仁也。仁且智，夫子既圣矣。'夫圣，孔子不居，是何言也？"

"昔者窃闻之：子夏、子游、子张皆有圣人之一体，冉牛、闵子、颜渊则具体而微，敢问所安？"

曰："姑舍是。"

曰："伯夷[34]、伊尹[35]何如？"

曰："不同道。非其君不事，非其民不使；治则进，乱则退，伯夷也。何事非君，何使非民；治亦进，乱亦进，伊尹也。可以仕则仕，可以止^[36]则止，可以久^[37]则久，可以速则速，孔子也。皆古圣人也，吾未能有行焉；乃所愿，则学孔子也。"

"伯夷、伊尹于孔子，若是班^[38]乎？"

曰："否！自有生民以来，未有孔子也。"

曰："然则有同与？"

曰："有。得百里之地而君之，皆能以朝诸侯，有天下；行一不义，杀一不辜，而得天下，皆不为也。是则同。"

曰："敢问其所以异。"

曰："宰我、子贡、有若，智足以知圣人，污^[39]不至阿其所好。宰我曰：'以予观于夫子，贤于尧舜远矣。'子贡曰：'见其礼而知其政，闻其乐而知其德，由百世之后，等百世之王，莫之能违也。自生民以来，未有夫子也。'有若曰：'岂惟民哉？麒麟之于走兽，凤凰之于飞鸟，太山^[40]之于丘垤^[41]，河海之于行潦^[42]，类也。圣人之于民，亦类也。出^[43]于其类，拔^[44]乎其萃^[45]，自生民以来，未有盛于孔子也。'"

【译文】

公孙丑问道："如果老师做了齐国的卿相，就可以实行自己的主张，即使是从此成就了霸业、王业也不足为怪。如果真有这种机会，您会不会动心呢？"

孟子答道："不会。我从四十岁以后就不再遇事而内心波动了。"

公孙丑说："如此看来，您可远比古代勇士孟贲强多了。"

孟子说："这并不难，告子做到这一点时年龄比我还小呢！"

公孙丑又问道："做到遇事不动心有什么窍门吗？"

孟子说："有的。北宫黝锻炼勇气的窍门是：肌肤被刺不退却，眼睛被刺不躲避，把精神上受到别人的一点侮辱看成是在大庭广众之下受鞭打。他既不能忍受身穿粗布衣服的地位卑贱之人的侮辱，也不能忍受大国君王的侮辱。他把刺杀大国君王，看成是刺杀地位卑贱之人一般；他的心目中没有值得畏惧的君王，受到辱骂他一定要反击。孟施舍锻炼勇气的窍门又有不同，他说：'把战胜不了的敌人看成是能够战胜的一样。如果先估量了敌人的力量然后才进攻，先考虑了战胜的可能才交战，那是害怕敌方的三军。（那么这种人是害怕面对强大敌人的人，不是真正的勇士。）我哪里能够稳操胜券呢？我只不过做到无所畏惧罢了。'孟施舍锻炼勇气的方法像曾子，而北宫黝锻炼勇气的方法与子夏相像。这两个人的勇气，我不知道哪个更强一点。相比之下，孟施舍的方法更能掌握要领。从前曾子对子襄说：'你喜欢刚勇吗？我曾经在孔夫子那里听到过关于大勇的高见：扪心自问，如果自己理亏，那么即使对方是地位卑贱之人，我也不会去吓唬人家；扪心自问，如果自己有道理，那么即使面对千军万马，我也将勇往直前。'由此可见，孟施舍坚守的无所畏惧的勇气，当然比不上曾子坚守正义更得要领。"

公孙丑说："我冒昧地问一句，老师的不动心与告子的不动心有什么不同，您能给我讲讲吗？

"告子说：'言辞上无法取得成功，就不必求助于内心；不求助于内心，就不必求助于意气。'如果不求助于内心，就不必求助于意气，这一点我是赞同的。如果言辞上无法取得成功，又不求助于内心，这一点我就不赞同了。因为，人的思想意志是意气感情的主导，意气感情充满整个人体。思想意志到了哪里，意气感情就在哪里表现出来。所以，我以为，要坚定自己的思想意志，不要随意扰乱意气感情。

"您既说，'思想意志到了哪里，意志感情就在哪里表现出来。'又说，'要坚定自己的思想意志，不要随意扰乱意气感情'，这是什么道理呢？"

孟子说："思想意志专一，就会促动意气感情；如果意气感情专一放在某方面，也会促动思想意志。譬如失足跌倒和快速跑动，这只是意气感情专注于某方面，反过来也影响思想意志，造成内心波动。"

公孙丑问："请问老师擅长于哪方面？"

孟子说："我能够辨析言辞，善于培养自己的浩然之气"。

公孙丑问："请问什么叫浩然之气呢？"

孟子说："很难用言语说清楚。这种气最宏大、最刚健、最正直，如用正确的方法培养它，不要伤害它，那它就会充塞于天地之间。这种气的形式，要与正义和道德融合，不然就不会有气势。这种气是累积正义感而生成的，而不是偶然一两次的正义行为能形成的。如果内心不情愿做一件事，那么这种气就不会有力。所以，我认为，告子根本没有真正懂得什么是正义，因为他把正义看成心外之物。培养这种浩然之气，一定要做具体的事，但不要带有功利目的刻意去培养它，内心时刻铭记着不要忘记，不要违背规律加速培育它。不要像那个宋国人那样：有个宋国人担心自己的禾苗长得太慢，就把禾苗拔高一些。他十分疲倦地回到家中，对家人说：'今天我太累了：我帮助禾苗长高了！'他的儿子跑到田里一看，禾苗都已经枯萎了。天下不想帮助禾苗生长的人是很少的。认为培养正义毫无用处而放弃努力的人，就像种田而不除草的懒汉；违背规律帮助正义生长的人，就像拔苗助长的人，这种行为不但没有好处，反而会伤害禾苗。"

公孙丑又问:"怎样才算善于辨析别人的言辞呢?"

孟子说:"偏颇的言辞,我能知道它被什么蒙蔽;虚夸的言辞,我能知道它被什么沉迷;邪僻的言辞,我知道它与公理的差别;推托支吾的言辞,我知道它理屈之处。这些言辞是说话人内心思想的反映,在政治上会危害国家,在行政事务上会破坏具体工作。即使是圣人重现,也一定会赞同我这番话的。"

公孙丑说:"宰我、子贡擅长言谈,冉牛、闵子、颜渊善于阐述德行。孔子则两方面兼长,可他却说:'我不怎么擅长辞令。'那么,老师已经达到圣人的境界了吗?"

孟子说:"哎,这话是怎么说的? 从前子贡曾问孔子说:'老师已经达到圣人境界了吗?'孔子说:'圣人的境界我是达不到的,我只不过做到学习不知满足,教育人不知疲倦罢了。'子贡:'学习不知满足,这是智慧的表现;教育人不知疲倦,这是仁的表现。您仁、智两方面都有,已经达到圣人的境界了。'圣人的境界,连孔子都不敢自居,你却说我已达到了,这是什么话呢?"

公孙丑说:"以前我曾听说过,子夏、子游、子张都具有孔子某一方面的长处;冉牛、闵子、颜渊各方面都具备了孔子的水平,但没有孔子的博大精深。请问老师属于哪一种呢?"

孟子说:"暂时不讨论这一点。"

公孙丑说:"您认为伯夷、伊尹怎么样?"

孟子说:"他们的处世之道各不相同。不是他满意的君王他不服事,不是他认可的百姓他不领导;政治清明就出来做官,政治污浊就退而隐居。这是伯夷的做法。什么样的君王都可以服事,什么样的百姓都可以领导;政治清明出来做官,政治污浊也出来做官。这是伊尹的做法。能出来做官就做官,能退隐就退隐，能坚持做就坚持做，能马上离开就马上离开。这是孔子的做法。他们都是古代的圣人，我不能做到像他们那样。至于我所希望的，就是效法孔子。"

公孙丑说："伯夷、伊尹与孔子，他们是一样的圣人吗？"

孟子说："不是。自从有人类以来，没有孔子这么杰出的人。"

公孙丑说："那么他们三位有没有相同之处呢？"

孟子答道："有。如果纵横各百里的土地让他们做君王，他们都有能力凭这很少的国土使诸侯来朝拜，从而统一天下；如果为了获得天下而干一件不义之事，杀一个无辜的人，那么他们都不愿意做的。这就是他们三位的相同之处。"

公孙丑接着又问："请问他们的不同之处又在哪里呢？"

孟子说："宰我、子贡、有若这三个人，他们的智慧足以理解圣人的行事，即使他们言辞夸大，也不至于阿谀逢迎他们所爱戴的人。宰我说：'我对老师进行观察，觉得他比古代圣人尧、舜要强得多。'子贡说：'观察一个国家的礼制就可以知道它的政治，聆听一个国家的音乐就可以知道它的教化。即使百代之后来评价这个时期君王的高下，也离不开孔子的学说标准。自从有人类以来，还没有孔子这么杰出的人。'有若说：'难道只有世人才有高下之分吗？麒麟对于走兽，凤凰对于飞鸟，泰山对于土丘，河海对于水沟，都是同一类的事物。圣人对于一般百姓来说，也是同一类的。可是，圣人高出他的同类，孔子又高出圣人。自从有人类以来，没有谁比孔子更伟大的了。'"

【注释】

[1] 加：同"居"。"加""居"古音相同。[2] 孟贲（bēn）：

战国时秦国人，著名的武士。[3] 肤挠：肌肤被刺而挠屈。[4] 目逃：眼睛被刺而不躲避。[5] 挫：侮辱。[6] 褐：毛布。[7] 宽博：宽大的衣服。一般是贫贱的人穿的衣服。[8] 严：畏惮。[9] 会：合战。[10] 约：要领。[11] 缩：直。[12] 慑：此处为使动用法，"使……恐惧"。[13] 暴：扰乱。[14] 蹶：倒下，跌倒。[15] 趋：走。[16] 浩然：盛大流行的样子。[17] 配：合而有助的意思。[18] 馁（něi）：饥乏而气不充体。[19] 集义：指积善，希望事事都符合义的要求。[20] 袭：掩取。同"齐侯袭莒"之"袭"。[21] 慊（qiǎn）：通"惬"，快心。[22] 闵：忧。[23] 揠：拔。[24] 芒芒然：同"茫茫然"，疲倦的样子。[25] 病：疲倦。[26] 诐（bì）辞："诐"，偏颇。"诐辞"，指言语偏颇不平。[27] 蔽：遮蔽。[28] 淫辞："淫"，放荡。"淫辞"，指言过而不中。[29] 陷：沉溺。[30] 邪辞："邪"，邪僻。"邪辞"，指言语悖逆正道。[31] 离：叛离。[32] 遁辞："遁"，逃避。"遁辞"，指屈其理。[33] 穷：困屈。[34] 伯夷：孤竹君的长子。兄弟逊国，避纣隐居，听说周文王的德行而归附。等到周武王伐纣，离开而饿死。[35] 伊尹：有莘的处士，乐于尧舜之道。据说，商汤屡次邀请才为所用。[36] 止：此处指退隐。[37] 久：此处指留下。[38] 班：齐等的面貌。[39] 污：污下。此处指夸大其辞。[40] 太山：同"泰山"。[41] 垤（dié）：蚂蚁做窝时堆在洞前的土。[42] 行潦（lǎo）：沟中的流水。[43] 出：高出。[44] 拔：超出，高出。[45] 萃：聚。

三

　　孟子曰："以力假仁者霸，霸必有大国；以德行仁者王，王不待大。

汤以七十里，文王以百里。以力服人者，非心服也，力不赡[1]也；以德服人者，中心悦而诚服也[2]，如七十子之服孔子也。《诗》云：'自西自东，自南自北，无思[3]不服。'此之谓也。"

【译文】

孟子说："倚仗武力强大却假借仁义旗号进行征伐的人可以称霸诸侯，这种称霸一定要有很强盛的国力；凭借道德来推行仁义的人能称王，在天下称王不一定要有很强盛的国力，如商汤仅凭纵横七十里的土地，周文王仅凭纵横百里的土地。凭借武力而使别人屈服的，别人不是从内心真正降服，而是力量不足不得已；凭借道德使人服从的，人家内心会很高兴地真正服从，就像孔子七十二弟子拜服孔子一样。《诗经·大雅·文王有声》云：'从西从东，从南从北，没有谁不心悦诚服。'说的正是这个道理。"

【注释】

[1] 赡：足。[2] 中心悦而诚服也：后演化为成语"心悦诚服"，指愉快地接受某种观点、事实等，诚心诚意地信服或服从。[3] 思：助词，无实意。如《诗经·关雎》"寤寐思服"的"思"。

四

孟子曰："仁则荣，不仁则辱；今恶辱而居不仁，是犹恶湿而居下也。如恶之，莫如贵德而尊士，贤者在位，能者在职；国家闲暇，及是时，明其政刑。虽大国，必畏之矣。《诗》云：'迨天之未阴雨，彻[1]

彼桑土 [2]，绸缪 [3] 牖户 [4]。今此下民，或敢侮予。'孔子曰：'为此诗者，其知道乎！能治其国家，谁敢侮之？'今国家闲暇，及是时，般 [5] 乐怠敖，是自求祸也。祸福无不自己求之者。《诗》云：'永 [6] 言 [7] 配 [8] 命 [9]，自求多福。'《太甲》[10] 曰：'天作孽 [11]，犹可违 [12]；自作孽，不可活 [13]。'此之谓也。"

【译文】

孟子说："施行仁政就会获得荣耀，不施行仁政就会遭受屈辱；现在有些执政者不愿遭受屈辱，却做出不仁不义的事，这就好比讨厌潮湿却又住在低洼之地一样。如果真的不愿受辱，最好是注重道德并尊重有识之士，让贤人居于高位，让能人担任要职；趁着国家太平无事的时机，修明政治和法纪。这样，即使是强大的国家，也一定会敬畏此国了。《诗经·豳风·鸱鸮》云：'趁着天还没下雨，快把桑根皮来剥，修理房门修理窗。下面的人，有谁敢把我欺负？'孔子说：'作这首诗的人，大概很懂得治国之道吧！能治理好国家的人，还有哪个敢欺侮他呢？'现在国家安定，却在这样的形势下追求享乐，懈怠游玩，这是自己去找灾祸。祸患和福祉没有不是自己造成的。《诗经·大雅·文王》云：'要永远服从上天的安排，自己寻求更多的福分。'《尚书·太甲》云：'上天降下的祸患是可以躲避的，自己造下的罪孽就无法逃脱了。'说的正是这个道理。"

【注释】

[1] 彻：取。[2] 桑土：桑根的皮。[3] 绸缪：缠缚补葺。[4] 牖（yǒu）户：窗户。[5] 般：大。[6] 永：长。[7] 言：助词，无实意。

[8] 配：配合。[9] 命：天命。[10]《太甲》：《尚书》篇名，此篇《今文尚书》和《古文尚书》均不传。[11] 孽：祸患。[12] 违：躲避。[13] 活：生。《礼记·缁衣》引作"逭"（huàn）。"逭"，缓。

五

孟子曰："尊贤使能，俊杰在位，则天下之士皆悦，而愿立于其朝矣；市，廛[1]而不征，法而不廛，则天下之商皆悦，而愿藏于其市矣；关，讥[2]而不征，则天下之旅皆悦，而愿出于其路矣；耕者，助而不税，则天下之农皆悦，而愿耕于其野矣；廛，无夫[3]里[4]之布[5]，则天下之民皆悦，而愿为之氓矣。信能行此五者，则邻国之民仰之若父母矣。率其子弟，攻其父母，自生民以来未有能济者也。如此，则无敌于天下。无敌于天下者，天吏[6]也。然而不王者，未之有也。"

【译文】

孟子说："尊敬有德行的人，任用有才能的人，使杰出的人都有适当的职位，那么天下的士人都会很高兴，都希望到那个国家为君王服务。市场上给予储藏货物的地方却不征税，如果货物积压就依法收购，不让它长期积压，那么天下的商人就很高兴，都希望到那个国家的市场去做生意。关卡只检查而不收关税，那么天下所有旅客都很高兴，都希望取道那个国家。对农民只让他们种公田而不收租税，那么天下的农民都很高兴，都希望到那个国家的田野上耕种。在百姓居住的地方，不收人口税和地税，那么天下百姓都会很高兴，都愿意成为那个国家的人民。如果真能做到上面这五个方面，那么邻国的百姓就会像对待父母一样敬仰那个君王了。假如邻国君王带领这些百姓去攻打那个君王，就等于带领儿女去攻打他们的父母，这是自从有人类以来从没有成功过的事。这样，就会无敌于天下。无敌于天下的人，是奉上天旨意治理百姓的人。做到这些还不能使天下归顺而称王的，是从来没有的事。"

【注释】

[1] 廛（chán）：市宅。本义是古代城市平民的房地。[2] 讥：察问。[3] 夫：一个人。[4] 里：居住。[5] 布：代指税。[6] 天吏：上天委派的官吏，即称王的人就是顺应天意的人。

六

孟子曰："人皆有不忍人之心。先王有不忍人之心，斯有不忍人之政矣。以不忍人之心，行不忍人之政，治天下可运之掌上。所以谓人皆有不忍人之心者，今人乍[1]见孺子将入于井，皆有怵惕[2]恻隐[3]之心，非所以内[4]交于孺子之父母也，非所以要[5]誉于乡党朋友也，非恶其声[6]而然也。由是观之，无恻隐之心，非人也；无羞恶之心，非人也；无辞让之心，非人也；无是非之心，非人也。恻隐之心，仁之端[7]也；羞恶之心，义之端也；辞让之心，礼之端也；是非之心，知[8]之端也。人之有是四端也，犹其有四体。有是四端而自谓不能者，自贼者也；谓其君不能者，贼其君者也。凡有四端于我者，知皆扩而充之矣，若火之始然，泉之始达。苟能充之，足以保四海；苟不充之，不足以事父母。"

【译文】

孟子说："每个人都有怜悯别人的心地。先王有怜悯别人的心地，于是形成了体恤民情的政治制度。如果用怜悯别人的心地，施行体恤民情的政治制度，那么治理天下就如同在掌上转动东西一样容易了。之所以说每个人都有怜悯别人的心地，假如有人突然发现一个小孩就要掉到井里去了，都会产生惊骇同情的心理，这不是想借此与孩子的父母交朋友，也不是想借此在乡邻朋友中博得好名声，更不是因为讨厌背上见死不救的坏名声才这样做的。由此可以知道，没有恻隐之心的人，便算不得是人；没有廉耻之心的人，便算不得是人；没有谦让之心的人，便算不得是人；没有是非之心的人，便算不得是人。恻隐之心，是仁爱的开端；廉耻之心，是道义的开端；谦让之心，是礼仪的开端；是非之心，是智慧的开端。一个人有这四种开端，就好比有四肢一样。有这四种开端还认为自己不行，是自己伤害自己的人；君王有这四种开端还认为君王不行，是伤害了君王的人。凡是自己已具备这四种开端的人，认识到它们并将其扩充发展起来，就会像火刚刚燃烧起来，泉水刚刚喷涌出来。如果能做到培养、壮大这四种开端，就足以安定天下；反之，连服事父母都做不到。"

【注释】

[1] 乍：忽然。[2] 怵（chù）惕："怵"，惊恐。"惕"，惧怕。"怵惕"，惊动的样子。[3] 恻隐："恻"，痛。指伤得很重。"隐"，形容很痛。"恻隐"，哀痛的样子。[4] 内：同"纳"，结。[5] 要（yāo）：求。[6] 声：名声。[7] 端：绪，首。此处指开端。[8] 知：同"智"。

七

孟子曰："矢人岂不仁于函[1]人哉？矢人唯恐不伤人，函人唯恐伤人。巫匠亦然。故术不可不慎也。孔子曰：'里仁为美。择不处仁，焉得智？'夫仁，天之尊爵也，人之安宅也。莫之御而不仁，是不智也。不仁、不智，无礼、无义，人役也。人役而耻为役，由弓人而耻为弓，矢人而耻为矢也。如耻之，莫如为仁。仁者如射，射者正己而后发；发而不中，不怨胜己者，反求诸己而已矣。"

【译文】

孟子说："造箭的人难道要比造铠甲的人更不仁爱吗？因为造箭的人唯恐箭不能射死人，而造铠甲的人唯恐甲衣不能保护人。巫师和木匠，这两种人也如此。（巫师总怕自己法术不高，救不了病人；而木匠却唯恐不死人，棺材卖不出去。）所以，选择一门职业，不能不慎重。孔子说：'与具有仁德的人相处是件美好的事情。如果选择了不与仁德的人相处，怎能说是有智慧呢？'仁德，是上天最高贵的爵位，是人间最踏实的精神家园。没有人阻挡选择仁德，自己却不选择仁德，这是不明智的。不仁德又不明智，没有礼仪没有道义的人，只配做人家的仆役。做人家仆役的人，自己都以做仆役为耻辱，就好比造弓的人认为制造弓的这种工作是耻辱的，造箭的人认为制造箭的这种工作是耻辱的一样。如果认为耻辱，不如先求仁德。求仁德的人好比射箭的人，射箭的人先端正自己的姿势而后射箭；射不中靶，不责怪赢了自己的人，而是反过来从自己身上找原因。"

【注释】

[1] 函：甲。

八

孟子曰："子路，人告之以有过，则喜[1]。禹，闻善言，则拜。大舜有大焉，善与人同[2]，舍己从人，乐取于人以为善。自耕稼、陶、渔以至为帝，无非取于人者。取诸人以为善，是与人为善者也[3]。故君子莫大乎与人为善。"

【译文】

孟子说："子路这个人，别人指出他的缺点，他就很高兴。夏禹这个人，听到别人的正确意见，他就向人家施礼。伟大的舜有更令人钦佩的地方，他善于和别人沟通，能舍去自己不正确的意见而采用别人正确的意见，乐于吸取别人的长处来发展自己的善行。舜从亲自耕作、制陶器、捕鱼一直做到天子，没有哪个优点不是从别人那里学习来的。吸取别人的优点来发展自己的善行，这也是和别人一道做好事啊。所以君子最高尚的品德就是与别人一道做好事。"

【注释】

[1] "人告之以有过，则喜"：后演化为成语"闻过则喜"，指听到别人指出自己的过错就感到高兴，形容虚心接受意见。

[2] 善与人同：意同"善于人通"。[3] 是与人为善者也：后演化为成语"与人为善"，原意指偕同别人一道做好事行善，现指善意帮助人。

九

孟子曰："伯夷，非其君，不事；非其友，不友。不立于恶人之朝，不与恶人言；立于恶人之朝，与恶人言，如以朝衣朝冠坐于涂[1]炭。推恶恶之心，思与乡人立，其冠不正，望望然[2]去之，若将浼[3]焉。是故诸侯虽有善其辞命而至者，不受也。不受也者，是亦不屑[4]就已[5]。柳下惠[6]不羞污君，不卑小官；进不隐贤，必以其道；遗佚[7]而不怨，厄[8]穷而不悯[9]。故曰，'尔为尔，我为我，虽袒裼[10]裸裎[11]于我侧，尔焉能浼我哉？'故由由然[12]与之偕[13]而不自失焉，援而止之而止。援而止之而止者，是亦不屑去已。"孟子曰："伯夷隘[14]，柳下惠不恭[15]。隘与不恭，君子不由也。"

【译文】

孟子说："伯夷这个人，不是他认可的君主就不侍奉，不是他认可的朋友就不结交。他不在有奸臣的朝廷里为官，不与坏人交谈；如果在有奸臣的朝廷里为官、与坏人交谈，那就像穿戴着上朝时的衣帽却坐在烂泥和炭灰上一样（不好受）。推及这种憎恶坏人坏事的心情，如果是跟乡下人站在一起且歪戴着帽子，他会头也不回地离开那人，就好像不离开自己会被玷污了一样。所以，虽然有不少诸侯好言好语来请他，他却不接受。他不肯接受邀请的原因，是他不屑与他们接近。

柳下惠则不同，他不认为被不贤的君王所用就可耻，也不因为官位低就卑下；被举荐做官，不隐藏自己的才干，但一定按照原则办事；不能被举荐做官也不怨天尤人，处境艰难也不忧心忡忡。所以，他说：'你是你，我是我，即使你在我面前赤身裸体，又怎能玷污了我呢？'因此，他跟谁在一起都高高兴兴，一点也不失常态。挽留他留下他就留下，让他留下不走他就不走，原因在于他觉得离不离开都无关紧要。"

孟子又说道："伯夷这个人胸襟狭隘，柳下惠这个人又不严肃。胸襟狭隘和不严肃，都是君子不屑去做的。"

【注释】

[1] 涂：泥。[2] 望望然：失望的样子。[3] 浼（měi）：玷污。[4] 不屑就："屑"，洁。《诗经》："不我屑已。"《说文解字》："动作切切也。""不屑就"，意思是不以就之为洁，而切切于是。[5] 已：语助词，无实意。[6] 柳下惠：鲁公同族大夫，姓展，名禽，字季，居住在柳下，谥号"惠"。[7] 遗佚：放弃。[8] 厄：困难。[9] 悯：担忧。[10] 袒裼：露臂。[11] 裸裎：露身。[12] 由由然：自得的样子。[13] 偕：俱，并处。[14] 隘：狭窄。[15] 不恭：简慢。

公孙丑章句下
（共十四章）

　　《公孙丑下》共十四章，论述的主要内容有两方面：一是人心向背，二是士人的修养。这两方面都没有超出仁政的范畴。

　　作为仁政的倡导者，孟子极力反对战争，但他不是无条件地反对所有战争，而只是反对不义的战争。在本卷第一章中，孟子提出了战争中取胜应注意的原则，"天时不如地利，地利不如人和"。同时，又指出"域民不以封疆之界，固国不以山溪之险，威天下不以兵革之利。得道者多助，失道者寡助。寡助之至，亲戚畔之；多助之至，天下顺之。以天下之所顺，攻亲戚之所畔。故君子有不战，战必胜矣"。这段话可谓至理名言，指出了不论治国还是战争，人心的向背都是至关重要的。孟子所举事例虽然是军事方面的，但其意义又不限于军事，大到治国安邦，小到处理日常事务都是如此。以当今世界而论，一个国家的统治者不可能总靠砌起高大的混凝土建筑、拉上电网，再派重兵看守来防止本国公民出逃；也不可能在民怨沸腾的情势下长期稳固政权。中国自古就有"民惟邦本，本固邦宁"（《尚书·夏书·五字之歌》）、"水则载舟，水则覆舟"（《荀子·王制》）之说，说的也是这个道理。政治问题说到底在于能否得到人民的信任和拥护，民心的向背对政权巩固具有决定性作用。孟子的这种思想经全面扩充，形成了"民贵君轻"（见《尽心下》）思想。在实际行动中，孟子也是把百姓的爱憎、利益放在首位的。在对待齐国将要伐燕这件事上，孟子主张如果燕国国政已败坏，百姓遭受苦难，那么齐国就可以发兵攻伐，并且齐国的措施一定要优于燕国，否则伐燕就没有任何意义。基于这种认识，孟子在齐国伐燕后对齐国大加指责。

本卷中还提出了士人的修养问题，对我们提高自身素质和处理好日常事务是有积极意义的。第二章论述了士人对上级的恭敬，主要不是表现在唯命是从上，而是陈说政务的得失。这既是对大道尽责，也是对自身人格的一种尊重。第三章论述了君子取物之道，主张君子取物的标准不是物的多少，而是看是否合理。"无处而馈之，是货之也。焉有君子而可以货取乎？"这与"临财毋苟得"（《礼记·曲礼上》）是一个意思。联系现实，许多人分不清哪些东西是该取的，哪些东西是不该取的，利令智昏地一味贪婪索取，结果或锒铛入狱或上断头台，这种教训不可谓不深刻。以此观之，孟子的话是有长久的警醒作用的。

一

孟子曰："天时不如地利，地利不如人和。三里之城，七里之郭[1]，环[2]而攻之而不胜。夫环而攻之，必有得天时者矣；然而不胜者，是天时不如地利也。城非不高也，池非不深也，兵革[3]非不坚利也，米粟非不多也，委[4]而去之，是地利不如人和也。故曰：域[5]民不以封疆之界，固国不以山溪之险，威天下不以兵革之利。得道者多助，失道者寡助。寡助之至，亲戚畔[6]之；多助之至，天下顺之。以天下之所顺，攻亲戚之所畔。故君子有不战，战必胜矣。"

【译文】

孟子说："天时不如地利重要，地利不如人和重要。例如，有一座纵横三里的小城，其外城也只有纵横七里，把它团团围住却攻不下来。团团包围进攻它，必定是有了合乎天时的有利条件；可是久攻不下的原因，在于天时不如地利重要。城墙不是不高，护城河也不是不深，兵器盔甲不是不坚固锐利，储存的粮食不是不多，弃城逃跑是因为地利不如人和重要啊。所以说，管束百姓，不能只靠国界的限制；巩固国防，不能只靠山川的险峻；威慑天下，不能只靠武器的精良。拥有道义的人帮助他的就多，失去道义的人帮助他的人就少。帮助他的人少到极点时，甚至骨肉血亲都反对他；帮助他的人多到极点时，天下人都愿归顺他。用天下人都归顺的力量去攻打连骨肉血亲都背叛的人，那么仁德的君王不用战争手段就罢了，如果用就一定会取胜。"

【注释】

[1] 郭：外城。[2] 环：围。[3] 革：甲胄。[4] 委：弃。[5] 域：界限。[6] 畔：通"叛"。违背，背离。

二

孟子将朝王，王使人来曰："寡人如 [1] 就见者也，有寒疾，不可以风。朝，将视朝 [2]，不识可使寡人得见乎？"

对曰："不幸而有疾，不能造朝。"

明日，出吊于东郭氏 [3]。公孙丑曰："昔者辞以病，今日吊，或者不可乎？"

曰："昔者疾，今日愈，如之何不吊？"

王使人问疾，医来。

孟仲子 [4] 对曰："昔者有王命，有采薪之忧 [5]，不能造朝。今病小愈，趋造于朝，我不识能至否乎？"

使数人要于路，曰："请必无归，而造于朝！"

不得已而之景丑氏 [6] 宿焉。

景子曰："内则父子，外则君臣，人之大伦也。父子主恩，君臣主敬。丑见王之敬子也，未见所以敬王也。"

曰："恶！是何言也！齐人无以仁义与王言者，岂以仁义为不美也？其心曰，'是何足与言仁义也'云尔，则不敬莫大乎是。我非尧舜之道，不敢以陈于王前，故齐人莫如我敬王也。"

景子曰："否，非此之谓也。礼曰：'父召，无诺；君命召，不俟驾。'固将朝也，闻王命而遂不果，宜与夫礼若不相似然。"

曰："岂谓是与？曾子曰：'晋楚之富，不可及也。彼以其富，我以吾仁；彼以其爵，我以吾义。吾何慊[7]乎哉？'夫岂不义而曾子言之？是或一道也。天下有达[8]尊三：爵一，齿一，德一。朝廷莫如爵，乡党莫如齿，辅世长民莫如德。恶得有其一以慢其二哉？故将大有为之君，必有所不召之臣；欲有谋焉，则就之。其尊德乐道，不如是，不足与有为也。故汤之于伊尹，学焉而后臣之，故不劳而王；桓公之于管仲，学焉而后臣之，故不劳而霸。今天下地丑[9]德齐，莫能相尚[10]，无他，好臣其所教，而不好臣其所受教。汤之于伊尹，桓公之于管仲，则不敢召。管仲且犹不可召，而况不为管仲者乎？"

【译文】

孟子准备去朝见齐王，正好齐王派人来说："我本应来看您的，可是患了感冒，不能吹风。明天早晨我要到朝堂，不知能否让我见到您？"

孟子回答说："真是不幸，我也刚染上病，不能到朝堂面见您。"

第二天，孟子外出到东郭大夫家去吊丧了。公孙丑说："昨天您以有病为借口谢绝了齐王的召见，今天却去东郭家吊丧，恐怕不太好吧？"

孟子说："昨天染病，今天好了，为什么不可以去吊丧呢？"

齐王派人来探病，医生也来了。

孟仲子对来人说："昨天大王有命令来，可是他染病不能到朝堂去。今天病情稍轻了点，赶紧上朝堂去了，但不敢肯定有没有到朝堂。"

孟仲子随后派了几个人等候在孟子回家的路上，拦住孟子说："请您无论如何不要回家，立刻上朝堂去！"

孟子没办法，只好到大夫景丑家住下。

景丑对孟子说："家庭内部有父子关系，家庭外有君臣关系，这两种关系是人与人之间最重要的关系。父子之间的关系以慈爱为根本，君臣之间的关系以恭敬为根本。我只看到齐王对您很尊重，却没有发现您恭敬齐王的地方。"

孟子说："嘿！这是什么话！齐国没有谁把仁义的道理讲给齐王听，难道是齐人认为仁义不好吗？不是，他们内心认为，'这样的君王哪里值得和他谈什么仁义呢'，这才是最大的不恭敬。那我自己呢，不是尧、舜治天下的道理就不敢在齐王面前说，所以我认为齐国没有一个人比我对齐王更恭敬。"

景丑说："不对，我说的不是这个。《礼》云：'父亲召唤，不能慢腾腾地说"好吧"，而应当说"是"并立即起身；君王召唤，不等车马备好就赶紧去。'您本来准备好了要去朝见齐王，听到齐王的命令后反而不去了，大概和《礼》说的不一致吧。"

孟子说："难道是说的这个吗？曾子说：'晋国和楚国的富有，我们是达不到的。可是，他们倚仗他们的富有，我倚仗我的仁德；他们倚仗他们的爵位，我倚仗我的道义，有什么觉得不如他的呢？'如果没有道理，曾子难道会说出来吗？这些话大概是有道理的。天下全都尊重的东西有三样：爵位、年龄、道德。在朝廷里，最看重爵位；在民间，最看重年龄；辅佐君王统治百姓，最看重的是德行。怎么能凭着爵位高低就轻视我的年龄和德行呢？所以，大有作为的君王，一定有不受召唤的臣属；如果有什么事要商量，就主动到臣属那里去。如果不是这样地尊重德行、爱好道义，就不必和这样的君王一起有所作为。所以，商汤对伊尹，先向伊尹学习，然后对他委以重任，因此没费多大力气就称王了；齐桓公对管仲，先向管仲学习，然后对他委以重任，因此没费多大力气就称霸于诸侯。现在天下各国，领土大小差不多，君王的德行高低也差不多，彼此之间谁也无法凌驾于别人之上，这没有别的原因，就是因为君主只喜欢用听从他们教导的人为臣，而不喜欢用能够教导他们的人为臣。商汤对伊尹，齐桓公对管仲，都不敢召唤。管仲都不受召唤，更何况不屑于做管仲的人呢？"

【注释】

[1] 如：助动词，宜，当。[2] "朝，将视朝"：赵岐注："倘可来朝，欲力疾临视朝，因得见孟子也"，第一个"朝"字仍读为"朝见"之"朝"。朱熹《孟子集注》则认为第一个"朝"字读为"朝暮"之"朝"，表示时间。两种解读都可通。[3] 东郭氏：齐大夫家。《孟子正义》："东郭者，齐国之东地，号为东郭也。"[4] 孟仲子：孟子的堂弟，曾在孟子门下学习。[5] 忧：病。[6] 景丑氏：齐国大夫景子，景丑。[7] 慊（qiàn）：少。亦有"心有所衔"的意思。[8] 达：通。[9] 丑：类。[10] 尚：过。

三

陈臻[1]问曰："前日于齐，王馈兼金[2]一百而不受；于宋，馈七十镒而受；于薛，馈五十镒而受。前日之不受是，则今日之受非也；今日之受是，则前日之不受非也。夫子必居一于此矣。"

孟子曰："皆是也。当在宋也，予将有远行，行者必以赆；辞曰：'馈赆 [3]。'予何为不受？当在薛也，予有戒心 [4]；辞曰：'闻戒，故为兵馈之。'予何为不受？若于齐，则未有处也。无处而馈之，是货 [5] 之也。焉有君子而可以货取 [6] 乎？"

【译文】

陈臻问道："以前您在齐国时，齐王送您上好的金子一百镒，您不接受；后来您在宋国时，宋王送您七十镒金子，您却接受了；在薛地，田婴送您五十镒金子，您也收下了。如果先前不接受是对的，那么后来收下就是错；如果后来收下是对的，那么先前不接受就是错的。这两种情况，老师一定属于其中一种。"

孟子说："都是对的。在宋国的时候，我要长途旅行。对远行的人当然要送盘缠，因此宋王说：'送给您一些盘缠。'我为什么不收下呢？在薛地的时候，我对路上安全有戒备之心，因此田婴说：'听说您需要防备坏人，所以送您一些钱买武器。'我为什么不收下呢？至于在齐国，我却没有理由接受钱。没有理由却送钱给我，这对我来说就是收买。哪有真正的君子可以被拿钱收买的呢？"

【注释】

[1] 陈臻：孟子的弟子。[2] 兼金：好金。其价格是普通金子的几倍，因而叫作"兼金"。[3] 赆：送。行者赠赆的礼物，当时叫作"赆"。[4] 戒心：有戒备不虞之心。指当时有恶人欲害孟子，孟子戒备。[5] 货：动词，贿赂。[6] 取：以致。

四

孟子之平陆[1]，谓其大夫曰："子之持戟之士，一日而三失伍，则去之否乎？"

曰："不待三。"

"然则子之失伍也亦多矣。凶年饥岁，子之民，老羸转于沟壑，壮者散而之四方者，几千人矣。"

曰："此非距心之所得为也。"

曰："今有受人之牛羊而为之牧之者，则必为之求牧[2]与刍矣。求牧与刍而不得，则反诸其人乎？抑亦立而视其死与？"

曰："此则距心之罪也。"

他日，见于王曰："王之为都者，臣知五人焉。知其罪者，惟孔距心。"为王诵[3]之。

王曰："此则寡人之罪也。"

【译文】

孟子到平陆去，对平陆的大夫孔距心说："如果您的士兵一天之内三次掉队，那么您是否要杀掉他呢？"

孔距心回答说："等不到三次，我就杀掉他了。"

孟子说："既然如此，那么您如同'掉队'的失职行为也太多了。饥荒年头，您的百姓中年老体弱的倒毙在山沟里，年轻力壮的逃散到四方，差不多有千人了。"

孔距心说："这不是我孔距心所能改变的。"

孟子说："如果有人接受了别人的牛羊并替他喂养，那这人就一定要给牛羊找到合适的牧场和草料。如果牧场和草料找不到，那是把牛羊还给原主人呢，还是站在一旁眼看着它们饿死呢？"

孔距心省悟地回答："这的确是我的过错了。"

过了些日子，孟子朝见齐王，说："您的地方长官，我认识五位。能够明白自己过错的，只有孔距心一人。"并将与孔距心的谈话给齐王复述了一遍。

齐王听后说："这的确是我的过错了。"

【注释】

[1] 平陆：齐下邑，故城在今山东汶上北。[2] 牧：牧地。[3] 诵：复述。

五

孟子谓吃白饭蛙[1]曰："子之辞灵丘[2]而请士师，似也，为其可以言也。今既数月矣，未可以言与？"

蚔蛙谏于王而不用，致[3]为臣而去。

齐人曰："所以为蚔蛙则善矣；所以自为则吾不知也。"

公都子[4]以告。

曰："吾闻之也：有官守者，不得其职则去；有言责者，不得其言则去。我无官守，我无言责也，则吾进退，岂不绰绰然有余裕[5]哉？"

【译文】

孟子对蚔蛙说："您辞去灵丘地方长官职务而请求担任狱

官似乎很有道理，因为这样就可以向君王提建议了。现在，您担任狱官已经好几个月了，还不能向君王提建议吗？"

蚔蛙向齐王进谏，齐王不采纳，于是蚔蛙就辞掉官职离开了。

齐国便有人说："孟子替蚔蛙出的主意是好的，但他如何为自己打算的就不知道了。"

公都子把这些话转告给孟子。

孟子说："我听说过这样的话：有官员职守的人，如果不能尽职尽责就当辞职，有进谏责任的人，如果建议不能被采纳就该离职。我既没有固定的职务，也没有进谏的责任，那么我是进是退，难道不是有很大余地吗？"

【注释】

[1] 蚔（chí）蛙：齐国大夫。[2] 灵丘：齐下邑。《地理志》记载："代郡，有灵丘县。"[3] 致：还。[4] 公都子：孟子弟子。[5] 绰绰然有裕余："绰绰然"，宽松的样子。"裕"，也是宽的意思。后演化为成语"绰绰有余"，形容非常宽裕，用不完。

六

孟子为卿于齐，出吊于滕，王使盖[1]大夫王驩为辅行[2]。王驩朝暮见，反齐、滕之路，未尝与之言行事也。

公孙丑曰："齐卿之位，不为小矣；齐、滕之路，不为近矣，反之而未尝与言行事，何也？"

曰："夫[3]既或治之，予何言哉？"

【译文】

孟子在齐国担任卿相，出使到滕国去吊丧，齐王派盖邑地方长官王骧作为副使一同前往。王骧和孟子天天在一起，来往于齐、滕的路途也不算近，可是孟子却从来没和王骧谈起过公事。

公孙丑问道："齐国卿相的爵位，不算小了；齐国到滕国的路途，不算近了，可是往返一次您却不曾和王骧谈起过公事，这是为什么呢？"

孟子说："既然有人已在办理那些事了，我还有什么可谈的呢？"

【注释】

[1] 盖（gě）：齐下邑，故城在今山东沂水县西北八十里。[2] 辅行：副使。[3] 夫：彼。

七

孟子自齐葬于鲁，反于齐，止于嬴[1]。

充虞[2]请曰："前日不知虞之不肖，使虞敦[3]匠[4]事。严[5]，虞不敢请。今愿窃有请也：木[6]若以美[7]然。"

曰："古者棺椁无度，中古棺七寸，椁称之。自天子达于庶人，非直为观美也，然后尽于人心。不得，不可以为悦；无财，不可以为悦。得之为有财，古之人皆用之，吾何为独不然？且比[8]化者[9]无使土亲肤，于人心独无恔[10]乎？吾闻之也：君子不以天下俭其亲。"

【译文】

孟子从齐国到鲁国去安葬母亲，返回齐国时在嬴地逗留。

充虞问："前些日子您不嫌我没本事，让我负责管理棺椁的制造工作。但当时时间太紧，我不敢提出疑问。现在，我希望能把疑问向您提出来：棺木的质料似乎太好了。"

孟子说："上古时对内棺外椁的尺寸没有定规，中古时才规定内棺厚度是七寸，外椁厚度要与内棺厚度相称。从天子到平民百姓，讲究棺木厚度并不是为了看起来美观，而是这样做了才算后代尽了孝心。受礼制规定所限，不能用上好木料，活人心里不好受；没有足够财力用上好木料，活人心里也不好受。我的地位和财力都允许我用上好木料，况且古代的人也都用好木料做棺木，我为什么不能这样做呢？况且棺木做得厚实些，只是为了使死者的身体不进泥土，这么做活人的心里不就更畅快了吗？我听说过这样的道理：有德行的人绝不会因为爱惜天下物力而在父母身上节省。"

【注释】

[1] 嬴：齐南邑，故城在今山东莱芜市西北四十里。[2] 充虞：孟子弟子。[3] 敦：治。[4] 匠：木工。[5] 严：急。[6] 木：棺木。[7] 以美："以"，通"已"。"以美"，太美。[8] 比：为了。[9] 化者：死者。[10] 恔（xiào）：快意。

八

沈同 [1] 以其私问曰：“燕可伐与？”

孟子曰：“可；子哙 [2] 不得与人燕，子之 [3] 不得受燕于子哙。有仕于此，而子悦之，不告于王而私与之吾子之禄爵；夫士也，亦无王命而私受之于子，则可乎？何以异于是？”

齐人伐燕。

或问曰：“劝齐伐燕，有诸？”

曰：“未也；沈同问‘燕可伐与’，吾应之曰，‘可’，彼然而伐之也。彼如曰，‘孰可以伐之？’则将应之曰，‘为天吏，则可以伐之。’今有杀人者，或问之曰，‘人可杀与？’则将应之曰，‘可。’彼如曰，‘孰可以杀之？’则将应之曰：‘为士师，则可以杀之。’今以燕伐燕，何为劝之哉？”

【译文】

沈同以私人身份问孟子道：“燕国可以讨伐吗？”

孟子答道：“可以。燕王子哙不能随意把燕国让给别人，相国子之也不能从子哙那里接受燕国。如果现在有这样一个士人，您很喜欢他，不向君王请示就私下里把自己的俸禄爵位都他；那个士人呢，也在没有得到君王允许的情况下，私自接受了您给他的一切。这样做可以吗？现在子哙、子之私相授受王位的事和这又有什么区别呢？”

齐国人果然去讨伐燕国。

有人问孟子道：“您曾鼓动齐国攻打燕国，有这回事吗？”

孟子说："没有。沈同问'燕国可以讨伐吗'，我回答说'可以'，然后他们就去攻打燕国了。如果沈同问，'谁可以讨伐燕国？'我就会回答说，'只有奉天命治理天下的人才可以讨伐燕国'。如果有个杀人犯，有人问，'这人可以杀吗？'我会回答说，'可以。'如果有人问，'谁有可以杀他？'我会回答说：'只有狱官可以杀他。'现在是一个与燕国一样暴虐无道的国家去讨伐燕国，我怎么会鼓动它呢？"

【注释】

[1] 沈同：齐国大夫。[2] 子哙：燕王。[3] 子之：燕国相国。

九

燕人畔。王曰："吾甚惭于孟子。"

陈贾[1]曰："王无患焉。王自以为与周公孰仁且智？"

王曰："恶！是何言也！"

曰："周公使管叔[2]监殷，管叔以殷畔；知而使之，是不仁也；不知而使之，是不智也。仁、智，周公未之尽也，而况于王乎？贾请见而解之。"

见孟子，问曰："周公何人也？"

曰："古圣人也。"

曰："使管叔监殷，管叔以殷畔也，有诸？"

曰："然。"

曰："周公知其将畔而使之与？"

曰："不知也。"

"然则圣人且有过与？"

曰："周公，弟也；管叔，兄也。周公之过，不亦宜乎？且古之君子，过则改之；今之君子，过则顺[3]之。古之君子，其过也，如日月之食，民皆见之，及其更也，民皆仰之；今之君子，岂徒顺之，又从为之辞[4]。"

【译文】

燕国人起来反抗齐国。齐王说："我感到愧对孟子啊！"

大夫陈贾说："大王不要在这事上忧虑了。您自认为与周公相比，哪个更仁德更有智慧呢？"

齐王说："啊，这是什么话！"

陈贾说："周公派管叔监管殷商遗民，管叔却率领殷地人反叛；如果周公事先知道管叔会反叛却仍派他去监管殷地，那就是不仁德；如果周公事先不知道管叔会反叛而派他去监管殷地，那就是不明智。仁德与智慧，周公尚且没能完全做到，何况大王呢？我请求去见孟子把这事解释清楚。"

陈贾来见孟子，问道："周公是个怎样的人？"

孟子说："古代的圣人。"

陈贾说："他派管叙去监管殷商遗民，管叔却率领他们反叛，有这回事吗？"

孟子说："有。"

陈贾接着问："周公是事先知道管叔会反叛仍要派他去的吗？"

孟子说："周公事先并不知道。"

陈贾说："那么，圣人也有过失吗？"

孟子说："周公是弟弟，管叔是哥哥，周公的过失不是人之常情吗？况且，古代的君子有了过失就立刻改正；现在的'君子'呢，有了过失却将错就错，不悔改。古代的君子，他们的过失就好像日食月食一样，百姓全都能看到；一旦他们改正，百姓都抬头望着他。现在的'君子'哪里只是将错就错，甚至为了掩盖过失还要编造种种借口。"

【注释】

[1] 陈贾：齐国大夫。[2] 管叔：名鲜，周武王之弟，周公旦之兄。周武王灭商建周后，将管叔鲜封于管地，建立管国，与蔡叔度、霍叔处协助、监督商纣王之子武庚，一同治理商朝遗民，史称"三监"。周武王死后，其子周成王继位。周成王年幼，由周公旦摄政。三人对此不满，于是挟持武庚发动叛乱，史称"三监之乱"。不久，周公旦平定叛乱，诛杀管叔鲜，管国灭亡。[3] 顺：遂，依从。[4] 辞：辩。

十

孟子致为臣而归。王就见孟子，曰："前日愿见而不可得，得侍同朝，甚喜；今又弃寡人而归，不识可以继此而得见乎？"

对曰："不敢请耳，固所愿也。"

他日，王谓时子[1]曰："我欲中国而授孟子室，养弟子以万钟[2]，使诸大夫国人皆有所矜[3]式[4]。子盍为我言之！"

时子因陈子[5]而以告孟子，陈子以时子之言告孟子。

孟子曰："然；夫时子恶知其不可也？如使予欲富，辞十万而受万，是为欲富乎？季孙曰：'异哉子叔疑！使己为政，不用，则亦已矣，又使其子弟为卿。人亦孰不欲富贵？而独于富贵之中有私龙[6]断焉。'古之为市也，以其所有易其所无者，有司者治之耳。有贱丈夫[7]焉，必求龙断而登之，以左右望，而罔^[8]市利。人皆以为贱，故从而征之。征商自此贱丈夫始矣。"

【译文】

孟子辞去官职回家。齐王去看孟子，说："以前我希望和您见面却无法做到，后来能够同朝共事，我非常高兴；现在您又要离开我回家乡了，不知道今后还能不能再见到您？"

孟子说："我只是不好冒昧地提出请求罢了，我当然很愿意再见到您。"

过了几天，齐王对时子说："我想在国都中心区送给孟子一处寓所，并送万钟粮食让他供养弟子，使我国的官吏和平民百姓都有学习的榜样。您何不把我的话说给孟子呢！"

时子通过陈子转告孟子，陈子把时子的话对孟子说了。

孟子说："嗯，时子哪里知道这件事不可行呢？如果我想富贵，拒绝十万钟的俸禄而接受一万钟的馈赠，这是想富贵吗？季孙说过：'子叔疑这个人真怪！自己想从政，不被任用也就罢了，却又让自己的兄弟、儿子去做官。谁人不想升官发财呢？可是，他却想在升官发财上搞家族垄断。'古代做生意，用自己所有的东西交换自己没有的东西，有关的部门管理好就行了。可是，有个卑鄙的人一定要找个高地爬上去左右东张西望，恨不得把所有商业利益都搜罗干净。人们都认为他太卑鄙，所以让官家向他征税。向商人征税，就是从这个卑鄙的人开始的。"

【注释】

[1] 时子：齐国大臣。[2] 钟：量具名。钟为六斛四斗。[3] 矜：

敬。[4] 式：法。[5] 陈子：孟子弟子陈臻。[6] 龙：同"垄"。[7] 丈夫：成年男子的通称。[8] 罔：同"网"，网罗。此处指网罗搜取。

十一

孟子去齐，宿于昼[1]。有欲为王留行者，坐而言。不应，隐[2]几而卧。

客不悦曰："弟子齐[3]宿[4]而后敢言，夫子卧而不听，请勿复敢见矣。"

曰："坐！我明语子。昔者鲁缪公[5]无人乎子思之侧，则不能安子思；泄柳[6]、申详[7]无人乎缪公之侧，则不能安其身。子为长者虑，而不及子思。子绝长者[8]乎？长者绝子乎？"

【译文】

孟子离开齐国，在昼地住下。有个想替齐王挽留孟子的人，恭恭敬敬地坐在那里跟孟子讲话。孟子却不理他，独自靠在桌上睡觉。

那人不高兴地说："我在准备见您之前的头一天便斋戒以整洁身心，然后后才敢来与您说话，但您装睡不理我，我再也不敢来见您了。"

孟子说："坐吧！我会明白地告诉你的。从前鲁穆公如不派人在子思身边表达自己的诚意，就不能使子思安下心来；而泄柳、申详这两人，如果没人在鲁穆公身边称誉他们的才能，他们也不会使自己安下心来。你现在设身处地为我这个年老之人想想，齐王对我远不如鲁穆公对子思。（你不劝齐王倒来劝我，）是你跟我绝交，还是我跟你绝交呢？"

【注释】

[1] 昼：齐西南近邑。[2] 隐：凭。此处指倚靠。[3] 齐（zhāi）：同"斋"，斋戒。[4] 宿：夜。[5] 鲁缪公："缪"同"穆"，名显，战国时期鲁国国君。鲁穆公注重礼贤下士，曾隆重礼拜孔伋（子思），咨以国事；容许墨翟在鲁授徒传道，组织学派，使鲁国一度出现安定局面。[6] 泄柳：鲁穆公时贤人。详见《孟子·告子下》第六章的"子柳"。[7] 申详：孔子学生子张的儿子。[8] 长者：孟子年老，故自称长者。

十二

孟子去齐。尹士[1]语人曰："不识王之不可以为汤武，则是不明也；识其不可，然且至，则是干[2]泽[3]也。千里而见王，不遇故去，三宿而后出昼，是何濡滞[4]也？士则兹不悦。"

高子[5]以告。

曰："夫尹士恶知予哉？千里而见王，是予所欲也；不遇故去，岂予所欲哉？予不得已也。予三宿而出昼，于予心犹以为速，王庶几改之！王如改诸，则必反予。夫出昼，而王不予追也，予然后浩然有归志。予虽然，岂舍王哉！王由[6]足用[7]为善；王如用予，则岂徒齐民安？天下之民举安。王庶几改之！予日望之！予岂若是小丈夫然哉？谏于其君而不受，则怒，悻悻然[8]见[9]于其面，去则穷日之力而后宿哉？"

尹士闻之，曰："士诚小人也。"

【译文】

孟子离开齐国。尹士告诉别人说："认识不到齐王无法成为商汤、周武王那样的圣王，这就是孟子的不明智；认识到了还要来到齐国，那就是贪图功名富贵。千里迢迢地赶来见齐王，没得到赏识就离开，过了三夜才离开昼地，为什么这么慢慢腾腾的呢？我对这种人看不惯。"

高子把这话告诉了孟子。

孟子说："尹士哪能理解我呢？千里迢迢赶来见齐王，是我自愿的；不被赏识就离开，难道是我希望的吗？我是不得已呀。我在昼地住了三宿，于我心里来说还是太快了，还希望齐王会改变主意的。齐王如果改变主意，一定会让我回去的。可是直到我离开昼城，齐王也没有派人追我回去，于是我才毅然决然地产生了回家的念头。我虽然这样做了，难道是我愿意丢下齐王吗？齐王还是可以好好地干一番的；如果他任用我，哪里仅仅是齐国百姓可以得安宁，而是天下的百姓都会得到安宁。齐王或许会改变主意的，我每天都在盼望着！我难道会是这样心胸狭窄的人的样子吗？向君王进谏没被采纳就非常生气，满脸的不高兴，离开时非要等到把所有力气都使出来，直至挪不动步才住下来？"

尹士听了这些话后说："我真是个小人啊！"

【注释】

[1] 尹士：齐国人。[2] 干：求。[3] 泽：禄位。[4] 濡滞：迟留。[5] 高子：齐国人，孟子的弟子。[6] 由：同"犹"，还。[7] 足用：相当于"足以"。[8] 悻悻然：气量狭小的样子。[9] 见：同"现"。

十三

孟子去齐，充虞路问曰："夫子若有不豫[1]色然。前日虞闻诸夫子曰：'君子不怨天，不尤人。'"

曰："彼一时，此一时也。五百年必有王者兴，其间必有名世[2]者。由周而来，七百有余岁矣。以其数，则过矣；以其时考之，则可矣。夫天未欲平治天下也，如欲平治天下，当今之世，舍我其谁也[3]？吾何为不豫哉？"

【译文】

孟子离开齐国，充虞在路上问道："老师好像有点不愉快的样子。以前我曾听您说过：'有德行的人既不抱怨老天，也不责怪别人。'"

孟子说："那时是那时，现在是现在。自古以来，每五百年一定有一位圣明君王兴起，这期间还一定有命世之人出现。从周武王到现在，已经有七百多年了。从时数上看，已经超过五百年了；从时势上看，现在也该是产生贤明君王和杰出人才的时候了。看来上天不想使天下安定，如果想使天下安定，当今世上除了我还有谁能做到呢？我为什么不愉快呢？"

【注释】

[1] 豫：悦，乐。[2] 名世：疑为今"命世"。古"名""命"通用。[3] 舍我其谁也：后演化为成语"舍我其谁"，指除了我还有哪一个。形容人敢于担当，遇到该做的事，绝不退让。

十四

孟子去齐，居休[1]。公孙丑问曰："仕而不受禄，古之道乎？"

曰："非也；于崇，吾得见王，退而有去志，不欲变，故不受也。继而有师命，不可以请。久于齐，非我志也。"

【译文】

孟子离开齐国，暂住在休地。公孙丑问道："当官却不要俸禄，这是古代的原则吗？"

孟子说："不是。在崇地，我见到了齐王，回来后就有离开齐国的念头，（就是后来做了卿相）也不想改变这个念头，所以我就不接受俸禄了。后来，齐国发动战争，我不宜请辞离开。在齐国长久待下去，这不是我的心意啊！"

【注释】

[1] 休：地名。故城在今山东滕州北十五里，距孟子的家乡约百里。

孟子卷第三

滕文公章句上
（共五章）

　　《滕文公上》共五章，是全书中章节最少的一卷，其集中论述了"人性善"的问题。

　　"孟子道性善，言必称尧舜"，这是第一章中提出的，也是孟子第一次明确提出"性善"说。所谓"性善"，就是人性善良的意思。如同万物各有其属性（物性）一样，人性就是人的属性、本质、特征，这是人之所以为人，以及人与动物明显区别的地方。从生物学角度讲，人也是动物。但人毕竟是有"四心"（见《公孙丑下》）的特殊动物，是"制造工具的动物"（富兰克林语），是"政治的动物"（亚里士多德语）。孟子及上述伟人分别用"四心""制造工具""政治"等标准把人与动物区分为不同的类，这又为"性善"说奠定了基础。在此基础上，孟子又在同类事物内部划分不同的小类，如《公孙丑上》第二章中指出："麒麟之于走兽，凤凰之于飞鸟，太山之于丘垤，河海之于行潦，类也。圣人之于民，亦类也。"圣人和民，是不同于另外几类的一类，但圣人和民既然属同一类即都是人，那么二者之间就不会有不可逾越的鸿沟。在确定了这一点后，孟子才有了"人皆可以为尧舜"的论断。孟子"性善"论的可贵之处在于，它指出了普通人成为圣人的可能性，告诉人们自己距离圣人并不遥远，只要努力去做就可以赶上圣贤。正因为如此，"性善"说才成为儒家伦理学说中最有影响、最有吸引力的理论之一。

本卷第三章是孟子论述仁政的重要篇章之一，主要从两方面展开论述：一是孟子提出行仁政首先要使百姓安定、富裕。孟子充分意识到中华民族自起源时期就带有明显的农业文明特色，所以在强调遵循先王之道施行仁政时更强调使百姓"仰足以事父母，俯足以畜妻子，乐岁终身饱，凶年免于死亡"。如果百姓没有最基本的物质生活保障，"惟救死而恐不赡，奚暇治礼义哉？"从保障百姓的物质生活需要出发，孟子设想了一系列农业、经济方面的方针和措施。这里需要指出，在孟子那个时代就能有这样的设想和主张，真的很了不起。二是孟子还在教化思想上提出了一系列主张。在第三章中，孟子提出在百姓物质生活需要满足后，"设为庠序学校以教之"，主张建立各级各类学校使百姓接受教育，在全社会形成尊老爱幼、和睦相处的风气。细想起来，我们现在实行的"温饱工程""菜篮子工程""社会主义新农村建设"等，不就是使百姓吃得饱、吃得好吗？"希望小学""希望工程"等的实施，以及各种慈善助学活动的开展，不正是使贫困地区的孩子在解决温饱问题的同时受到良好的教育吗？

一

滕文公[1]为世子，将之楚，过宋而见孟子。孟子道性善，言必称尧舜。

世子自楚反，复见孟子。孟子曰："世子疑吾言乎？夫道一而已矣。成覵[2]谓齐景公曰：'彼，丈夫也；我，丈夫也；吾何畏彼哉？'颜渊曰：'舜，何人也？予，何人也？有为者亦若是。'公明仪[3]曰：'文王，我师也；周公岂欺我哉？'今滕，绝长补短[4]，将五十里也，犹可以为善国。《书》曰：'若药不瞑眩[5]，厥疾不瘳[6]。'"

【译文】

滕文公做世子时到楚国去，经过宋国时会见了孟子。孟子与他谈论人性善良的道理，并总是提到尧、舜。

世子从楚国返回，又去会见孟子。孟子说："世子怀疑我的话吗？天下的道理就这么一个罢了。成覵对齐景公说：'他是个男子汉，我也是个男子汉，我为什么要怕他呢？'颜渊说：'舜，是怎样的人？我，是怎样的人？有作为的人都应该像舜一样。'公明仪说：'周文王，是我的老师；周公，难道会骗我吗？'现在的滕国，如果把国土长的地方截下来补在短的地方，纵横各长有五十里，可以治理成一个优秀国家。《尚书》云：'如果药吃下去不能使患者觉得晕眩，（那就是药力不足，）患者的病就不会痊愈。'"

【注释】

[1] 滕文公：战国时滕国的贤君。周显王四十三年（前326），滕文公以世子身份出使楚国，在途经宋国时两次拜见孟子，向他请教治理国家的办法。滕文公受到孟子的教诲，做了国君后在国内推行仁政、实行礼制、兴办学校、改革赋税制度等。不久，滕文公声名大振，远近都称滕文公为"贤君"，自愿来滕国定居者络绎不绝。[2] 成覸（jiàn）：又作"成荆"（《淮南子·齐俗训》）、"成庆"（《战国策·赵策》《汉书·广川王传》），齐国勇臣。孟子借以喻人要自强。[3] 公明仪：人名，复姓公明，名仪，鲁国贤人，曾子弟子。[4] 绝长补短："绝"，截断。"绝长补短"，表示截取长的补充短的，为当时计算土地面积时的常用语。[5] 瞑（miàn）眩："瞑"，同"眠"。"瞑眩"，此处指愦乱。见《商书·说命》篇。孔氏《传》云："开汝心，沃我心，如服药必瞑眩，极其病乃除，欲其出切言以自警。"[6] 瘳（chōu）：愈。

二

滕定公[1]薨。世子谓然友[2]曰："昔者孟子尝与我言于宋，于心终不忘。今也不幸至于大故[3]，吾欲使子问于孟子，然后行事[4]。"

然友之邹问于孟子。

孟子曰："不亦善乎！亲丧，固所自尽也。曾子曰：'生，事之以礼；死，葬之以礼，祭之以礼，可谓孝矣。'诸侯之礼，吾未之学也；虽然，吾尝闻之矣。三年之丧，斋疏[5]之服，饘[6]粥之食，自天子达于庶人，三代共之。”

然友反命，定为三年之丧。父兄百官皆不欲，曰：“吾宗国鲁先君莫之行，吾先君亦莫之行也，至于子之身而反之，不可。且《志》曰：‘丧祭从先祖。’曰：‘吾有所受之也。’”

谓然友曰：“吾他日未尝学问，好驰马试剑。今也父兄百官不我足也，恐其不能尽于大事，子为我问孟子！”

然友复之邹问孟子。

孟子曰：“然；不可以他求者也。孔子曰：‘君薨，听于冢宰[7]。歠[8]粥，面深墨，即位而哭，百官有司莫敢不哀，先之也。’上有好者，下必有甚焉者矣。君子之德，风也；小人之德，草也。草尚[9]之风，必偃[10]。是在世子。”

然友反命。

世子曰：“然；是诚在我。”

五月居庐，未有命戒。百官族人，可谓曰知。及至葬，四方来观之，颜色之戚，哭泣之哀，吊者大悦。

【译文】

滕定公死了，世子（滕文公）对然友说：“以前孟子在宋国曾教诲我很多，我心中一直没有忘记。现在不幸遇上父亲去世，我想请您去孟子那里请教一下，然后再办丧事。”

然友到邹国去向孟子请教。

孟子说：“这不是太好了吗！父母的丧事，自然应该竭力办理。曾子曾说过：‘父母在世时，就按礼的规则去服侍。父母不在人世，也应按礼的规则安葬、祭祀，这样做就称得上是尽孝了。”诸侯的丧礼，我没有研究过；可是我却听说过：守三年丧，穿缝了边的粗布衣服、喝稀粥，从天子到百姓夏、商、周三代都这样。"

然友回国向世子复命，世子决定守丧三年。宗族长辈和百官都不同意，说："我们同祖同宗的鲁国历代君王都没有这样做过，我们邹城的历代君王也没有这样做过，到你这一代却违背祖宗的传统，这样做可不行。况且，《志》云：'丧祭之事要按祖先规矩办。'所以说，我这种意见是有所依据的。"

世子对然友说："我以前没有好好学习请教，只喜欢骑马舞剑。现在，宗族长辈和百官都对我不满，恐怕我会难以尽心尽力地办丧事了。您再替我去向孟子请教吧！"

然友又到邹国向孟子请教。

孟子说："是啊，这种事是不能求助于别人的。孔子说过：'君王去世了，世子把政务交给太宰，自己喝粥，面色悲戚，到孝子的位子上哭丧。这样，大小官吏没有不悲哀的，因为世子带头哭了。'在上位的人喜好什么，在下位的人就一定喜欢得更厉害。君子的德行就像风，小人的德行就像草。风从哪边吹到草上，草就一定随风而倒。所以，丧事如何办理全在世子自己。"

然友返回滕国报告了情况。

世子说："是的，这件事的确由我决定。"

于是，世子在守丧的窝棚中住了五个月，没有发布任何命令和禁规。宗族长辈和百官都认为这样做很好，都说世子知礼。到了下葬那天，四面八方的人都来观看，只见世子神色悲戚，哭得哀伤，前来吊丧的人感到很满意。

【注释】

[1]滕定公：滕文公之父，滕国国君。[2]然友：世子的老师。

[3] 大故：大丧。[4] 事：指丧礼。[5] 斋（zī）疏："斋"，一作"齐"（《孟子集注》），缉。指衣服的下缝。不缉叫作"斩衰"，缉了叫"齐衰"。"疏"，粗。指粗布。"斋疏"，即"斋衰"，指用粗布做成的缝衣边的丧服。[6] 饘（zhān）：古同"馆"，糜。指稠粥。《礼记·檀弓》孔颖达疏："厚曰馆，稀曰粥。"[7] 冢宰：六卿之长，即太宰。[8] 歠（chuò）：饮。[9] 尚：加。《论语》作"上"，古字相通。[10] 偃：伏。

三

滕文公问为国。

孟子曰："民事[1]不可缓也。《诗》云：'昼尔于[2]茅，宵尔索[3]绹[4]；亟其乘[5]屋，其始播百谷。'民之为道也，有恒产者有恒心，无恒产者无恒心。苟无恒心，放辟邪侈，无不为已。及陷乎罪，然后从而刑之，是罔民也。焉有仁人在位罔民而可为也？是故贤君必恭俭礼下，取于民有制。阳虎[6]曰：'为富不仁矣，为仁不富矣。'

"夏后氏五十而贡，殷人七十而助，周人百亩而彻，其实皆什一也。彻[7]者，彻也。助[8]者，藉也。龙子曰：'治地莫善于助，莫不善于贡。'贡者，校[9]数岁之中以为常。乐岁，粒米狼戾[10]，多取之而不为虐，则寡取之；凶年，粪[11]其田而不足，则必取盈焉。为民父母，使民盻盻然[12]，将终岁勤动，不得以养其父母，又称[13]贷而益之，使老稚转乎沟壑，恶在其为民父母也？夫世禄，滕固行之矣。《诗》云：'雨我公田，遂及我私。'惟助为有公田。由此观之，虽周亦助也。

"设为庠序学校以教之。庠者，养也；校者，教也；序者，射也。夏曰校，殷曰序，周曰庠；学则三代共之，皆所以明人伦也。人伦明于上，小民亲于下。有王者起，必来取法，是为王者师也。

"《诗》云：'周虽旧邦，其命惟新。'文王之谓也。子力行之，亦以新子之国！"

使毕战问井[14]地。

孟子曰："子之君将行仁政，选择而使子，子必勉之！夫仁政，必自经界始。经界不正，井地不钧，谷禄不平，是故暴君污吏必慢其经界。经界既正，分田制禄可坐而定也。

"夫滕，壤地褊小，将为君子焉，将为野人焉。无君子，莫治野人；无野人，莫养君子。请野九一而助，国中什一使自赋。卿以下必有圭[15]田，圭田五十亩；余夫二十五亩。死徙无出乡，乡田同井，出入相友，守望相助，疾病相扶持，则百姓亲睦。方里而井，井九百亩，其中为公田。八家皆私百亩，同养公田；公事毕，然后敢治私事，所以别野人也。此其大略也；若夫润泽之，则在君与子矣。"

【译文】

滕文公请教如何治国。

孟子说："有关百姓的事不能迟缓。《诗经·豳风·七月》云：'白天去割茅草，晚上搓成绳子。赶紧修理房屋，开春播种庄稼。'百姓的情况是，有固定产业的人就有坚定的道德观念，没有固定产业的人就没有坚定的道德观念。如果没有坚定的道德信念，就会为非作歹，无所不为。等到犯了罪，再去加以惩罚，这就是坑害百姓。哪有仁爱的人执政却做出坑害百姓的事情的呢？所以，贤明的君王一定要谨慎、节俭，尊重臣下，向百姓征税有节制。阳虎（阳货）曾说过：'要富裕就不能讲仁爱，要讲仁爱就富不起来。'

"夏代每家有五十亩田就实行'贡'法征税；商代每家有

七十亩田就按'助'法征税；周代每家有一百亩田就按'彻'法征税。这几种税制都是抽取十分之一的税。'彻'是通达的意思，'助'是借助的意思。龙子说：'管理田税的最好办法是助法，最不好的是贡法。''贡'法就是比较几年的收成，得到一个平均数作标准。年成好时，粮食抛得到处都是，多征收点田税也不算暴虐，却不多收；年成不好时，连弥补肥田的费用都不够，却非要按标准数目收足田税。作为百姓的父母官，却使百姓终年劳苦而不得休息，连父母也不能养活，还要借高利贷凑够纳税的定额，以至于老人和小孩被扔在山沟里等死，那么君王作为百姓的父母官的作用又体现在哪里呢？做大官的有俸禄可以世代相传的制度保障，滕国早就施行了。《诗经·小雅·大田》云：'希望上天先降雨到公田里，然后降到我的私田中。'只有实行'助'法才可能有公田。由此看来，即使在周代，也是采用'助'法的。

"（百姓解决温饱问题后）应设立庠、序、学、校来教育百姓。'庠'是培养的意思，'校'就是教育的意思，'序'是陈列实物进行教育的意思。夏代（把地方学校）叫'校'，殷代叫'序'，周代叫'庠'，国立的叫'学'，三代（夏、商、周）都一样。兴办学校的目的，是为了使百姓学习人与人之间的伦常关系。在上位的人明确了人的伦常关系，在下位的百姓自然就会和睦相处，亲密团结。如果有圣王兴起，一定会来学习仿效，那么这样做就成了圣王的老师了。

"《诗经·大雅·文王》云：'岐周虽然是个古老的国家，可是它的命运却气象一新。'这里说的是周文王。您努力这样做，也一定会使您的国家面貌一新的！"

滕文公派毕战向孟子请教井田制的事。

　　孟子回答说："您的君王将要施行仁政，选中您来问我，您一定要努力干好啊！施行仁政，一定要从划分整理田界开始。田界划得不准确，井田就大小不一，作为官员俸禄的田租收入也就不公平。所以，暴虐的君王和贪官污吏都要轻视田界。田界划分准确了，给百姓分配田地、给官员规定俸禄等问题就可以毫不费力地解决了。

　　"滕国虽然面积狭小，可是也有官吏、农民。没有官吏就没有人管理农民，没有农民就没有人养活官吏。我建议你们在郊野实行九分抽一的助税法，在城里实行十分抽一的贡税法。公卿以下的官吏一定要有供祭祀用的圭田；圭田每人五十亩，如果他家有剩余劳动力，就每人再分二十五亩。不论死亡或搬迁都不离开本乡本土，本乡的土地都属同一井田，无论外出或平时居家都友好相处，互相帮助防盗贼，有人生病就互相扶持照顾，那么百姓就会团结和睦。纵横各长一里的土地为一块井田，共有九百亩，中间的一百亩是公田，周围的八家每家一百亩私田，八家人共同耕种公田；公田里的农事料理完后，才能干私田的农活，用这种办法来区别百姓与官吏。这些只是井田制的大概构想，至于具体如何修饰调整，那就是您的君王和您的事了。"

【注释】

　　[1] 民事：指农事。[2] 于：过去取。[3] 索：绞。指用两三股绳缠成一根总绳。[4] 绚（táo）：绳索。[5] 乘：升。[6] 阳虎：字货，鲁国季氏家臣，与孔子同时代，又称阳货。阳货一度挟持季氏，专权鲁国国政，失败后出逃。[7] 彻：通。指天下的通法。[8] 助：借。[9] 挍（jiào）：杨伯峻《孟子译注》认为，"挍"

或作"校",古书上两字经常被混淆。[10] 狼戾:狼藉。指多而杂乱。[11] 粪:壅。原作"拥",据清仿宋大字本改。[12] 盼(xì)盼然:勤苦不休息的样子。[13] 称:举。[14] 井:指井田。《周礼·小司徒》:"乃经土地,而井牧其田野。"[15] 圭:洁。"圭田",指用来供奉祭祀的地方。

四

　　有为神农之言者许行,自楚之滕,踵门[1]而告文公曰:"远方之人闻君行仁政,愿受一廛而为氓。"文公与之处。

　　其徒数十人,皆衣褐[2],捆[3]屦,织席以为食。

　　陈良之徒陈相与其弟辛,负耒耜而自宋之滕,曰:"闻君行圣人之政,是亦圣人也,愿为圣人氓。"

　　陈相见许行而大悦,尽弃其学而学焉。

　　陈相见孟子,道许行之言曰:"滕君则诚贤君也;虽然,未闻道也。贤者与民并耕而食,饔飧[4]而治。今也滕有仓廪府库,则是厉[5]民而以自养也,恶得贤?"

　　孟子曰:"许子必种粟而后食乎?"

　　曰:"然。"

　　"许子必织布而后衣乎?"

　　曰:"否;许子衣褐。"

　　"许子冠乎?"

　　曰:"冠。"

　　曰:"奚冠?"

　　曰:"冠素。"

曰:"自织之与?"

曰:"否;以粟易之。"

曰:"许子奚为不自织?"

曰:"害于耕。"

曰:"许子以釜甑爨[6],以铁[7]耕乎?"

曰:"然。"

"自为之与?"

曰:"否;以粟易之。"

"以粟易械器者,不为厉陶冶;陶冶亦以其械器易粟者,岂为厉农夫哉?且许子何不为陶冶,舍皆取诸其宫中而用之?何为纷纷然与百工交易?何许子之不惮烦?"

曰:"百工之事固不可耕且为也。"

"然则治天下独可耕且为与?有大人之事,有小人之事。且一人之身,而百工之所为备,如必自为而后用之,是率天下而路也。故曰,或劳心,或劳力;劳心者治人,劳力者治于人;治于人者食人,治人者食于人,天下之通义也。

"当尧之时,天下犹未平,洪水横流,泛滥于天下,草木畅茂,禽兽繁殖,五谷不登,禽兽逼人,兽蹄鸟迹之道交于中国。尧独忧之,举舜而敷[8]治焉。舜使益掌火,益烈山泽而焚之,禽兽逃匿。禹疏九河,瀹[9]济漯[10]而注诸海,决汝汉,排淮泗而注之江,然后中国可得而食也。当是时也,禹八年于外,三过其门而不入,虽欲耕,得乎?

"后稷教民稼穑,树艺[11]五谷;五谷熟而民人育。人之有道也,饱食、暖衣、逸居而无教,则近于禽兽。圣人有忧之,使契为司徒,教以人伦:父子有亲,君臣有义,夫妇有别,长幼有序,朋友有信。放勋曰:'劳之来之,匡之直之,辅之翼之,使自得之,又从而振德之。'圣人之忧民如此,而暇耕乎?

"尧以不得舜为己忧,舜以不得禹、皋陶为己忧。夫以百亩之不易为己忧者,农夫也。分人以财谓之惠,教人以善谓之忠,为天下得人者谓之仁。是故以天下与人易,为天下得人难。孔子曰:'大哉尧之为君!惟天为大,惟尧则[12]之,荡荡[13]乎民无能名焉!君哉舜也!巍巍[14]乎有天下而不与[15]焉!'尧舜之治天下,岂无所用其心哉?亦不用于耕耳。

"吾闻用夏变夷者,未闻变于夷者也。陈良,楚产也,悦周公、仲尼之道,北学于中国。北方之学者,未能或之先也。彼所谓豪杰之士也。子之兄弟事之数十年,师死而遂倍[16]之!昔者孔子没,三年之外,门人治任[17]将归,入揖于子贡,相向而哭,皆失声,然后归。子贡反,筑室于场,独居三年,然后归。他日,子夏、子张、子游以有若似圣人,欲以所事孔子事之,强曾子。曾子曰:'不可,江、汉以濯之,秋阳以暴之,皓皓[18]乎不可尚已。'今也南蛮鴂[19]舌之人,非先王之道,子倍子之师而学之,亦异于曾子矣。吾闻出于幽谷迁于乔木者,未闻下乔木而入于幽谷者。《鲁颂》曰:'戎狄是膺[20],荆舒是惩。'周公方且膺之,子是之学,亦为不善变矣。"

"从许子之道,则市贾不贰,国中无伪;虽使五尺之童适市,莫之或欺。布帛长短同,则贾相若;麻缕丝絮轻重同,则贾相若;五谷多寡同,则贾相若;屦大小同,则贾相若。"

曰:"夫物之不齐,物之情也;或相倍[21]蓰[22],或相什伯[23],或相千万。子比[24]而同之,是乱天下也。巨屦小屦同贾,人岂为之哉?从许子之道,相率而为伪者也,恶能治国家?"

【译文】

有个研究神农学说的人叫许行,从楚国来到滕国,登门拜见滕文公说:"我这个来自远方的人听说您施行仁政,所以希望得到一个住处做您的百姓。"滕文公就给了许行住处。

许行的弟子有几十人，他们都穿着粗布衣服，靠编草鞋、织席子维持生计。

陈良的弟子陈相和其弟弟陈辛背着农具从宋国来到滕国，拜见滕文公说："听说您施行圣人的政治，那您也就是圣人了，我们希望做您的百姓。"

陈相见到许行后非常高兴，把以前信奉的学说全都抛弃了，转而向许行学习。

陈相去见孟子，转述许行的话说："滕国国君的确是个贤明的君王；但尽管如此，也还是没懂得真谛。古代的贤君和百姓一起耕作才有饭吃，他们既要自己做饭，又要治理国家。现在呢，滕国有粮仓府库，这就是损害百姓而奉养自己，哪里算得上贤明呢？"

孟子说："许先生一定要自己耕种才吃饭吗？"

陈相说："是的。"

孟子说："许先生一定要自己织布才穿衣服吗？"

陈相说："不是，他穿粗布衣服。"

孟子又问："许先生戴帽子吗？"

陈相说："戴。"

孟子说："戴什么帽子？"

陈相答道："白布做的帽子。"

孟子说："他自己织的吗？"

陈相说："不是，是用粮食换来的。"

孟子说："许先生为什么不自己织布做帽子呢？"

陈相说："那会妨碍耕种。"

孟子说："许先生用锅做饭，用铁制农具耕田吗？"

陈相说："是的。"

孟子说："都是自己制造的吗？"

陈相说："不是，是用粮食换来的。"

孟子说："农民用粮食去换锅和农具，不算是损害瓦匠、铁匠；瓦匠、铁匠用他们制造的工具去换取粮食，难道就算损害农民吗？况且，许先生为什么不自己制陶冶铁，所有的东西都自己做好放在家里随时取用呢？为什么要忙忙碌碌地一件一件地和各种工匠做交易？许先生为什么如此不怕麻烦？"

陈相说："各种工匠的事，实在不可能一边耕种一边做得了的。"

"那么，管理国家的人就可以单独一边耕种一边做得了吗？官吏有官吏的工作，百姓有百姓的工作。况且，只要是一个人，就需要具备各种工匠所做的东西。如果一定要求自己制造出来东西才能使用，那这是让天下的人都疲于奔忙啊。所以，我认为：有的人费心思，有的人费力气；费心思的人统治别人，费力气的人被人统治；被人统治的人供养别人，统治别人的人被人供养。这是普天下都通行的道理。

"尧那个时代，天下还不太平，洪水到处泛滥；草木茂盛，鸟兽大量繁殖，粮食没有收成。凶禽猛兽威胁人类安全，它们的踪迹在人烟稠密的地方也随处可见。尧独自为这种情况担忧，选拔舜出来主持治理工作。舜任用伯益管理火政，伯益将山野沼泽的草木分割成块后用火焚烧，使鸟兽或跑或躲。禹又疏通了九河，治理好济水、漯水，使它们流向大海；又挖掘汝水、汉水，疏通淮水、泗水，将它们导入长江，这样中原一带才可以耕种，从而得到食物。这个时候，禹在外面八年，三次经过自己的家门都没有进去，即使他想亲自耕种，可能吗?

"后稷教导百姓种庄稼,栽种各种农作物,农作物成熟了就可以养育百姓。人之所以为人,吃饱了、穿暖了、住得安逸了却没有教化,就和禽兽差不多了。圣人又为此而忧虑,便让契担任司徒,用人的伦理道德教化百姓:父子之间要有骨肉之亲,君臣之间要有礼义之道,夫妇之间内外有别,长幼之间尊卑有序,朋友之间诚信有谊。尧说:'使他们勤奋努力、正直,帮助他们,使他们培养美好的品德,然后对他们施加恩惠。'圣人替百姓操劳到这个地步,还有空闲时间耕种吗?

"尧把得不到任用舜作为自己的忧虑,舜把得不到任用禹、皋陶作为自己的忧虑。把一百亩田地耕种不好作为自己的忧虑的是农民。把财物分给别人,叫作惠;把美德教给别人,叫作忠;替天下百姓物色到贤才,叫作仁。所以,把天下让给别人容易,替天下百姓物色到贤才却很困难。孔子说:'尧作为君王,伟大啊!只有天最伟大,也只有尧能够效法天。尧的圣德广阔无边啊,百姓竟找不到恰当的词来赞美他。舜也是位真正的君王啊,他是那样崇高,拥有天下却不谋取私利!'尧和舜治理天下,难道不费心力吗?只不过是不用在耕种上罢了。

"我只听说过因中原文化影响而改变边远落后民族的,却没有听说过用边远落后民族来影响改变中原文化的。陈良,本是楚国人,喜爱周公和孔子的学说,从南方北上中原学习。北方的读书人,没有谁比陈良学得更好。陈良就是所说的豪杰之士啊!你们兄弟追随陈良学习几十年,老师一死就背叛了他!从前孔子去世后,三年守丧期满之后,弟子们各自打点行李准备回去,到子贡的住处作揖告别,并面对面痛哭起来，然后才分开。子贡送走他们回来，在墓地旁边重新盖了一间房子，一住又是三年才回去。后来，子夏、子张、子游三人认为有若像孔子，想用对待孔子的礼节对待他，并要曾子同意。曾子说：'不行。孔子的道德学问就像用江汉之水洗濯过，用秋天的骄阳暴晒过，光亮洁白，没有谁能比得上他。'现在许行这个南蛮之人，说起话来像鸟叫一样怪里怪气，竟然诽谤先王之道，而您却背叛自己的老师而向他学，这跟曾子比实在相差太远了。我只听说过鸟儿从幽深阴暗的山谷里飞到高大的树木上，从没听说过鸟儿从高大的树木上飞到阴暗的山谷里。《诗经·鲁颂·閟宫》云：'西戎和北狄要攻击，楚国和舒国要惩罚。'周公尚且要攻击楚国、舒国那样的国家，你却要向他们学习，真是越变越坏了。"

陈相说："如果依从许行先生的学说，那么市场上物价就会一致，国中就没有欺诈行为；即使让小孩子到市场上去买东西，也没有谁会欺骗他。布匹绸缎的长短一样，价格就一样；麻线丝绵的轻重一样，价格就一样；谷物的重量一样，价格就一样；鞋子的大小一样，价格就一样。"

孟子说："各类东西的品种质量不一致，这是事物的实际情况；有的价格相差一倍或五倍，有的相差十倍或百倍，有的相差千倍或万倍。你却不顾这些差别把它们等同起来，这是扰乱天下。做工精细的鞋子和做工粗糙的鞋子一样价格，人们难道会做做工精细的鞋子吗？听从许先生的学说，是把人们引向虚伪，怎么能治理好国家呢？"

【注释】

[1] 踵：至。"踵门"，足至门。[2] 褐：一说粗布衣，一说

121

以没有搓过的麻线所制成的短衣。[3] 捆：织，纂组。[4] 饔飧（yōngsūn）：熟食。此处用作动词。早餐叫作"饔"，晚餐叫作"飧"。[5] 厉：病。[6] 爨（cuàn）：燃火，炊。[7] 铁：指代农具。古代有以器物的材质代其器物之名的修辞用法。[8] 敷：治。《尚书·禹贡》："禹敷土。"指禹治理土地。[9] 瀹（yuè）：治。[10] 漯（tà）：古水名，在今山东境内。后文"汝""汉""淮""泗"皆为古水名。[11] 艺：繁殖，栽种。[12] 则：法。[13] 荡荡：广大的样子。[14] 巍巍：高大的样子。[15] 不与：指不相关。意思是他不因为自己所处的位置而快乐。[16] 倍：同"背"。[17] 任：抱，担。此处意指抱着行李。[18] 皓皓：洁白的样子。[19] 鴃（jué）：伯劳，一种恶声之鸟。比喻语言难懂。[20] 膺：击。[21] 倍：一倍。[22] 蓰（xǐ）：五倍。[23] 伯：同"百"。[24] 比：次。

五

墨者夷之因徐辟[1]而求见孟子。孟子曰："吾固愿见，今吾尚病，病愈，我且往见，夷子不来！"

他日，又求见孟子。孟子曰："吾今则可以见矣。不直，则道不见；我且直之。吾闻夷子墨者，墨之治丧也，以薄为其道也；夷子思以易天下，岂以为非是而不贵也；然而夷子葬其亲厚，则是以所贱事亲也。"

徐子以告夷子。

夷子曰："儒者之道，古之人若保赤子，此言何谓也？之则以为爱无差等，施由亲始。"

徐子以告孟子。

孟子曰："夫夷子信以为人之亲其兄之子为若亲其邻之赤子乎？彼有取尔也。赤子匍匐将入井，非赤子之罪也。且天之生物也，使之一本，而夷子二本故也。盖上世[2]尝有不葬其亲者，其亲死，则举而委之于壑。他日过之，狐狸食之，蝇蚋[3]姑[4]嘬[5]之。其颡[6]有泚[7]，睨[8]而不视[9]。夫泚也，非为人泚，中心达于面目，盖归反虆[10]梩[11]而掩之。掩之诚是也，则孝子仁人之掩其亲，亦必有道矣。"

徐子以告夷子。夷子怃然[12]为间，曰："命[13]之矣。"

【译文】

墨家的信徒夷之通过徐辟的关系拜会孟子。孟子说："我本来想接待他，可我现在还在生病，病好了我将去看他，他就不必前来了。"

过了些天，夷之又要见孟子。孟子说："我现在可以接待他了。不坦白地说话，真理就无法明确阐述出来，那我就直截了当地说吧。我听说夷子是崇奉墨家学说的，墨家办理丧事，以节俭为原则。夷子想用这个原则来变革天下习俗，难道是认为不这样办就不值得崇尚吗？可是，夷子把埋葬他父母的丧事却操办得很隆重，那么这就是用他看不起的方法对待自己的父母了。"

徐子把这话告诉了夷之。

夷之说："儒家的学说以为，古代帝王对待百姓'好像爱护婴孩一样'，这话是什么意思呢？我以为说的是人对人的爱不应有亲疏厚薄的差别，只是实行起来要从父母开始。"

徐子把夷之的话告诉了孟子。

孟子说："那个夷子，真的认为别人爱他哥哥的小孩与爱他邻居的婴孩是一样的吗？夷之只是抓住了这一点：婴孩在地上爬，快要掉进井里，但这并不是婴孩的过错（无论谁见到这种情况都会去救，但这并不能说明爱无差别）。况且，自然界的万事万物只有一个根本，可是夷子却认为有两个（认为爱无差别），道理就在这里。大约很早以前，曾有人在父母去世后不埋葬，而将尸体扛到山谷里扔掉。过些天路过那里，看见狐狸在吃尸体，苍蝇、蚊虫在上面吸吮，那人不禁额头直冒汗，斜着眼不敢直视父母的尸体。这满头的汗水不是流出来给别人看的，而是自己的悔疚心情在脸上的表现。于是，那人回家拿了簸箕、铁锹等工具掩埋了父母的尸体。埋葬尸体确实是对的，那么孝子仁人掩埋自己死去的父母，也自然是合理的了。"

徐子把这些话告诉了夷之。夷之茫然若失，愣了一会儿说道："孟子给我上了一堂课呀！"

【注释】

[1] 徐辟：孟子弟子。[2] 上世：指太古时期。[3] 蚋（ruì）：蚊类昆虫。[4] 姑：一说为语助象声词，以"蚋姑"连读，为"蝼蛄"；一说"姑"应读为"盬"（gǔ），咀。[5] 嘬（zuō）：攒到一起吃。[6] 頯（sǎng）：额头。[7] 泚（cǐ）：出汗的样子。[8] 睨（nì）：斜视。[9] 视：正视。[10] 蔂（léi）：盛土的筐子。[11] 梩（sì）：古同"耜"，古代锹、臿一类的农具，后指犁上的铧。[12] 怃（wǔ）然：茫然若失的样子。[13] 命：教育的意思。

滕文公章句下

（共十章）

《滕文公下》共十章。第一章至第四章及第十章论述了"士"的人格问题，第五章、第六章及第八章等从不同角度论述了仁政的重要性。

春秋战国时期，"士"这个阶层开始崛起，并在社会政治生活中发挥着重要的作用。他们有勇有谋，文能摇唇鼓舌，游说于诸侯之间；武能以自杀或同归于尽的方式迫使诸侯答应自己的要求。孟子作为"士"中一员，敏锐注意到这些人的来源驳杂，能力见解既有别且品格操行又各异的特点，因此他对"士"阶层的存在基础、衡量标准都有自己独到的主张。孟子非常重视"士"的人格问题，他认为士人虽有不同类型，但在做官这一点上应该是相同的。做官的目的是完成自己的使命，因而不能见利忘义，这在第二至四章有明确的表述。孟子主张君子应该"谋道不谋食"，并能正确对待社会报酬。第二章中就士人品格标准提出明确主张，即"居天下之广居，立天下之正位，行天下之大道；得志，与民由之；不得志，独行其道。富贵不能淫，贫贱不能移，威武不能屈"，并把符合这一标准的士人称为"大丈夫"。这种士人的人格实际上是一种独立的、觉醒的人格，既是"士"的标准，也是所有人做人的情操和生活态度。一种理想人格是一种精神支柱，而孟子提倡的大丈夫气概和傲然独立的人格，一直影响着后世所有的人。在今天，这种人格精神的加强对提高自身品德、情操和修养，反对不良社会风气，都是大有裨益的。

本卷的后半部分主要讨论仁政问题。第五章从国势强弱角度提出施行仁政得民心的重要性，第六章、第八章以寓言的形式形象地阐述了施行仁政的具体措施。效法先王施行仁政是孟子的一贯主张，而要施行仁政就要任用贤能，任用贤能就必须摒斥奸佞，否则就会形成"一傅众咻"并为奸佞所包围的局面。孟子还以"攘鸡"为喻，从君王应及时改正错误的角度讲行仁政的条件。如果君王有错不改，还找借口搪塞，那就不可能实现仁政。为政之道是这样，为人处世之道也是这样。例如，明明知道赌博、吸烟的危害，却总是推说"就玩这一次""再抽这一支"，这与那个偷鸡人的借口又有什么两样呢？

一

　　陈代[1]曰："不见诸侯，宜若小然；今一见之，大则以王，小则以霸。且《志》曰'枉[2]尺而直[3]寻[4]'，宜若可为也。"

　　孟子曰："昔齐景公田[5]，招虞人[6]以旌，不至，将杀之。志士不忘在沟壑，勇士不忘丧其元[7]。孔子奚取焉？取非其招不往也。如不待其招而往，何哉？且夫枉尺而直寻者，以利言也。如以利，则枉寻直尺而利，亦可为与？昔者赵简子[8]使王良[9]与嬖奚乘，终日而不获一禽。嬖奚反命曰：'天下之贱工也。'或以告王良。良曰：'请复之。'强而后可，一朝而获十禽。嬖奚反命曰：'天下之良工也。'简子曰：'我使掌[10]与女乘。'谓王良。良不可，曰：'吾为之范[11]我驰驱，终日不获一；为之诡遇[12]，一朝而获十。《诗》云："不失其驰，舍矢如破。"我不贯与小人乘，请辞。'御者且羞与射者比；比而得禽兽，虽若丘陵，弗为也。如枉道而从彼，何也？且子过矣：枉己者，未有能直人者也。"

【译文】

　　陈代说："不去拜见诸侯，似乎太讲究小节了；如果拜见了诸侯，其作用从大处看可以实行王道，从小处看可以称霸诸侯。况且《志》云'弯曲的只有一尺长，伸直了就有八尺长'，似乎是可以去见一见。"

　　孟子说："从前齐景公打猎，用旌旗召唤看管园林的小吏，那人不理睬没有上前去，于是景公就要杀他。有志气的人不害怕自己的尸体弃置在沟壑，勇敢的人不害怕自己的脑袋被砍掉。孔子称赞那个园林的小吏，肯定他哪一点呢？就是肯定他拒不接受不合礼法的召唤这一点。如果我没等诸侯邀请就前去，那是怎样的行为呢？况且，你说的弯曲时一尺伸直就有八尺长，那只是从利益方面考虑的。如果单从利益的角度考虑问题，那么即使弯曲的是八尺而伸直的只有一尺，也是有小利的，你认为可以去干吗？从前，赵简子叫王良给他宠幸的小臣奚驾车打猎，结果出去一天没有打着一只鸟兽。奚回去向赵简子报告说：'王良是天下最不好的驾车手。'有人把这话告诉了王良，王良说：'那就再来一次。'奚勉强同意了，结果一早晨就猎获了十只鸟兽。奚回来向赵简子汇报说：'王良真是天下最好的驾车手。'赵简子说：'那就让他专门给你驾车吧！'并把自己的决定对王良说了。王良不肯，说：'我按照规则驾车，一整天连一只鸟兽都打不着；违反规则驾车，只一早晨就打着了十只鸟兽。《诗经·小雅·车攻》云："按规矩往来奔跑，一放箭就会射中目标。"我不习惯替小人驾车，请求辞去这个差使。'一个驾车的人尚且羞于与不体面的猎人为伍；即使勉强应付一起去打猎而猎获了堆积如山的禽兽，但他也不愿意做。如果我背离自己的正道去附从诸侯，那是为什么呢？况且，你错了：使自己不正直的人，没有能使别人正直的。"

【注释】

[1] 陈代：孟子弟子。[2] 枉：屈。[3] 直：伸。[4] 寻：八尺曰寻。[5] 田：猎。[6] 虞人：守苑囿的小吏。[7] 元：首。[8] 赵

简子：晋国大夫赵鞅。[9] 王良：春秋末年的善御者。[10] 掌：专主。[11] 范：法度。[12] 诡遇：不依法度驾驭。

二

景春 [1] 曰："公孙衍 [2]、张仪 [3] 岂不诚大丈夫哉？一怒而诸侯惧，安居而天下熄。"

孟子曰："是焉得为大丈夫乎？子未学礼乎？丈夫之冠也，父命之；女子之嫁也，母命之，往送之门，戒之曰：'往之女家，必敬必戒，无违夫子！'以顺为正者，妾妇之道也。居天下之广居 [4]，立天下之正位 [5]，行天下之大道；得志，与民由之；不得志，独行其道。富贵不能淫，贫贱不能移，威武不能屈。此之谓大丈夫。"

【译文】

景春说："公孙衍、张仪难道不是真正的大丈夫吗？他们一发怒连诸侯都害怕，他们一平静下来天下就安宁。"

孟子说："这样的人怎能称得上大丈夫呢？您没有学过礼吗？男子举行冠礼的时候，父亲教导他。女子出嫁的时候，母亲教导她，并把她送到门口，告诫说：'到了丈夫家里，一定要恭敬，一定要谨慎，不要违背丈夫的意志。'以顺从为原则，是妇女的行为准则。住在天下最宽广的房子里，站在天下最正确的位置上，走在天下最宽广的大道上；得志的时候，与百姓一起沿着大路前进；不得志的时候，自己一个人走自己的路。富贵不能使他惑乱，贫贱不能使他动摇，权势不能使他屈服。这样的人方叫作大丈夫。"

【注释】

[1] 景春：孟子时人，经传未详。[2] 公孙衍：魏国人，号犀首，为秦王之孙，故称公孙。《史记·张仪列传》："犀首者，魏之阴晋人也，名衍，姓公孙氏。与张仪不善。" [3] 张仪：魏国贵族后裔，常事鬼谷先生，后相魏而卒。战国时期著名的纵横家、外交家和谋略家。[4] 广居：指天下。[5] 正位：本指男子处于纯乾正阳之位，这里意指正确的位置。

<h1 style="text-align:center">三</h1>

周霄[1]问曰："古之君子仕乎？"

孟子曰："仕。《传》曰：'孔子三月无君，则皇皇[2]如也，出疆[3]必载质[4]。'公明仪曰：'古之人三月无君，则吊。'"

"三月无君则吊，不以急乎？"

曰："士之失位也，犹诸侯之失国家也。《礼》曰：'诸侯耕助，以供粢盛[5]；夫人蚕缫，以为衣服。牺牲不成，粢盛不洁，衣服不备，不敢以祭。惟士无田，则亦不祭。'牲杀、器皿、衣服不备，不敢以祭，则不敢以宴，亦不足吊乎？"

"出疆必载质，何也？"

曰："士之仕也，犹农夫之耕也；农夫岂为出疆舍其耒耜哉？"

曰："晋国亦仕国也，未尝闻仕如此其急。仕如此其急也，君子之难仕，何也？"

曰："丈夫生而愿为之有室，女子生而愿为之有家；父母之心，人皆有之。不待父母之命、媒妁之言，钻穴隙相窥，逾墙相从，则父母国人皆贱之。古之人未尝不欲仕也，又恶不由其道。不由其道而往者，与钻穴隙之类也。"

【译文】

周霄问道："古代的君子做官吗？"

孟子回答道："做官。《传》云：'孔子三个月没有得到君王的任命，就内心不安了。他到别国去，一定带着送给君王的初次见面礼。'公明仪说：'古代的人三个月没有得到君王的任命，就应该去安慰他。'"

周霄问道："三个月没有得到君王的任命就去安慰，不是太着急了吗？"

孟子说："士人失去官位，就像诸侯失去了国家。《礼》云：'诸侯亲自耕种，是为了供给祭品；他们的夫人养蚕缲丝，是为了制作祭服。牛、羊、猪等不肥壮，粮食不洁净，祭服不完备，不敢进行祭祀。士人唯有失去职位没有（供祭祀用的）田地，则不敢进行祭祀。'牛、羊、猪以及器具和祭服不完备，不敢进行祭祀，心里就不敢安乐，那还不应该去安慰他吗？"

周霄问道："离开一国去另一国要携带礼品，这是为什么呢？"

孟子说："士人做官，就像农夫种田；农夫难道会因为离开田界就把农具扔掉吗？

周霄说："魏国是个可以做官的国家，也没有听说过如此急于做官的。既然想做官急到这个地步，但有仁德的人却又不肯轻易去做官，这又是为什么呢？"

孟子说："男子一生下来，父母就希望以后给他找妻室；女子一生下来，父母就希望以后给她找婆家。父母的这种心情，人人都有。如果不等到父母允许，不经过媒人介绍，就自己钻洞、扒门缝与意中人见面或爬墙去幽会，那么父母和社会上的所有人都会看不起他们。古代的人不是不想做官，但厌恶不通过正常途径求官做。不通过正常途径去求官做，这和钻洞、扒门缝与意中人私会在本质上是一样的。"

【注释】

[1] 周霄：魏国人，约在梁惠王与梁襄王时期。[2] 皇皇：忧愁在心的样子。[3] 出疆：指没有得到任用而离开国家。[4] 质：同"贽""挚"。古人初见时必带的见面礼，如士人带雉鸡。[5] 粢盛（zīchéng）：黍稷叫作"粢"，放在容器里叫"盛"。

四

彭更 [1] 问曰："后车数十乘，从者数百人，以传食于诸侯，不以泰 [2] 乎？"

孟子曰："非其道，则一箪食不可受于人；如其道，则舜受尧之天下，不以为泰。子以为泰乎？"

曰："否；士无事而食，不可也。"

曰："子不通功易事，以羡 [3] 补不足，则农有余粟，女有余布；子如通之，则梓匠 [4] 轮舆 [5] 皆得食于子。于此有人焉，入则孝，出则悌，守先王之道，以待后之学者，而不得食于子；子何尊梓匠轮舆而轻为仁义者哉？"

曰："梓匠轮舆，其志将以求食也；君子之为道也，其志亦将以求食与？"

曰:"子何以其志为哉? 其有功于子, 可食而食之矣。且子食志乎? 食功乎?"

曰:"食志。"

曰:"有人于此, 毁瓦画墁 [6], 其志将以求食也, 则子食之乎?"

曰:"否。"

曰:"然则子非食志也, 食功也。"

【译文】

彭更问道:"您后面跟从数十辆车, 数百名随从, 从这个诸侯国转到那个诸侯国, 接受他们的食物, 不也太过分了吗?"

孟子说:"如果不合乎正道, 那么一筐饭食也不能从人家手里接过来; 如果合乎正道, 就是舜接受尧的天下这样的大事也不算过分。你以为过分吗?"

彭更说:"不过分。我说的是士人不干事而白吃饭, 这是不可以的。"

孟子说:"你如果不实行行业分工, 交换产品, 用多余的东西来补充不足的, 那么农夫就会有多余的粮食, 妇女就会有多余的布匹。如果实行产品交换, 那么木匠、车工就都能从你这里获得食物。假如这里有一个人, 在家孝顺父母、出外尊敬长辈, 遵守古代圣王的原则, 并用它来培养后辈学人, 可是却不能从你这里获得吃的东西。那么, 你怎么能尊敬木匠、车工却看轻行仁义的人呢?"

彭更说:"木匠、车工, 他们干活的目的是有饭吃; 君子研究仁义、施行王道的目的也是有饭吃吗?"

孟子说:"你为什么要提到他们的动机呢? 他们对你有功,

就把食物给他们。你是根据动机给食物，还是根据功劳分给食物呢？”

彭更说："根据动机。"

孟子说："假如这里有个人，打碎了瓦片在新粉刷的墙壁上乱画，他的动机也是为了有饭吃，那么你给他食物吗？"

彭更说："不给。"

孟子说："那么，你并不是根据动机给食物，而是根据功劳给食物啊。"

【注释】

[1] 彭更：孟子弟子。[2] 泰：侈。[3] 羡：余。[4] 梓匠：木工。[5] 轮舆：车工。[6] 墁（màn）：墙壁的装饰。

五

万章问曰："宋，小国也；今将行王政，齐楚恶而伐之，则如之何？"

孟子曰："汤居亳，与葛为邻。葛伯放而不祀。汤使人问之，曰：'何为不祀？'曰：'无以供牺牲也。'汤使遗之牛羊。葛伯食之，又不以祀。汤又使人问之曰：'何为不祀？'曰：'无以供粢盛也。'汤使亳众[1]往为之耕，老弱馈食。葛伯率其民，要其有酒食黍稻者夺之，不授者杀之。有童子以黍肉饷，杀而夺之。《书》曰：'葛伯仇饷。'此之谓也。为其杀是童子而征之，四海之内皆曰：'非富天下也，为匹夫匹妇复仇也。'汤始征，自葛载[2]，十一征而无敌于天下。东面而征，西夷怨；南面而征，北狄怨，曰：'奚为后我？'民之望之，若大旱之望雨也。归市者弗止，芸者不变，诛其君，吊其民，如时雨降。民大悦。《书》曰：'徯我后，

后来其无罚！''有攸不惟臣，东征，绥厥士女，匪 [3] 厥玄黄 [4]，绍 [5] 我
周王见休 [6]，惟臣附于大邑周。'其君子实玄黄于匪以迎其君子，其小人
箪食壶浆以迎其小人；救民于水火之中，取其残而已矣。《太誓》曰：'我
武惟扬，侵于之疆，则取于残，杀伐用张，于汤有光。'不行王政云尔；
苟行王政，四海之内皆举首而望之，欲以为君；齐楚虽大，何畏焉？"

【译文】

万章问道："宋国是个小国，现在准备施行王道政治，
但齐、楚两国却因为讨厌它这种做法而讨伐它，该怎么办
才好呢？"

孟子说："商汤以亳为都时，与葛国为邻。葛国国君放纵
无道，不祭祀祖先。商汤就派人质问他：'为什么不祭祀呢？'
对方回答说：'没有祭祀用的牲畜。'商汤派人送去牛羊。葛国
国君却把牛羊吃了，而不用于祭祀。商汤又派人问他：'为什
么不祭祀呢？'对方回答说：'没有祭祀用的谷物。'商汤就
派亳地的百姓去为葛国的人种地，老弱的人给种地的人送饭。
葛国国君却率领他的百姓拦住那些送酒菜饭食的人大肆抢夺，
不愿交出来的就杀掉。有个小孩给耕田人送去饭和肉，葛君
竟把小孩杀死，夺去了饭和肉。《尚书·仲虺之诰》云：'葛
君仇恨送饭的人。'说的就是这件事。商汤因为葛君杀了这个
小孩而讨伐葛国，天下人都说：'商汤不是为了贪图得到天下，
而是为了给老百姓报仇。'商汤征战，从葛国开始，出征十一
次天下都没有谁能够抵挡。向东方征战，西方的百姓就埋怨；
向南方征战，北方的百胜就埋怨。百姓都说：'为什么后征伐
我们这里呢？'百姓盼望商汤，就像大旱时盼望降雨一样。
征战时，做生意的人照样做生意，种田的人照样种田。商汤

诛杀了暴君，安抚了当地的百姓，就好像天下了及时雨一样，百姓非常高兴。《尚书》云：'等待我们的好君王，他一到来我们就不会受罪了。'又云：'有个小国不愿臣服，周王就出师东征，安抚那里的百姓，百姓把黑色和黄色的绸子放在筐里作为礼品献给周王，并以被介绍给周王为荣，希望做大周朝的臣民。'那些官员把黑色和黄色的绸子装满筐子去迎接周朝的官员，百姓用竹筐盛饭、用壶装满美酒去欢迎周王的士兵。这是因为周王的征战是把百姓从水深火热里解救出来，杀掉了残害百姓的暴君罢了。《尚书·太誓》云：'发扬我们的威武，攻到商纣的疆土上，杀死那个残暴的君王。我们开展征伐，功绩比商汤还要光荣。'不施行王政就罢了；如果施行王政，普天之下的百姓都会抬起头来仰望，并准备拥立他做君王。齐国、楚国虽然强大，又有什么可怕的呢？"

【注释】

[1] 亳（bó）众：汤的臣民。[2] 载：相当于"始"。[3] 匪：同"篚"（fěi），古代盛物的竹器。此处用作动词。[4] 玄黄：币帛。《春秋正义》曰："云'匪厥玄黄，谓诸侯执玄三纁（xūn）二之帛'者，《礼》云：'诸侯世子执纁，公之孤执玄，附庸之君执黄'。"[5] 绍：继。此处指介绍给周王。[6] 休：美。

六

孟子谓戴不胜[1]曰："子欲子之王之善与？我明告子。有楚大夫于此，欲其子之齐语也，则使齐人傅[2]诸？使楚人傅诸？"

曰："使齐人傅之。"

曰："一齐人傅之，众楚人咻之 [3]，虽日挞而求其齐也，不可得矣；引而置之庄岳 [4] 之间数年，虽日挞而求其楚，亦不可得矣。子谓薛居州，善士也，使之居于王所。在于王所者，长幼卑尊皆薛居州也，王谁与为不善？在王所者，长幼卑尊皆非薛居州也，王谁与为善？一薛居州，独如宋王何？"

【译文】

孟子对戴不胜说："您希望您的君王向善靠拢吗？我明确告诉您。假如这里有一个楚国大夫，他想要他的孩子学说齐语，那么应该请齐国人教他还是请楚国人教他呢？"

戴不胜说："请齐国人来教他。"

孟子说："一个齐国人教孩子说齐语，许多楚国人在一旁喧嚷，即使每天鞭打他要求他说齐国话，也是办不到的。如果把孩子带到齐国的闹市里待上几年，即使每天鞭打他让他说楚国话，同样也是办不到的。您说薛居州是个贤人，应让他住在王宫里。在王宫里，不论年龄大小、地位高低都是薛居州那样的人，那么君王能和谁一起干坏事呢？在王宫里，不论年龄大小、地位高低都不是薛居州一样的人，那么君王能和谁一起做好事呢？单单一个薛居州，又怎么能影响宋王呢？"

【注释】

[1] 戴不胜：宋国大夫。[2] 傅：教。[3] "一齐人傅之，众楚人咻（xiū）之"："咻"，吵闹，喧哗。后演化为成语"一傅众咻"，指一个人受教而众人吵闹干扰。比喻由于不良环境影响，做事不能有所成就。[4] 庄岳：齐国街里名。

七

公孙丑问曰:"不见诸侯何义?"

孟子曰:"古者不为臣不见。段干木[1]逾垣而辟之,泄柳闭门而不内[2],是皆已甚。迫[3],斯可以见矣。阳货欲见孔子而恶无礼,大夫有赐于士,不得受于其家,则往拜其门。阳货瞷[4]孔子之亡也,而馈孔子蒸豚;孔子亦瞷其亡也,而往拜之。当是时,阳货先,岂得不见?曾子曰:'胁肩[5]谄笑,病[6]于夏畦[7]。'子路曰:'未同而言,观其色赧赧然[8],非由[9]之所知也。'由是观之,则君子之所养,可知已矣。"

【译文】

公孙丑问道:"不愿意见诸侯是什么道理呢?"

孟子说:"古时候,不是诸侯的臣下就不愿意见诸侯。段干木跳墙不见魏文侯,泄柳关门不接待鲁穆公,这些都做得过分。如果诸侯非要会见不可,那就可以相见。阳货想让孔子来见他,又觉得这样做失礼(于是,他便利用礼节规则)。大夫对士人有所赏赐,如果士人不在家亲自接受,那士人就应去大夫家里答谢。所以,阳货趁孔子不在家时,给孔子送去一头蒸小猪;孔子也趁阳货外出时去他家答谢。当时这种情况,阳货如果先去看望孔子,怎么会见不到孔子?曾子说:'耸着肩膀勉强装出笑脸,比大夏天在田里干活还要痛苦。'子路说:'明明不愿意让某人来谈话却硬要找人家谈,看他脸上还显出羞惭的表情,我是不赞成这种人的。'从这些来看,君子如何培养自己的品格,就可以知道了。"

【注释】

[1] 段干木：魏文侯时人。泄柳，鲁穆公时人。魏文侯、鲁穆公欲见此二人，而二人不肯见，盖未为臣。[2] 内：同"纳"。[3] 迫：形容求见迫切。[4] 瞯（kàn）：一作"瞰"，窥视的意思。[5] 胁肩：竦体。[6] 病：劳。[7] 夏畦：夏月治畦之人。[8] 赧（nǎn）赧然：惭愧而面红的样子。[9] 由：仲由，字子路。此处是子路自称。

八

戴盈之[1]曰："什一[2]，去关市之征[3]，今兹未能，请轻之，以待来年，然后已，何如？"

孟子曰："今有人日攘[4]其邻之鸡者，或告之曰：'是非君子之道。'曰：'请损[5]之，月攘一鸡，以待来年，然后已。'如知其非义，斯速已矣，何待来年？"

【译文】

戴盈之说："实行十分抽一的税率，免去关卡和市场的征税，今年无法做到。请让我们先减轻税收，等到明年再彻底实行，怎么样？"

孟子说："现在有个人每天偷邻居的鸡，有人告诉说：'这不是君子的行为。'他回答说：'请让我先少偷一点吧，每个月只偷一只，等到明年就一只不偷了。'如果已经明白这种行为不合道义，就应尽快停止，为什么还要等到明年呢？"

【注释】

[1] 戴盈之：宋国大夫。[2] 什一：井田的法度。[3] 关市之征：商贾的税。[4] 攘（rǎng）：侵夺，偷窃。[5] 损：减。

九

公都子曰："外人皆称夫子好辩，敢问何也？"

孟子曰："予岂好辩哉？予不得已也。天下之生[1]久矣，一治一乱。当尧之时，水逆行，泛滥于中国，蛇龙居之，民无所定；下者为巢，上者为营窟。《书》曰：'洚水[2]警余。'洚水者，洪水也。使禹治之。禹掘地而注之海，驱蛇龙而放之菹[3]；水由地中行，江、淮、河、汉是也。险阻既远，鸟兽之害人者消，然后人得平土而居之。

"尧舜既没，圣人之道衰，暴君代作，坏宫室以为污池，民无所安息；弃田以为园囿，使民不得衣食。邪说暴行又作，园囿、污池、沛[4]泽多而禽兽至。及纣之身，天下又大乱。周公相武王诛纣，伐奄[5]三年讨其君，驱飞廉[6]于海隅而戮之，灭国者五十，驱虎、豹、犀、象而远之，天下大悦。《书》曰：'丕[7]显[8]哉，文王谟[9]！丕承哉，武王烈[10]！佑启我后人，咸以正无缺[11]。'

"世衰道微，邪说暴行有作，臣弑其君者有之，子弑其父者有之。孔子惧，作《春秋》。《春秋》，天子之事也；是故孔子曰：'知我者其惟《春秋》乎！罪我者其惟《春秋》乎！'

"圣王不作，诸侯放恣，处士横议，杨朱[12]、墨翟之言盈天下。天下之言不归杨，则归墨。杨氏为我，是无君也；墨氏兼爱，是无父也。无父无君，是禽兽也。公明仪曰：'庖有肥肉，厩有肥马；民有饥色，野有饿莩，此率兽而食人也.' 杨墨之道不息，孔子之道不著，是邪说诬民，充塞仁义也。仁义充塞，则率兽食人，人将相食。吾为此惧，闲[13]先圣之道，距杨墨，放[14]淫辞，邪说者不得作。作于其心，害于其事；作于其事，害于其政。圣人复起，不易吾言矣。

"昔者禹抑洪水而天下平，周公兼夷狄，驱猛兽而百姓宁，孔子成《春秋》而乱臣贼子惧。《诗》云：'戎狄是膺，荆舒是惩，则莫我敢承[15].' 无父无君，是周公所膺也。我亦欲正人心，息邪说，距诐行，放淫辞，以承三圣者；岂好辩哉？予不得已也。能言距杨墨者，圣人之徒也。"

【译文】

公都子说："别人都说您喜欢辩论，请问这是为什么？"

孟子说："我哪里是喜欢辩论呢？我是迫不得已呀！人类产生已经很久了，总是有时太平，有时混乱。在尧那个时代，大水横流，到处泛滥，毒蛇蛟龙盘踞，百姓无处安身；地势低的地方，人们就在树上筑巢；地势高的地方，人们就在地下打洞居住。《尚书·大禹谟》云：'洚水在警告我们.' 洚水，就是洪水。于是，派禹治理洪水。禹挖掘河道使洪水流入大海，把蛇龙等驱赶到草泽里去；洪水沿着低于地面的河道流淌，这就形成了长江、淮河、黄河、汉水。艰难险阻已消除，害人的鸟兽也没有了，然后人们才能在平地上居住下来。

"尧、舜去世以后，圣人之道逐渐衰落，残暴的君王不断出现，他们毁掉住宅修筑水池，使百姓无处安身；把良田改成园林，使百姓得不到衣食。各种邪说和残暴行为重新兴起，园林、草泽、水池多了起来，各种禽兽也随之而来。到商纣王这一代，天下又大乱起来。周公辅佐武王，诛杀商纣，又征讨奄国并在三年之后杀死其国君，又把飞廉赶到海边杀掉，先后灭掉五十个国家，把虎、豹、犀牛、大象赶到很远的地方，于是天下的百姓都兴高采烈。《尚书》云：'文王的谋略多么英明啊！武王的功绩多么伟大啊！启迪帮助我们，直到后世都完美无缺地守正道。'

"后来，世道衰微，各种邪说和残暴行为又兴起了，有臣下杀死君王的，有儿子杀死父亲的。孔子对此很担忧，编写了《春秋》。编写《春秋》本来是天子该做的事，所以孔子说：'理解我的，大概是根据《春秋》这部书吧！责骂我的，大概也是根据《春秋》这部书吧！'

"圣明的君王不再出现，诸侯随行无忌，没做官的人乱发议论，杨朱、墨翟的学说充斥天下。天下学说主张非杨即墨。杨朱的学说只为自己，这是眼中无君；墨翟的学说对谁都讲博爱，这是心中无父。无父无君，这是禽兽。公明仪说：'厨房里有肥美的肉食，马圈里有膘肥体壮的马，可是百姓面黄肌瘦，野外有饿死的人，这是率领野兽去吃人啊！'杨朱、墨翟的学说不消除，孔子的学说不能发扬光大，那就是用邪说欺骗百姓以阻塞仁义的道路。仁义的道路被阻塞，那就等于率领野兽去吃人，人与人也会互相残害。我很为这种状况担忧，所以才捍卫前代圣王的正确主张，反对杨朱、墨翟的学说，批驳各种浮夸失实的言论，使宣传邪说的人不能得逞。邪说在心里产生，就会危害工作；危害了工作，就要危害国政。即使圣人再出现，也不会反对我的观点。

"从前大禹制服了洪水，天下才得以太平；周公兼并了夷狄，驱走了猛兽，百姓才得以安宁；孔子编写《春秋》，乱臣贼子才有所惧怕。《诗经·鲁颂·閟宫》云：'攻击西戎和北狄，惩治荆国和舒国，就没有人敢抗拒我了。'无父无君，这是周公所抨击的。我是想使人心端正，消除各种邪说，反对偏激放纵行为，批驳浮夸失实的学说，以继承大禹、周公、孔子三位圣人的事业；我哪里是喜欢辩论呢？我是迫不得已呀！能够用言论抵制杨朱、墨翟学说的人，才是圣人的门徒呢。"

【注释】

[1] 生：生民。[2] 洚（jiàng）水：《尚书》逸篇。水逆行，洚洞无涯，所以叫洚水。[3] 菹(jū)：多水草的沼泽地带。[4] 沛：有水有草的地方。[5] 奄：东方助纣为虐的无道之国。[6] 飞廉：亦作"蜚廉"，商纣王的谀臣，善于奔跑，其是恶来的父亲。[7] 丕：大。[8] 显：明。[9] 谟（mó）：谋。[10] 烈：光。[11] 缺：坏。[12] 杨朱：字子居，魏国（一说秦国）人，战国初期思想家、哲学家。杨朱主张"贵己""重生""人人不损一毫"的思想，是道家杨朱学派的创始人。其见解散见于《列子》《庄子》《孟子》《韩非子》《吕氏春秋》等。[13] 闲：习。[14] 放：驱逐到远方去。[15] 承：抵御的意思。

十

匡章曰："陈仲子[1]岂不诚廉士哉？居於陵[2]，三日不食，耳无闻，目无见也。井上有李，螬[3]食实者过半矣，匍匐往，将食之，三咽，然后耳有闻，目有见。"

孟子曰："于齐国之士，吾必以仲子为巨擘[4]焉。虽然，仲子恶能廉？充[5]仲子之操，则蚓而后可者也。夫蚓，上食槁壤[6]，下饮黄泉[7]，仲子所居之室，伯夷之所筑与？抑亦盗跖[8]之所筑与？所食之粟，伯夷之所树与？抑亦盗跖之所树与？是未可知也。”

曰："是何伤哉？彼身织屦，妻辟[9]纑[10]，以易之也。"

曰："仲子，齐之世家也；兄戴，盖[11]禄万钟；以兄之禄为不义之禄而不食也，以兄之室为不义之室而不居也，辟兄离母，处于於陵。他日归，则有馈其兄生鹅者，己频[12]顣[13]曰：'恶用是鶃鶃[14]者为哉？'他日，其母杀是鹅也，与之食之。其兄自外至，曰：'是鶃鶃之肉也。'出而哇[15]之。以母则不食，以妻则食之；以兄之室则弗居，以於陵则居之，是尚为能充其类也乎？若仲子者，蚓而后充其操者也。"

【译文】

匡章说："陈仲子难道不是个真正的廉洁之士吗？他住在於陵，三天没有吃东西，饿得耳朵听不见声音，眼睛也看不见东西。井边上有颗李子，已被小虫吃掉大半了，他爬过去拿来吃了三口，耳朵才能听到声音，眼睛才能看见东西。"

孟子说："在齐国士人中，我肯定认为陈仲子是数一数二的人物。即使如此，陈仲子又怎么能叫作廉洁呢？要把陈仲子的操行推广起来，那么只有变成蚯蚓才能做到。蚯蚓上吃地表干土，下饮地下泉水。陈仲子所住的房屋，是伯夷造的，还是盗跖造的呢？陈仲子吃的粮食，是伯夷种的，还是盗跖种的呢？这些都没法弄清楚。"

匡章说："这有什么妨害呢？他自己编草鞋，妻子绩麻纺麻，用它们来换取房屋和粮食。"

孟子说："陈仲子出身于齐国世代大家。他哥哥陈戴，有盖邑的俸禄几万石之多。他认为哥哥的俸禄是不义的，就不吃它；认为哥哥的房屋是不义之产，就不住它。他避开哥哥，离开母亲，去於陵住下。有一天回家，刚好有人给他哥哥送来一只活鹅，他就皱着眉头说：'要这嘎嘎叫的东西干什么呢？'过了几天，陈仲子的母亲把鹅杀了做给他吃。他哥哥从外边回来，说：'这就是那个嘎嘎叫的东西的肉呀！'他就马上跑到外面呕吐起来。因为是母亲做的食物就不吃，因为是妻子做的食物就吃；因为是哥哥的房屋就不住，而在於陵却住下了。这算是把自己的操守推广到一切行动中吗？像陈仲子这种人，只有先变成蚯蚓才能推广他的操守。"

【注释】

[1] 陈仲子：齐国的隐士。其反对骄奢淫逸，提倡廉洁自律，并贯彻自己的信念，最终饥饿而死。[2] 於（wū）陵：古地名，故城在今山东长山县南，距临淄近二百里。[3] 螬（cáo）：虫。[4] 巨擘：大拇指，亦称"大擘"。[5] 充：满，足。此处指推广到全天下。[6] 槁壤：干土。[7] 黄泉：浊水。[8] 盗跖（zhí）：传说是春秋时期率领盗匪数千人的大盗，当时鲁国贤臣柳下惠之弟。[9] 辟：绩。[10] 纑：纺麻。[11] 盖（gě）：齐国的城邑。《公孙丑》篇亦有说到此地。[12] 频：与"颦"同，颦眉。[13] 顣：与"蹙"同，皱缩眉鼻，表示不高兴。[14] 鶃鶃（yì）：鹅叫声。[15] 哇：吐。

孟子卷第四

离娄章句上
（共二十八章）

　　《离娄上》共二十八章。《孟子》一书自《离娄》篇起，多数章节形式短小，类似名言警句，言简意赅。

　　本卷内容十分丰富，既涉及治国行仁政这样的国家大事，又论及个人修养的方方面面。第一章至第十六章及第二十章，重申治国必须遵循先王之道，行仁政。在选拔贤能的问题上，主张"法治"和"人治"结合；在具体为政措施上，强调"徒善不足以为政，徒法不能以自行"，要把好的德行和方法统一起来。孟子认为，君王的个人品德修养对治理国家、终成王道之国有着重要意义，因此首先要争取民心，使天下百姓"中心悦而诚服"。要做到这一点，君王就必须加强方方面面的修养，因为"惟仁者宜在高位。不仁而在高位，是播其恶于众也"。君王一旦加强了修养，具有了非凡的品质，就会"君仁，莫不仁；君义，莫不义；君正，莫不正。一正君而国定矣"。一句话，君王身教重于言教。君王以身作则带个好头，百姓才会心悦诚服，才会按他的要求去行事。如果君王没有好的德行修养，那么不仅得不到民心，反而会导致臣下的怨恨，上下离心甚至敌对，那么君王再想维持自己的统治就难上加难了。"天下之本在国，国之本在家，家之本在身"，对于平民百姓来说，也要加强自身修养，按仁道要求行事；否则，不仅事业、家庭难保，名败身破之事也在所难免。本卷还提到了个人修身应注意的问题，如第二十一章"有不虞之誉，有求全之毁"，第二十三章"人之患在好为人师"，不可谓不精辟，与常言说的"胜不骄，败不馁""谦虚使人进步，骄傲使人落后"在正反两方面形成对照。又如第十七章中提出一个伦理学难题，即嫂子落水小叔子该不该援手相救的问题。按礼法要求，男女授受不亲，自然不该伸手相救；按礼的另一方面要求，亲人遇难而不去援救是豺狼行为，而不是人的行为。孟子通过这个事例告诉世人，做事要讲原则，但也应该知道变通。第二十六章举舜不告而娶的例子说明同样的道理。在现实生活中，类似的两难问题是很多的。这两个事例启发我们：在面临多种选择时，既要坚持原则，又不固执一理，而要能够灵活妥善处理，最大限度地化解矛盾，减少损失，增进社会和谐。

一

孟子曰："离娄[1]之明，公输子[2]之巧，不以规[3]矩[4]，不能成方员；师旷[5]之聪，不以六律[6]，不能正五音[7]；尧舜之道，不以仁政，不能平治天下。

"今有仁心仁闻[8]而民不被其泽、不可法于后世者，不行先王之道也。故曰，徒善不足以为政，徒法不能以自行。《诗》云：'不愆[9]不忘，率[10]由旧章。'遵先王之法而过者，未之有也。

"圣人既竭目力焉，继之以规矩准[11]绳[12]，以为方员[13]平直，不可胜用也；既竭耳力焉，继之以六律正五音，不可胜用也；既竭心思焉，继之以不忍人之政，而仁覆天下矣。故曰，为高必因丘陵，为下必因川泽；为政不因先王之道，可谓智乎？

"是以惟仁者宜在高位。不仁而在高位，是播其恶于众也。上无道揆[14]也，下无法守也，朝不信道，工[15]不信度，君子犯义，小人犯刑，国之所存者幸也。故曰，城郭不完，兵甲不多，非国之灾也；田野不辟，货财不聚，非国之害也。上无礼，下无学，贼民兴，丧无日矣。

"《诗》曰：'天之方蹶[16]，无然泄泄[17]。'泄泄犹沓沓也。事君无义，进退无礼，言则非[18]先王之道者，犹沓沓也。故曰，责难于君谓之恭，陈善闭邪谓之敬，吾君不能谓之贼。"

【译文】

孟子说："即使有离娄那样的好眼力，公输子那样高超的技巧，如果没有圆规和直角尺，也不能画出方形和圆形；即使有师旷那样的听力，如果不用六律，也不能校正五音；即使有尧舜之道，如果不施行仁政，也不能将天下治理好。

"现在有的诸侯虽然有仁爱的心思和仁爱的名声，但百姓却没有受到他的恩泽，他的心思和名声无法成为后代学习效法的榜样，原因就在于他不施行前代圣王之道。所以说，只有善心还不足以很好地执政，光有法度不可能自动实行。《诗经·大雅·假乐》云：'不犯错误，不要忘记，一切都遵循旧的规章。'遵循先代圣王的法度而犯错误的，从来没有过。

"圣人既然用尽了目力，又用圆规、直角尺、水平仪和绳墨，制作方的、圆的、平的、直的东西，这些东西就用不尽了；圣人既然用尽了听力，又用六律校正五音，各种音调就用不尽了；圣人既然用尽了心思，又施行仁政，仁爱就遍布天下了。

"所以说，修筑高台一定要凭借山陵，挖深池一定要借助于河沼洼地。执政如不依靠先代圣王之道，能说是聪明吗？所以，只有具备仁德的人才适于处在高位上。不仁德的人却处在高位，这是等于把恶劣品质宣扬给百姓啊。居于上位的人不按道德标准衡量事物，居下位的人就不受法规制约；朝堂不讲道义，工匠不依尺度，官吏触犯义理，百姓触犯刑律，这样的国家还能存在，那真是侥幸。所以我认为，城墙不坚固，装备不充足，并不是国家的灾难；田野荒芜，财物不足，也不是国家的灾祸。如果在上位的人没有礼义，在下位的人不受教育，刁民就会起来作乱，那么国家灭亡就没有几天了。

"《诗经·大雅·板》云：'上天正在变动，不要这么泄泄。'泄泄，就是说话啰啰唆唆。事奉君王不合道义，行为举止不合礼规，开口就诋毁先王之道，这就是喋喋不休。

所以说，要求君王做艰难的事，叫作'恭'；向君王进良言，驳斥异论，叫作'敬'；认为自己的君王不能施行仁政，叫作'贼'。"

【注释】

[1] 离娄：古代视力特别强的人，相传是黄帝时代的人，他的眼力强到能在百步外望见鸟兽在秋天新长的细毛的顶端。[2] 公输子：名班（一作"般"），鲁国的巧匠，又称"鲁班"。[3] 规：画圆的工具。[4] 矩：画方的工具。[5] 师旷：晋平公的乐太师，他的听力非常好。[6] 六律：古代的六个音律，分为阴律和阳律。[7] 五音：宫、商、角、徵、羽。[8] 仁闻：众所周知有宽厚爱人的名声。[9] 愆（qiān）：过。[10] 率：循。[11] 准：定平直的东西。此处指水平仪。[12] 绳：定直的东西。此处指绳墨。[13] 员：同"圆"。后文"方员"中"员"同此。[14] 道揆（kuí）："揆"，度。"道揆"，指以义理度量事物而制其宜。[15] 工：官。[16] 蹶：动。此处指颠覆。[17] 泄泄：多言。[18] 非：诋毁。

二

孟子曰："规矩，方员之至也；圣人，人伦之至也。欲为君，尽君道；欲为臣，尽臣道。二者皆法尧舜而已矣。不以舜之所以事尧事君，不敬其君者也；不以尧之所以治民治民，贼其民者也。孔子曰：'道二，仁与不仁而已矣。'暴其民甚，则身弑国亡；不甚，则身危国削，名之曰'幽[1]''厉[2]'，虽孝子慈孙，百世不能改也。《诗》云：'殷鉴不远，在夏后之世'，此之谓也。"

【译文】

孟子说:"圆规和直角尺,是圆形和画方形的标准。圣人,是为人的标准。要做君王,就要全力实施君王之道;要做臣下,就要尽量遵守为臣之道。君道和臣道都以尧、舜为标准就可以了。不遵循像舜事奉尧的准则去事奉自己的君王,是对君王的不敬;不遵循尧管理百姓的准则去管理百姓,是残害百姓。孔子说:'治国的办法有两个:施行仁政和不行仁政罢了。'对百姓过分暴虐,就会落得自身被杀,国家灭亡;即使不过分,也会危及自身,国势衰弱。君王死后有'幽''厉'的恶谥,即使他们有孝顺父母的子孙,历经百代后这个恶谥依然不能改变。《诗经·大雅·荡》云:'殷商有一面不远的历史镜子,就是夏朝。'说的就是这个道理。"

【注释】

[1] 幽:暗。[2] 厉:虐。"幽""厉"都是恶的谥号。

三

孟子曰:"三代之得天下也以仁,其失天下也以不仁。国之所以废兴存亡者亦然。天子不仁,不保四海;诸侯不仁,不保社稷;卿大夫不仁,不保宗庙;士庶人不仁,不保四体。今恶死亡而乐不仁,是犹恶醉而强酒。"

【译文】

孟子说:"夏、商、周三代得到天下是因为施行仁政,他们失去天下是因为不施行仁政。国家衰败与兴盛、存在与灭亡的原因，同样在于此。天子不行仁政，就不能保有天下；诸侯不行仁政，就不能保有国家；卿大夫不讲仁义，就不能保全宗庙；士人百姓不讲仁爱，就不能保全身家性命。现在有些人怕死却又喜欢干不仁义的事，这就好比害怕喝醉却硬要喝酒一样。"

四

孟子曰："爱人不亲，反其仁；治人不治，反其智；礼人不答，反其敬。行有不得者皆反求诸己，其身正而天下归之。《诗》云：'永言配命，自求多福。'"

【译文】

孟子说："爱别人可是别人不来亲近，那就应当反问自己是否做到仁爱了；管理别人却没有管好，那就应当反问自己是否聪明能干；礼貌待人可是别人不以礼相待，那就应当反问自己是否恭敬得不够。任何行动如果没有收到预想效果，那就应当反过来从自身找原因，如果自己行为端正，天下人自然会顺从。《诗经·大雅·文王》云：'要永远服从上天的安排，自己寻求更多的福分。'"

五

孟子曰："人有恒言，皆曰，'天下国家。'天下之本在国，国之本在家，家之本在身。"

【译文】

孟子说："人们有一句常说的话，都说'天下国家'。而天下的基础是国家，国家的基础是家庭，家庭的基础是人自身。"

六

孟子曰："为政不难，不得罪于巨室[1]。巨室之所慕，一国慕之；一国之所慕，天下慕之；故沛然[2]德教溢乎四海。"

【译文】

孟子说："从政并不难，只要不得罪世臣大族。大家族所敬慕的东西，整个国家都敬慕；整个国家都敬慕的东西，全天下都会敬慕；所以道德教化就声势浩大地在天下展开了。"

【注释】

[1] 巨室：世臣大族。[2] 沛然：盛大而流行的样子。

七

孟子曰："天下有道，小德役大德，小贤役大贤；天下无道，小役大，弱役强。斯二者，天也。顺天者存，逆天者亡。齐景公曰：'既不能令，又不受命，是绝物[1]也。'涕出而女[2]于吴。今也小国师大国而耻受命焉，是犹弟子而耻受命于先师也。如耻之，莫若师文王。师文王，大国五年，小国七年，必为政于天下矣。《诗》云：'商之孙子，其丽[3]不亿[4]。上帝既命，侯[5]于周服。侯服于周，天命靡常。殷士肤[6]敏[7]，裸[8]将[9]于京。'孔子曰：'仁不可为众也。夫国君好仁，天下无敌。'今也欲无敌于天下而不以仁，是犹执热而不以濯也。《诗》云：'谁能执热，逝[10]不以濯？'"

【译文】

孟子说："天下政治清明时，道德品质不高的人会被道德品质高的人驱使，不太贤明的人会被非常贤明的人驱使；天下政治黑暗时，力量小的人会被力量大的人驱使，弱者会被强者驱使。这两种情况都是天意。顺从天意的就生存，违背天意的就灭亡。齐景公曾说过：'既不能命令别人，又不愿接受别人的命令，这是绝路啊。'因此流着泪把女儿嫁到吴国去。现在小国向大国学习而又把接受大国命令看成是耻辱的事，这就好比做学生的把听从老师的命令看成耻辱的事一样。如果把接受命令看成是耻辱的事，不如向周文王学习。以周文王为师，大国需用五年时间，小国需用七年时间，就一定能统治整个天下了。《诗经·大雅·文王》云：'殷商的子孙，数量何止有十万。上帝既然已授命，他们都要服从周朝。殷商的子孙都要服从周朝，可见天意不是固定不变的。殷商的臣下美丽睿智，他们都执行灌酒的礼节到周都助祭。'孔子说：'仁德的力量是不能按人数多少计算的。君王如果重视仁德，就能天下无敌。'现在许多诸侯想无敌天下，却不遵循仁义之道，这就好比热得厉害却又不洗澡。《诗经·大雅·桑柔》云：'谁能够热得厉害时不去洗澡呢？'"

【注释】

[1] 物：事。[2] 女（nǜ）：嫁。以女儿作为他人的妻子。[3] 丽：数。[4] 亿：古代把十万叫作"亿"。[5] 侯：语气词，无实意。[6] 肤：美。[7] 敏：达。[8] 祼（guàn）：古代的一种祭祀形式，用鬯酒调和郁金制成的香酒浇灌在大地而祈求神降。[9] 将：助。[10] 逝：发语词，无实意。

八

孟子曰："不仁者可与言哉？安其危而利其菑[1]，乐其所以亡者。不仁而可与言，则何亡国败家之有？有孺子歌曰：'沧浪[2]之水清兮，可以濯我缨[3]；沧浪之水浊兮，可以濯我足。'孔子曰：'小子听之！清斯濯缨，浊斯濯足矣。自取之也。'夫人必自侮，然后人侮之；家必自毁，而后人毁之；国必自伐，而后人伐之。《太甲》曰：'天作孽，犹可违；自作孽，不可活。'此之谓也。"

【译文】

孟子说："不仁德的人怎能和他谈论什么呢？这些人处在危险之中却心安理得，灾难临头却以为是吉利，把导致亡国灭家的事当成是乐事。不仁德的人如果还可以和他谈论，那么又怎么会发生亡国灭家的事情呢？从前有首小孩子唱的歌道：'沧浪的水清亮呀，可以洗我的帽缨；沧浪的水混浊呀，可以洗我的双脚。'孔子说：'弟子们听着，水清就洗帽缨，水浊就洗双脚，这都是水本身决定的。'对人来说，一定先有自招侮辱的地方，然后别人才会侮辱你；对家来说，一定先有自招毁灭的原因，然后别人才会毁灭它；对国来说，一定先有自讨攻伐的暴政，然后别国才会攻伐它。《尚书·太甲》云：'上天降下的祸患是可以躲避的，自己造下的罪孽就无法逃脱了。'说的正是这个意思。"

【注释】

[1] 菑（zāi）：同"灾"。[2] 沧浪：水名。[3] 缨：系帽子的丝带。

九

孟子曰："桀纣之失天下也，失其民也；失其民者，失其心也。得天下有道：得其民，斯得天下矣；得其民有道：得其心，斯得民矣；得其心有道：所欲与之聚之，所恶勿施，尔也。民之归仁也，犹水之就下、兽之走圹[1] 也。故为渊驱鱼者，獭也；为丛驱爵者，鹯也[2]。为汤武驱民者，桀与纣也。今天下之君有好仁者，则诸侯皆为之驱矣。虽欲无王，不可得已。今之欲王者，犹七年之病求三年之艾也。苟为不畜，终身不得。苟不志于仁，终身忧辱，以陷于死亡。《诗》云：'其何能淑[3]，载[4] 胥及溺。'此之谓也。"

【译文】

孟子说："桀、纣失去天下，是因为失去了天下百姓的拥戴；失去百姓拥戴，是因为失去了百姓的心。得到天下有办法：得到百姓的拥戴，就得到了天下。得到百姓的拥戴有办法：得到百姓的心，就得到了百姓。得到百姓的心有办法：百姓想得到的就替他们积累，百姓憎恶的就不要强加在他们头上，如此而已。百姓归附仁德，就像水往低处流，兽往旷野走一样。所以替深潭把鱼驱赶到那里去的是水獭，替丛林把鸟雀赶去那里的是鹞鹰，替商汤、周武王把百姓赶到他们那里的是夏桀和商纣。如果天下君王爱好仁政，那么诸侯都会替他把百姓赶到他那里，即使他不想得到天下，也是不可能的。可是现在那些想统一天下的人，就好像得了七年的病却要找三年的陈艾来医治一样，如果平时不注意积蓄，那么一辈子也找不到。如果不决心施行仁政，那么一辈子都会忧愁蒙受耻辱，以至于陷入身死国亡的地步。《诗经·大雅·桑柔》云：'这些人怎么能把事情办好，只能是沉沦自溺罢了。'说的正是这个意思。"

【注释】

[1] 圹（kuàng）：同"旷"，旷野。[2] "为渊驱鱼者，獭也；为丛驱爵者，鹯（zhān）也"："渊"，深水。"獭"，一种吃鱼的动物。"丛"，茂林。"爵"，同"雀"。"鹯"，一种吃鸟雀的动物。后演化为成语"为渊驱鱼，为丛驱雀"，即把鱼赶到深渊里，把鸟雀赶到密林里。比喻不善于团结的人，把可以依靠的力量赶到对方那里；也比喻为政不善，人心涣散，使百姓投向敌方。[3] 淑：善。[4] 载：则。

十

孟子曰："自暴[1]者，不可与有言也；自弃者，不可与有为也。言非礼义，谓之自暴也；吾身不能居仁由[2]义，谓之自弃也。仁，人之安宅也；义，人之正路也。旷安宅而弗居，舍正路而不由，哀哉！"

【译文】

孟子说："自己害自己的人，不能和他谈论什么；自己抛弃自己的人，不能和他一起做些什么。开口就非难礼义，这就是害自己；认为自己不能坚持仁义，这就是抛弃自己。仁，是人类最安乐的住宅；义，是人类最光明的大道。空着安乐的住宅不去住，放弃光明的大道不去走，可悲呀！"

【注释】

[1] 暴：相当于"害"。[2] 由：行。

十一

孟子曰："道在尔[1]而求诸远，事在易而求诸难：人人亲其亲、长其长，而天下平。"

【译文】

孟子说："道路在近旁却到远处去找，事情本来很容易却往难处想。只要每个人都爱自己的父母，尊敬自己的长辈，天下就太平了。"

【注释】

[1] 尔：同"迩"，近。

十二

孟子曰："居下位而不获于上，民不可得而治也。获于上有道，不信于友，弗获于上矣。信于友有道，事亲弗悦，弗信于友矣。悦亲有道，反身不诚，不悦于亲矣。诚身有道，不明乎善，不诚其身矣。是故诚者，天之道也。思诚者，人之道也。至诚而不动者，未之有也。不诚，未有能动者也。"

【译文】

孟子说："职位低而又得不到上级信任，是不能把百姓治理好的。有取得上级信任的办法，却得不到朋友的信任，也就得不到上级的信任；有取得朋友信任的办法，服侍父母却得不到父母的信任，也就得不到朋友的信任；有取得父母满意的办法，反省自己却不真诚，也就不能使父母满意；有使自己真诚的办法，却不明白什么是善，也就不能使自己真诚。所以，真诚是自然的规律，追求真诚是做人的规律。真诚到了极点却还不能感动别人的事，从来没有过；不真诚，是没有可能感动别人的。"

十三

孟子曰："伯夷辟纣，居北海之滨，闻文王作，兴曰：'盍归乎来[1]！吾闻西伯善养老者。'太公辟纣，居东海之滨，闻文王作，兴曰：

'盍归乎来！吾闻西伯善养老者。'二老者，天下之大老^[2]也，而归之，是天下之父归之也。天下之父归之，其子焉往？诸侯有行文王之政者，七年之内，必为政于天下矣。"

【译文】

　　孟子说："伯夷躲避商纣，住到北海边上，听说周文王兴起来，就兴奋地说：'为什么不去归附呢！我听说西伯是个很注意赡养老人的人。'姜太公躲避商纣，住在东海边上，听说周文王兴起来，就兴奋地说：'为什么不去归附呢！我听说西伯是个很注意赡养老人的人。'这两位老人是天下德高望重的老人，他们都归附周文王，这就等于天下所有的父老长辈都归附周文王了。天下所有的父老长辈都归附周文王了，他们的儿子还能去哪里呢？如果诸侯中有能施行周文王那样的仁政的，七年之内一定能够执政于天下了。"

【注释】

　　[1] 来：句末语气助词。[2] 大老：德高望重的老者。

十四

　　孟子曰："求^[1]也为季氏^[2]宰^[3]，无能改于其德，而赋粟倍他日。孔子曰：'求非我徒也，小子鸣鼓而攻之可也。'由此观之，君不行仁政而富之，皆弃于孔子者也，况于为之强战？争地以战，杀人盈野；争城以战，杀人盈城，此所谓率土地而食人肉，罪不容于死。故善战者服上刑，连诸侯者次之，辟^[4]草莱、任土地者次之。"

【译文】

孟子说:"冉求担任季氏的总管,不能改变季氏的德行,反而把季氏的田租增加了一倍。孔子说:'冉求不是我的门徒,弟子们可以大张旗鼓地声讨他。'从这点看,君王不施行仁政,以及帮助君王聚敛钱财的臣下都是被孔子所唾弃的,何况那些帮助不仁的君王进行战争的人呢?为争夺土地而进行战争,战死的人漫山遍野;为夺取城池而交战,战死的人全城都是。这就叫作为争夺土地而去吃人肉,罪行深重,即使处死也不能偿清。所以,好战的人应受到最严厉的刑罚,联结诸侯挑起战争的人受次一等的刑罚,迫使百姓开荒种地以求增加田租的人受再次一等的刑罚。"

【注释】

[1] 求:孔子弟子冉求。《论语·先进》:"季氏富于周公,而求也为之聚敛而附益之。"[2] 季氏:此处指鲁卿季康子。[3] 宰:家臣。[4] 辟:开垦。

十五

孟子曰:"存乎人者,莫良于眸子。眸子不能掩其恶。胸中正,则眸子瞭[1]焉;胸中不正,则眸子眊[2]焉。听其言也,观其眸子,人焉廋[3]哉!"

【译文】

孟子说:"长在人身上的器官,没有哪个比眼睛更好的了。

眼睛不会掩盖一个人的邪恶。心术正，眼睛就明亮；心术不正，眼睛就混浊。一边听一个人说话，一边看他的眼睛，这个人的内心能往哪里躲藏呢？"

【注释】

[1] 瞭：明。[2] 眊（mào）：蒙蒙，目不明的样子。[3] 廋（sōu）：匿。

十六

孟子曰："恭者不侮人，俭者不夺人。侮夺人之君，惟恐不顺焉，恶得为恭俭？恭俭岂可以声音笑貌为哉？"

【译文】

孟子说："恭敬的人不会欺侮别人，节俭的人不会掠夺别人。欺侮、掠夺别人的君王，只怕别人不顺从自己，哪能做到恭敬、节俭呢？恭敬、节俭难道仅凭花言巧语与和颜悦色就能做到的吗？"

十七

淳于髡[1]曰："男女授受不亲，礼与？"

孟子曰："礼也。"

曰："嫂溺，则援之以手乎？"

曰："嫂溺不援，是豺狼也。男女授受不亲，礼也；嫂溺，援之以手者，权也。"

曰："今天下溺矣，夫子之不援，何也？"

曰："天下溺，援之以道；嫂溺，援之以手。子欲手援天下乎？"

【译文】

淳于髡说："男女之间接递东西时手不相接触，这是礼的要求吗？"

孟子说："正是礼的要求。"

淳于髡又问："如果嫂子掉进水里，那么是否可以伸手拉她？"

孟子说："嫂子落水而不伸手拉她，这简直是豺狼。男女之间交接东西时手不相触碰，这是礼的要求；嫂子落水伸手去拉，这是变通。"

淳于髡说："现在天下都掉进水里，您不伸手去救，这是为什么呢？"

孟子说："天下都掉进水里，应当用道义去救；嫂子掉进水里，应用手去拉。您要我用手去挽救天下吗？"

【注释】

[1] 淳于髡（kūn）：姓淳于，名髡，齐国辩士。

十八

公孙丑曰："君子之不教子，何也？"

孟子曰："势不行也。教者必以正；以正不行，继之以怒。继之以怒，则反夷^[1]矣。'夫子教我以正，夫子未出于正也。'则是父子相夷也。父子相夷，则恶矣。古者易子而教之，父子之间不责善。责善则离，离则不祥^[2]莫大焉。"

【译文】

公孙丑问："君子不亲自教育儿子，这是什么原因呢？"

孟子说："因为情势行不通啊。教育者一定要用正确的思想来教育人，用正确的思想教育没有效果，接着就会发脾气，发脾气就会产生负面效果。（儿子会说：）'您用正确的思想教育我，可是您的行为都不遵循正确的思想。'这样父子间就互伤感情了。父子之间互伤感情，那就很不好了。古代相互交换儿子来教育，以使父子间不因为求好而互相责备。要求儿子好而互相责备，那就会使父子间产生隔膜；父子间一有隔膜，没有比这再不好的事了。"

【注释】

[1] 夷：伤。[2] 祥：善。

十九

孟子曰："事，孰为大？事亲为大；守，孰为大？守身为大。不失其身而能事其亲者，吾闻之矣；失其身而能事其亲者，吾未之闻也。孰不为事？事亲，事之本也；孰不为守？守身，守之本也。曾子养曾皙^[1]，必有酒肉；将彻，必请所与；问有余，必曰，'有。'曾皙死，曾元^[2]养

曾子，必有酒肉；将彻，不请所与；问有余，曰，'亡矣。'将以复进也。此所谓养口体者也。若曾子，则可谓养志也。事亲若曾子者，可也。"

【译文】

　　孟子说："服侍谁最重要？服侍父母最重要。守护什么最重要？守护自身最重要。保持了自身的节操又能服侍好父母的人，我听说过；丧失自己的节操却能服侍好父母的人，我没听说过。有谁不做服侍之事呢？服侍父母是服侍的根本；有谁没有守护之事呢？守护自身是守护的根本。曾子奉养他的父亲曾晳，每顿饭一定要有酒肉；撤下桌子时，一定要请示剩下的给谁；问起有没有剩下的，一定回答说'有'。曾晳死了以后，等曾子的儿子曾元奉养曾子时，每顿饭也一定有酒肉。撤下桌子时，不再请示剩下的给谁了；问起有没有剩下的，就说'没有了'。意思是准备将剩下的下次再送给曾子吃。这就叫作供养父母的口腹。像曾子那样，那才可以叫作养护父母的心意。服侍父母像曾子那样，就可以了。"

【注释】

　　[1] 曾晳：名点，孔子的弟子。[2] 曾元：战国时期鲁国人，曾参的儿子。《礼记·檀弓》曾记载有此人。

二十

　　孟子曰："人不足与適 [1] 也，政不足与间 [2] 也；唯大人为能格 [3] 君心之非。君仁，莫不仁；君义，莫不义；君正，莫不正。一正君而国定矣。"

【译文】

孟子说："一个不值得指责的人，那他怎样执政也就不值得批评。只有贤明高尚的人才能纠正君主思想上的错误。君主仁爱，就没有谁会不仁爱；君主讲道义，就没有谁不讲道义；君主行为端正，就没有谁不端正。只要君主思想端正了，国家也就安定了。"

【注释】

[1] 適（zhé）：同"谪"，过。[2] 间（jiàn）：非。[3] 格：正。

二十一

孟子曰："有不虞^[1]之誉，有求全之毁。"

【译文】

孟子说："有意料之外的赞誉，也有追求完美而招致的诋毁。"

【注释】

[1] 虞：料想。

二十二

孟子曰："人之易其言也，无责耳矣。"

【译文】

孟子说："人讲话很容易出口，在于没有责任罢了。"

二十三

孟子曰："人之患在好为人师。"

【译文】

孟子说："人的缺点在于喜欢做别人的老师。"

二十四

乐正子从于子敖[1]之齐。

乐正子见孟子。孟子曰："子亦来见我乎？"

曰："先生何为出此言也？"

曰："子来几日矣？"

曰："昔者。"

曰："昔者，则我出此言也，不亦宜乎？"

曰："舍馆[2]未定。"

曰："子闻之也，舍馆定，然后求见长者乎？"

曰："克有罪。"

【译文】

乐正子跟从子敖到了齐国。

乐正子去拜见孟子。孟子说："你也来看我吗？"

乐正子回答说："老师为什么说这样的话呢？"

孟子说："你来齐国几天了？"

乐正子说："昨天来的。"

孟子说："既然是昨天来的，那么我说这话不是应该的吗？"

乐正子解释说："因为我的住处还没有找好。"

孟子说："你听说过非要找到住处才去拜见长辈的规矩吗？"

乐正子说："我有过错。"

【注释】

[1] 子敖：大夫王驩的字。[2] 馆：客舍。

二十五

孟子谓乐正子曰："子之从于子敖来，徒铺[1]啜[2]也。我不意子学古之道而以铺啜也。"

【译文】

孟子对乐正子说："你跟着子敖来，只是为了吃喝呀。我没有想到你学习古人之道却是为了吃喝啊！"

【注释】

[1] 铺（bū）：食。[2] 啜：饮。

二十六

孟子曰："不孝有三^[1]，无后为大。舜不告而娶，为无后也，君子以为犹告也。"

【译文】

孟子说："不孝顺父母的行为有三种，其中以没有后代为最严重。舜不先请示父母就娶妻，就是因为怕没有后代，所以君子认为他的行为就等于请示过父母一样。"

【注释】

[1] 不孝有三：目前有两种观点，东汉赵岐《十三经注疏》云："于礼有不孝者三者，谓阿意曲从，陷亲不义，一不孝也；家贫亲老，不为禄仕，二不孝也；不娶无子，绝先祖祀，三不孝也。"其将"后"解释为后代的意思，但后世学者倾向于将"后"理解为"尽后代的责任"。

二十七

孟子曰："仁之实，事亲是也；义之实，从兄是也；智之实，知斯二者弗去是也；礼之实，节文斯二者是也；乐之实，乐斯二者，乐则生矣；生则恶可已也，恶可已，则不知足之蹈之手之舞之。"

【译文】

孟子说："仁的本质内容是服侍父母，义的本质内容是服从兄长，智的本质内容是明白仁和义并不舍弃；礼的本质内容是调节、修饰上述两项内容；乐的本质内容是乐于实行这两项，那么快乐就产生了；快乐一产生就不可停止了，不可停止就不知不觉手舞足蹈了。"

二十八

孟子曰："天下大悦而将归己，视天下悦而归己犹草芥也，惟舜为然。不得乎亲，不可以为人；不顺乎亲，不可以为子。舜尽事亲之道而瞽瞍[1]厎[2]豫，瞽瞍厎豫而天下化，瞽瞍厎豫而天下之为父子者定，此之谓大孝。"

【译文】

孟子说："天下的人都非常高兴地归附自己，而把天下人都非常高兴地归附自己这件事看得如同草芥一样不当回事的，只有舜做到了。这样，不能取得父母的欢心，就不可以做人；不能顺从父母的意志，就不可以做儿子。舜竭尽服侍父母的准则而使父亲瞽瞍变得高兴：瞽瞍一高兴，天下的风气也就大变；瞽瞍一高兴，天下父子间的准则就确定了。这叫作大孝。"

【注释】

[1] 瞽瞍（gǔsǒu）：舜父亲的名。[2] 厎（zhǐ）：致。

离娄章句下

（共三十三章）

　　《离娄下》共三十三章，主要论述了君臣关系和个人修养两个问题。

　　孟子特别推崇"王道""王政"，寄希望于君王、诸侯，希望他们能像古代圣王那样施行仁政，从而能够众望所归，君臣吏民上下一心，使国家安定富强。然而，中国古代社会的特殊性，又使君王个人品德的修养显得至关重要，所以孟子对君臣关系的讨论较多。孟子把君臣关系概括为"君臣有义"，即"君之视臣如手足，则臣视君如腹心"；如果相反，则"君之视臣如犬马，则臣视君如国人；君之视臣如土芥，则臣视君如寇仇"。这就是说，君臣关系是相互的，不是臣下一方对君王一方的无条件服从。为此，作为君王要像个君王的样子，如果做错了事又不听劝谏，那么他就将被更换掉，甚至被杀掉；即使杀了这样的君王，也不是弑君，而是杀掉一独夫民贼而已。此外，君王要礼贤下士，善待臣下，不能居高临下，对臣下招之即来，挥之即去；君王要尊重臣下的人格，信任、重用他们，充分发挥他们的聪明才智。作为臣下，在与君王交往中，既要恭敬、尽职尽责，努力引导君王行仁义，又不能奴颜婢膝，失去士人气节。同时，如果君王"无罪而杀士，则大夫可以去；无罪而戮民，则士可以徙"。从孟子对君臣关系的讨论可看出，他更强调的是君道而不是君权。这就带着鲜明的民主色彩，与后世的君王可以不行君道而臣属只能逆来顺受、无条件服从的愚忠观念大不相同，这种思想对后世善纳忠谏的君道和犯颜直谏的臣道的形成起了重要作用，也对暴君的出现、暴政的形成起了一定的扼制作用，有利于社会政治局面向清明的方向发展。

孟子的学说是人学，特别重视人的素质、健全人格的培养。上面提到的君臣关系，如果就君与臣个体而言，也都属于个人修养的范畴。本卷第十九章中指出"人之所以异于众兽者几希，庶民去之，君子存之"，就是说人和禽兽不同的地方只是那么一点点，而这听起来似乎无足轻重的一点点做起来却是非常难的，它不可能由一朝一夕得来，而是在长期的社会实践中经过刻苦磨炼、虚心请教、深刻反省后才得到的。这种修养过程是长期的，内容也是丰富多样的。孟子认为，要实现健全人格，除了扩充和实现与生俱来的善端、良心之外，还要有目的地进行下列修养：一要处理好精神需求和物质需求的关系，更注重精神需求；二要多检讨反省自己，不患得患失；三是不要自暴自弃，因为"尧舜与人同耳""人皆可以为尧舜"；四是在人际关系方面要"不言人恶"，形成良好的氛围。此外，还要进行各类具体知识的学习。

总之，孟子渴望培养健全人格、理想人格，抨击现实中那种不知廉耻的丑恶人格。本卷最后一章中"齐人乞墦"的故事是广为传诵的名篇，也是孟子关于人格态度的生动说明。

一

孟子曰："舜生于诸冯，迁于负夏，卒于鸣条，东夷之人也。文王生于岐周，卒于毕郢，西夷之人也。地之相去也，千有余里；世之相后也，千有余岁。得志行乎中国，若合符节，先圣后圣，其揆一也。"

【译文】

孟子说："舜出生在诸冯那个地方，迁居到负夏，死在鸣条，是个东方人。周文王出生在岐周那个地方，死在毕郢，是个西方人。两个地方相距一千多里，两人生活的时代间隔也有一千多年。但是他们在中国实现自己理想的情形，就像符节般吻合，完全一样。古代的圣人和后代的圣人，他们的准则是一样的。"

二

子产[1]听郑国之政，以其乘舆济人于溱洧[2]。孟子曰："惠[3]而不知为政。岁十一月，徒杠[4]成；十二月，舆梁[5]成，民未病涉也。君子平其政，行辟[6]人可也，焉得人人而济之？故为政者，每人而悦之，日亦不足矣。"

【译文】

子产主持郑国朝政时，用他自己乘坐的车子帮助别人渡过溱水和洧水。孟子说："子产给人恩惠却不懂得政治。如果十一月修成过人的桥，十二月修成过车的桥，百姓就不用为过河担忧了。君子如果搞好政治，即使他外出时路人都回避也行，哪能一个一个地帮他们过河呢？所以执政的人，要让每个人都满意，时间就不够用了。"

【注释】

[1] 子产：郑大夫公孙侨，郑穆公之孙，公子发之子。[2] 溱（zhēn）洧（wěi）："溱""洧"皆为郑国二水名。[3] 惠：恩惠。[4] 徒杠："杠"，方桥。"徒杠"，可通过步行的桥。[5] 舆梁："梁"，桥。"舆梁"，可通过车驾的桥。[6] 辟：同"避"。古代上层人物外出，前有执鞭者开道，犹如后世的鸣锣开道。

三

孟子告齐宣王曰："君之视臣如手足，则臣视君如腹心；君之视臣如犬马，则臣视君如国人；君之视臣如土芥，则臣视君如寇仇。"

王曰："礼，为旧君有服，何如斯可为服矣？"

曰："谏行言听，膏泽下于民；有故而去，则使人导之出疆，又先[1]于其所往；去三年不反，然后收其田里。此之谓三有礼焉。如此，则为之服矣。今也为臣，谏则不行，言则不听；膏泽不下于民；有故而去，则君搏执之，又极之于其所往；去之日，遂收其田里。此之谓寇仇。寇仇，何服之有？"

【译文】

孟子告诉齐宣王说："君王把臣下看成手足，那么臣下就会把君王看成腹心；君王把臣下看成犬马，那么臣下就会把君王看成平民；君王把臣下看成泥土小草，那么臣下就会把君王看成仇敌。”

齐宣王说：“按照礼的规定，臣下应当为以前服侍过的君王穿一定时间的孝服。在怎样的情况下，臣下才会为前君穿孝服呢？”

孟子说：“臣下的进谏，君王要采纳；臣下的建议，君王要认真听，恩惠要落实到百姓。臣下因故不得不离开，君王要派人引导其出国境，并先派人到他要去的地方安排一切。如果臣下离开三年不回来，才收回他的土地房屋。这叫作‘三有礼’。这样的话，臣下就会为他穿孝服了。现在做臣下的，进谏不被君王采纳，建议也不被听取，恩惠也落实不到百姓；臣下因故不得不离开，君王就把他扣押起来，还想方设法在他要去的地方设置各种障碍；离开的当天，就收回分给他的田地和房屋。这叫作臣下的仇敌。既是仇敌，哪里还会为他穿孝服呢？”

【注释】

[1] 先：使人先去布置。

四

孟子曰：“无罪而杀士，则大夫可以去；无罪而戮民，则士可以徙。”

【译文】

孟子说：“没有罪过却把士人杀害，那么大夫就有理由离开；没有罪过却把百姓杀害，那么士人就有理由迁徙。"

五

孟子曰："君仁，莫不仁；君义，莫不义。"

【译文】

孟子说："君王如果仁爱，就没有人不仁爱；君王如果守道义，就没有人不守道义。"

六

孟子曰："非礼之礼，非义之义，大人弗为。"

【译文】

孟子说："不合礼规的礼，不合义规的义，品德高尚的人是不会服从的。"

七

孟子曰："中也养 [1] 不中，才也养不才，故人乐有贤父兄也。如中也弃不中，才也弃不才，则贤不肖之相去，其间不能以寸。"

【译文】

孟子说："中正的人影响不中正的人，有才能的人影响没有才能的人，所以人们都愿意有贤明的父兄。如果中正的人不去影响不中正的人，有才能的人不去影响没有才能的人，那么贤明与不贤明的人的距离，相近得连用寸量都不行了。"

【注释】

[1] 养：涵育熏陶，使身心得到滋养。

八

孟子曰："人有不为也，而后可以有为。"

【译文】

孟子说："人只有有所不为，然后才能有所为。"

九

孟子曰："言人之不善，当如后患何？"

【译文】

孟子说："议论人家的缺点，有了后患该怎么办？"

十

孟子曰：“仲尼不为已[1]甚者。”

【译文】

孟子说：“孔子不做过分的事。”

【注释】

[1] 不为已甚者：“已”，相当于“太”。后演化为成语“不为已甚”，不做得太过分。现多指对人的责备或处罚应适可而止。

十一

孟子曰：“大人者，言不必[1]信，行不必果，惟义所在。”

【译文】

孟子说：“品德高尚的人，说话不一定句句守信，行为不一定处处兑现，只是根据道义来做。”

【注释】

[1] 必：相当于“期望”。

十二

孟子曰："大人者，不失其赤子之心者也。"

【译文】

孟子说："品德高尚的人，是能不丧失其婴孩般的纯真善良之心的人。"

十三

孟子曰："养生者不足以当大事，惟送死可以当大事。"

【译文】

孟子说："赡养父母算不上什么大事，只有给他们送终才能算。"

十四

孟子曰："君子深造[1]之以道，欲其自得之也。自得之，则居之安；居之安，则资[2]之深；资之深，则取之左右逢[3]其原[4]，故君子欲其自得之也。"

【译文】

孟子说："君子依靠正确的方法来达到学问上的精深境界，这就是要求他做到自己亲自体会。自己有所体会，就能稳定保持；稳定保持，就能深厚积累；深厚积累，就能积累很多，左右逢源。所以君子总是想要自己有所体会。"

【注释】

[1] 造：诣，致。[2] 资：凭借。[3] 逢：值。[4] 左右逢其原："原"，本。指水的源头。后演化为成语"左右逢源"，原指见识广博，应付裕如。后也比喻做事得心应手，非常顺利。

十五

孟子曰："博学而详说之，将以反说约也。"

【译文】

孟子说："广泛地学习，详尽地解说，目的是要透彻把握以后能反过来简洁明了地解说。"

十六

孟子曰："以善服人者，未有能服人者也；以善养人，然后能服天下。天下不心服而王者，未之有也。"

【译文】

孟子说："用善来使人服输，没有能够使人服输的；用善来影响别人，才能使天下人折服。如果天下的人心不服却能统一天下，这是从来没有过的。"

十七

孟子曰："言无实不祥。不祥之实，蔽贤者当[1]之。"

【译文】

孟子说："说话没有实际内容是不好的。这种不好的结果，应该由埋没贤明的人来承担。"

【注释】

[1] 当：承担。

十八

徐子[1]曰："仲尼亟[2]称于水，曰'水哉，水哉！'何取于水也？"

孟子曰："原泉[3]混混[4]，不舍昼夜，盈科[5]而后进，放[6]乎四海。有本者如是，是之取尔。苟[7]为无本，七八月之间雨集，沟浍[8]皆盈；其涸也，可立而待也。故声闻过情，君子耻之。"

【译文】

徐子说："孔子多次称赞水，说：'水呀，水呀！'他赞美水的什么呢？"

孟子说："有源头的泉水滚滚而出，昼夜不停，漫过土坎又向前流淌，一直流到大海。有源头的东西都像这样，孔子正是赞美水的这一点。如果没有源头，七八月雨季来临，大小水沟都灌满了，可是干涸起来也很快。所以说名声超过实际，君子会认为是可耻的。"

【注释】

[1] 徐子：徐辟，孟子的弟子。[2] 亟（qì）：数。[3] 原泉："原"一作"源"。指有源之水。[4] 混混：涌出的样子。[5] 科：坎。[6] 放：至。[7] 苟：诚。[8] 浍（kuài）：田间水道。

十九

孟子曰："**人之所以异于禽兽者几希**[1]**，庶民去之，君子存之。舜明于庶物，察于人伦，由仁义行，非行仁义也。**"

【译文】

孟子说："人和禽兽不同的地方很少，普通人忽略了这一点，君子却把这一点保留住。舜既明察万物，又知晓人伦，因此按着仁义的道路走，而不是把仁义作为政策来推行。"

【注释】

[1] 几希：无几，少。

二十

孟子曰:"禹恶旨酒[1]而好善言。汤执中,立贤无方[2]。文王视民如伤,望道而未之见。武王不泄[3]迩,不忘远。周公思兼三王,以施四事;其有不合者,仰而思之,夜以继日;幸而得之,坐以待旦。"

【译文】

孟子说:"禹厌恶美酒而喜欢有益的话,汤持中正之道,选拔贤明的人却不拘泥于定则。周文王把百姓看成受伤的人一样(备加关怀),发现了大道之理却又好像没有见过一样。周武王不轻慢对待朝中近臣,也不遗忘边远地方的臣下。周公想要兼有夏、商、周三代君王的长处,以实现四位君王的事业;前代君王的经验如果有不适合当时具体情况的,就抬起头来认真思考,不分白天黑夜;一旦侥幸想通了,就坐等天亮立刻实行。"

【注释】

[1] 旨酒:美酒。[2] 方:相当于"类"。[3] 泄:狎。

二十一

孟子曰:"王者之迹熄而《诗》亡,《诗》亡然后《春秋》作。晋之《乘》,楚之《梼杌》,鲁之《春秋》,一也:其事则齐桓、晋文,其文则史。孔子曰:'其义则丘窃取之矣。'"

【译文】

孟子说:"圣王的旧制消失了,《诗》也就没有新内容了。《诗》没有新内容,于是孔子就编写了《春秋》。晋国的《乘》、楚国的《梼杌》、鲁国的《春秋》,都是一样的:它们所记的事迹都是关于齐桓公、晋文公的,它们的行文都是史书的写法。孔子说:'《诗》的要旨我都借用了。'"

二十二

孟子曰:"君子之泽五世而斩,小人之泽五世而斩。予未得为孔子徒也,予私[1]淑[2]诸人也。"

【译文】

孟子说:"君子的影响五代以后就消失了,小人的影响过了五代也消失了。我没能成为孔子的门徒,我是私下向别人学习(孔子之道)的。"

【注释】

[1] 私:相当于"窃"。此处指私下。[2] 淑:通"叔",取。

二十三

孟子曰:"可以取,可以无取,取伤廉;可以与,可以无与,与伤惠;

可以死，可以无死，死伤勇。"

【译文】

孟子说："可以获取，也可以不获取，获取了就会损害廉洁；可以给予，也可以不给予，给予了就会损害恩惠；可以死，也可以不死，死了就会损害勇武。"

二十四

逢蒙[1]学射于羿[2]，尽羿之道，思天下惟羿为愈[3]己，于是杀羿。孟子曰："是亦羿有罪焉。"

公明仪曰："宜若无罪焉。"

曰："薄[4]乎云尔，恶得无罪？郑人使子濯孺子侵卫，卫使庾公之斯追之。子濯孺子曰：'今日我疾作，不可以执弓，吾死矣夫！'问其仆曰：'追我者谁也？'其仆曰：'庾公之斯也。'曰：'吾生矣。'其仆曰：'庾公之斯，卫之善射者也；夫子曰吾生，何谓也？'曰：'庾公之斯学射于尹公之他，尹公之他学射于我。夫尹公之他，端人也，其取友必端矣。'庾公之斯至，曰：'夫子何为不执弓？'曰：'今日我疾作，不可以执弓。'曰：'小人学射于尹公之他，尹公之他学射于夫子。我不忍以夫子之道反害夫子。虽然，今日之事，君事也，我不敢废。'抽矢，扣轮，去其金[5]，发乘[6]矢而后反。"

【译文】

逢蒙向羿学习射箭，等学完羿的全部本领后，心想天下只有羿超过自己，于是就杀了羿。孟子说："这件事羿自己也有过错。"

公明仪说："应该没有过错吧。"

孟子说："过错小一点罢了，怎么能说没有过错呢？从前郑国派子濯孺子去侵犯卫国，卫国派庾公之斯追击他。子濯孺子说：'我今天旧病复发，不能拿弓，我要死了！'又问驾车人道：'追赶我的人是哪一个？'驾车人说：'是庾公之斯。'子濯孺子说：'我能活命了。'驾车人说：'庾公之斯是卫国善于射箭的人，您却说我能活命了，这是什么意思呢？'子濯孺子说：'庾公之斯跟尹公之他学习射箭，尹公之他跟我学习射箭。尹公之他是个正派人，他选择的朋友也一定正派。'庾公之斯追上来以后说：'您为什么不拿起弓呢？'子濯孺子说：'我今天旧病复发了，不能拿弓。'庾公之斯说：'我跟尹公之他学习射箭，尹公之他跟您学习射箭，我不忍心用您射箭的技巧反过来伤害您。尽管如此，但今天的事是国家的公事，我不敢废弃使命。'于是，抽出箭在车轮上敲打几下，折去金属箭头，射了四箭后回去了。"

【注释】

[1] 逢（páng）蒙：今作"逢蒙"，羿的家臣。[2] 羿：夏代诸侯有穷国的君主，后被家众所杀。[3] 愈：胜。[4] 薄：说他的罪过比较轻微。[5] 金：箭头。[6] 乘：四。

二十五

孟子曰："西子[1]蒙不洁，则人皆掩鼻而过之；虽有恶人[2]，斋戒沐浴，则可以祀上帝。"

【译文】

孟子说："如果西施身上沾染了污秽的东西，那么别人从她身边走过时也会捂着鼻子；即使相貌丑陋的人，如果他斋戒沐浴，那么也可以祭祀上帝。"

【注释】

[1] 西子：古代美女西施。[2] 恶人：貌丑的人。

二十六

孟子曰："天下之言性也，则故而已矣。故者以利[1]为本。所恶于智者，为其凿也。如智者若禹之行水也，则无恶于智矣。禹之行水也，行其所无事也。如智者亦行其所无事，则智亦大矣。天之高也，星辰之远也，苟求其故，千岁之日至[2]，可坐而致也。"

【译文】

孟子说："天下人谈论万物的本性，只要推求根本原因就行了。推求根本原因，是以顺应自然的规律为基础的。人们讨厌卖弄聪明，是因为卖弄聪明就往往穿凿附会。如果聪明人像禹疏导洪水那样，那就没有谁讨厌聪明了。禹疏导洪水，就是顺应自然规律去做。如果聪明人也采取顺应自然规律的办法，那就更聪明了。天很高，星辰很远，如果推求其根本原因，那么千年以后的冬至日，也可以坐着推算出来。"

【注释】

[1] 利：顺。指顺应自然规律。[2] 日至：当指冬至。周代以冬至日为元日。

二十七

公行子[1]有子之丧，右师[2]往吊。入门，有进而与右师言者，有就右师之位而与右师言者。孟子不与右师言，右师不悦，曰："诸君子皆与驩言，孟子独不与驩言，是简[3]驩也。"

孟子闻之，曰："礼，朝廷不历[4]位而相与言，不逾阶而相揖也。我欲行礼，子敖以我为简，不亦异乎？"

【译文】

公行子为儿子办丧事，右师王驩前去吊丧。王驩刚进门，就有人走近跟他说话，坐下后又有人走近他座位跟他说话。孟子没有跟王驩说话，王驩不高兴地说："各位大夫都和我说话，孟子却单单不跟我说话，这是怠慢我呀。"

孟子听到这件事后说："根据礼规，在朝廷中不能跨过座位进行交谈，也不能越过台阶拱手作揖。我按礼节规定行事，子敖却认为我怠慢他，不是太奇怪了吗？"

【注释】

[1] 公行子：齐国大夫。[2] 右师：齐国大夫王驩，字子敖。[3] 简：略。[4] 历：跨越。

二十八

孟子曰："君子所以异于人者，以其存心也。君子以仁存心，以礼存心。仁者爱人，有礼者敬人。爱人者，人恒爱之；敬人者，人恒敬之。有人于此，其待我以横逆[1]，则君子必自反也：我必不仁也，必无礼也，此物奚宜至哉？其自反而仁矣，自反而有礼矣，其横逆由是也，君子必自反也：我必不忠。自反而忠矣，其横逆由是也，君子曰：'此亦妄人也已矣。如此，则与禽兽奚择[2]哉？于禽兽又何难焉？'是故君子有终身之忧，无一朝之患也。乃若所忧则有之：舜，人也；我，亦人也。舜为法于天下，可传于后世，我由未免为乡人也，是则可忧也。忧之如何？如舜而已矣。若夫君子所患则亡矣。非仁无为也，非礼无行也。如有一朝之患，则君子不患矣。"

【译文】

孟子说："君子与一般人的不同，就在于他们所怀的心思。君子心里始终怀有仁，始终把礼放在心上。内心仁爱的人爱别人，牢记礼的人尊敬别人。爱别人的人，别人会永远爱他；尊敬别人的人，别人会永远尊敬他。假如这里有个人，他对我蛮横无礼，那么君子一定会反省自己：'我一定是对他不仁了，一定是对他失礼了，否则他怎么会这么对待我呢？'反省之后，认为自己是仁爱的、有礼的，而那人仍对我蛮横无礼，君子一定会再反省自己：'我一定是不忠诚。'要是反省自己是忠诚的，那人仍然蛮横无礼，君子就一定会说：'这个人只不过是个狂人罢了。像他这样待人，和禽兽又有什么区别呢？和禽兽又有什么好计较的呢？'所以君子有终生的忧虑，没有突然发生的灾祸。像这样的忧虑是有的：舜是个人，我也是个人，舜能成为天下的楷模，名声流传后世，我却不免沦为一个普通人，这才是可忧虑的。有了忧虑又怎么办好呢？像舜那样做就可以了。这样，君子所忧虑的别的祸患就没有了。不仁爱的事不做，不合礼节的事不做。即使有突然降临的祸患，君子也不害怕了。"

【注释】

[1] 横（hèng）逆：指强暴不顺理。[2] 奚择：何异。

二十九

禹、稷当平世，三过其门而不入，孔子贤之。颜子当乱世，居于陋巷，一箪食，一瓢饮；人不堪其忧，颜子不改其乐，孔子贤之。

孟子曰："禹、稷、颜回同道。禹思天下有溺者，由己溺之也；稷思天下有饥者，由己饥之也，是以如是其急也。禹、稷、颜子易地则皆然。今有同室之人斗者，救之，虽被发缨冠而救之，可也；乡邻有斗者，被发缨冠而往救之，则惑也；虽闭户可也。"

【译文】

禹、稷处于政治清明的时代，（禹）三次经过自己的家门都不进去，孔子认为他贤明。颜回处在政治混乱的时代，住在破旧的小巷里，一筐饭、一瓢水；别人都不能忍受的清苦，他却不改变乐观态度，孔子也认为他贤明。

孟子说:"禹、稷、颜回三人(处世)的道理是相同的。禹想着天下人被大水淹没,就好像是自己淹没了他们;稷想着天下人受饥饿之苦,就好像是自己使他们受饥饿,所以才这样着急。禹、稷、颜回如果调换一下位置,他们也都会这样做的。如果现在一间屋子里的人在相互打斗,为了制止他们,即使披头散发、帽带都没系好就去制止他们也是可以的;如果邻居有人在相互打斗,也披头散发、不系帽带就去制止,那就不可理解了;即使是关起门来任其打斗也是可以的。"

三十

公都子曰:"匡章[1],通国皆称不孝焉,夫子与之游,又从而礼貌之,敢问何也?"

孟子曰:"世俗所谓不孝者五:惰其四支,不顾父母之养,一不孝也;博弈好饮酒,不顾父母之养,二不孝也;好货财,私妻子,不顾父母之养,三不孝也;从耳目之欲,以为父母戮[2],四不孝也;好勇斗很[3],以危父母,五不孝也。章子有一于是乎?夫章子,子父责善而不相遇[4]也。责善,朋友之道也。父子责善,贼恩之大者。夫章子,岂不欲有夫妻子母之属哉?为得罪于父,不得近,出妻屏子,终身不养焉。其设心以为不若是,是则罪之大者,是则章子已矣。"

【译文】

公都子说:"匡章,全国人都说他不孝。您却和他交往,并且相当尊重他,请问这是什么原因呢?"

孟子说："世俗社会认为不孝的表现有五种：四肢不勤，不管父母的生活，是一不孝；赌博下棋好喝酒，不管父母的生活，是二不孝；贪图钱财，袒护妻子儿女，不管父母的生活，是三不孝；放纵自己的声色欲望，使父母蒙受耻辱，是四不孝；喜好蛮勇打斗，连累父母，是五不孝。章子在这五种里占哪一种吗？章子不过是因为与父亲之间以善相责才无法再相处在一起罢了。以善相责求，是朋友相处的原则；父子之间以善相责求，那是最伤感情的。章子难道不希望夫妻母子团聚吗？只因为得罪了父亲，无法与父亲亲近，于是休了妻子，把孩子也赶走了，一辈子不要他们奉养。章子的设想是：如果不这样做，自己的罪过就更大了。这就是章子的品行啊。"

【注释】

[1] 匡章：又称章子、匡子、田章，战国时期齐国将领。孟子的弟子，初游历魏国，齐威王末年为齐国将领，曾率军打退秦国的进攻。[2] 戮：羞辱。[3] 很：今作"狠"，忿戾。[4] 遇：合。

三十一

曾子居武城，有越寇。或曰："寇至，盍去诸？"曰："无寓[1]人于我室，毁伤其薪木。"寇退，则曰："修我墙屋，我将反。"寇退，曾子反。左右曰："待先生如此其忠且敬也，寇至，则先去以为民望；寇退，则反，殆于不可。"沈犹行[2]曰："是非汝所知也。昔沈犹有负刍之祸，从先生者七十人，未有与焉。"

子思居于卫，有齐寇。或曰："寇至，盍去诸？"子思曰："如伋[3]

去，君谁与守？"

孟子曰："曾子、子思同道。曾子，师也，父兄也；子思，臣也，微也。曾子、子思易地则皆然。"

【译文】

曾子住在武城时，越国军队来侵犯。有人问："敌人来进犯了，为什么不离开这里呢？"曾子说："不要让别人借住在我的房屋里，毁坏那些树木。"越国人撤退后，曾子说："把我的房屋修理好，我要回去了。"敌寇退了，曾子也回来了。他身边的弟子说："武城的官吏对您这么忠诚尊敬，敌寇到来您却先撤离而被百姓怨恨；敌寇退去，您却马上返回，这恐怕不妥吧。"沈犹行说："这就不是你所了解的。以前先生住在我那里恰逢负刍作乱，跟随先生离开的有七十个人，没有一个人提起这件事。"

子思住在卫国时，齐国军队入侵。有人对子思说："敌寇到了，为什么不离开这里呢？"子思说："如果我离开，君王和谁一起守卫呢？"

孟子说："曾子、子思所走的道路是相同的。曾子是老师，是父兄辈的人；子思是臣子，是职位低的小官吏。曾子和子思如果调换位置，他们也都会这样做。"

【注释】

[1] 寓：寄。[2] 沈犹行：姓沈犹，名行，曾子的弟子。[3] 伋（jí）：子思，名伋。

三十二

储子曰："王使人瞷[1]夫子，果有以异于人乎？"

孟子曰："何以异于人哉？尧舜与人同耳。"

【译文】

储子说："齐王派人来暗中偷看您，您真有什么和一般人不同的地方吗？"

孟子说："哪有什么和一般人不同的呢？就连尧舜也是和一般人相同的。"

【注释】

[1] 瞷（jiàn）：一作"瞯"，窥。

三十三

齐人有一妻一妾而处室者。其良人[1]出，则必餍酒肉而后反。其妻问所与饮食者，则尽富贵也。其妻告其妾曰："良人出，则必餍酒肉而后反；问其与饮食者，尽富贵也，而未尝有显者来，吾将瞷良人之所之也。"

蚤[2]起，施[3]从良人之所之，遍国中无与立谈者。卒之东郭墦[4]间，之祭者，乞其余；不足，又顾而之他。此其为餍足之道也。

其妻归，告其妾，曰："良人者，所仰望而终身也，今若此。"与其妾讪^[5]其良人，而相泣于中庭，而良人未之知也，施施^[6]从外来，骄其妻妾。

由君子观之，则人之所以求富贵利达者，其妻妾不羞也而不相泣者，几希矣。

【译文】

齐国有个人，家里有一妻一妾。丈夫每次出门，都一定吃饱了酒肉才回家。妻子问他和什么人一块吃喝，他都说是和一些有钱、有地位的人。妻子告诉他的小妾说："丈夫每次出去，一定吃饱了酒肉才回来，问他和什么人一块吃喝，他说都是些有钱、有地位的人，可是从来没有高贵显赫的人到我们家来。我打算暗中观察他究竟去什么地方了。"

第二天早上起来，妻子偷偷摸摸地跟在丈夫后面看他到哪里去，看到全城没有一个人站住和他说话。最后，他来到城东墓地，走向祭扫坟墓的人讨要剩余的祭品，不够吃，又东张西望地到别处讨要。这就是他吃饱喝足的办法。

妻子回家后，把实情告诉了小妾，说："丈夫是我们指望依靠一辈子的人，可是现在他竟是这样一个人！"于是，妻子和小妾在院子里咒骂丈夫，失望地哭泣。可是，丈夫并不知道这个情况，仍旧得意扬扬地从外面进来，并在妻妾面前摆架子。

在君子看来，那些人们用来追求升官发财的手段，能不使他们的妻妾感到羞耻而一起哭泣的，实在太少了。

【注释】

[1] 良人：妇人对夫婿的称呼。[2] 蚤：同"早"。[3] 施（yí）：此处指偷偷跟随。[4] 墦（fán）：坟墓。[5] 讪：怨恨，咒骂。[6] 施施：喜悦自得的样子。

孟子卷第五

万章章句上
（共九章）

　　《万章上》共九章，集中体现了孟子的"圣人之道"学说。在孟子的人格格局中，君子是合格的、初步完善的人；而圣人则是最高层次的人。在《离娄上》第二章中，孟子曾形象地比喻道："规矩，方圆之至也；圣人，人伦之至也。"显然，圣人是做人追求的目标和衡量人的准则，是人格中的最高层次。在孟子之前的千余年间，被他所承认的圣人也只有十余个，这些人被他称为"万世之师"。在孟子看来，只有具备下列品质的人才称得上是圣人：

　　首先，恪守基本的道德原则，不为外物所迷惑，如舜。舜在躬耕时，尽管父母待他不公，弟弟还加害于他，但是他始终坚持为子、为兄之道，孝顺父母，亲善弟弟。即使在做了天子后，舜也不因为是弟弟而放弃君臣之礼法，也不因坚持礼法而废弃兄弟情义。这一点是后世许多文治武功都相当出色的君王所无法比拟的。自古以来，能像舜那样对待曾经加害过自己的弟弟的君主少有；相反，更多的是为了权位而致父子猜忌、兄弟相残，以及太后把持朝政，皇亲国戚打得不可开交，以至于后世提到皇室、宫廷便每每使人想到阴谋、倾轧、流血，哪里还有什么骨肉至亲和天伦之乐呢？

　　其次，能够得天命，顾民意。孟子认为，做天子的人必须具备两个条件，即"使之主祭，而百神享之，是天受之"和"使之主事，而事治，百姓安之，是民受之"。所谓"天受之"，不过是所荐举的做天子的人主持祭祀，百神享用了祭品。那么，谁能证明神灵享用了这些祭品呢？无非是人。所以，"天受之"归根结底还是"民受之"，即要使百姓安乐，要治理好国家才行。所以，"民受之"即民心所向；所谓"天命、天意"即民命、民意、民心，正应了"得民心者得天下"的说法。联系到古往今来那些违背民心而惨遭失败的帝王们，孟子的这番议论不可谓不深刻。

最后，孟子认为圣人既包括圣君贤王，又包括那些虽不是君王却又能直言强谏、堪称忠良的人，如孔子、伊尹、百里奚等人。一国之君的作为，除了自身素质外，很大程度上还取决于他周围的人是否忠直。周围的人是正道直行，还是以歪门邪道晋升，其影响是大不相同的。纵观中国历史，那些亡国破家的末代君主，罕有不被佞臣包围的。只有靠自身德行登上王位，同时又能摒弃谄佞之人的君王才有可能成为圣君，而像孔子那样洁净自身的圣人则能从外部保证君王成为贤王。否则，不用说不可能成为圣人，就是想国泰民安亦不可得。这其中所包含的道理是极为深刻的。

一

万章^[1]问曰:"舜往于田,号泣于旻天^[2],何为其号泣也?"

孟子曰:"怨慕也。"

万章曰:"'父母爱之,喜而不忘;父母恶之,劳而不怨。'然则舜怨乎?"

曰:"长息^[3]问于公明高^[4]曰:'舜往于田,则吾既得闻命矣;号泣于旻天,于父母,则吾不知也。'公明高曰:'是非尔所知也。'夫公明高以孝子之心,为不若是恝^[5],我竭力耕田,共为子职而已矣,父母之不我爱,于我何哉?帝使其子九男二女^[6],百官牛羊仓廪备,以事舜于畎亩之中,天下之士多就之者,帝将胥^[7]天下而迁之焉。为不顺于父母,如穷人无所归。天下之士悦之,人之所欲也,而不足以解忧;好色,人之所欲,妻帝之二女,而不足以解忧;富,人之所欲,富有天下,而不足以解忧;贵,人之所欲,贵为天子,而不足以解忧。人悦之、好色、富贵,无足以解忧者,惟顺于父母可以解忧。人少,则慕父母;知好色,则慕少艾^[8];有妻子,则慕妻子;仕则慕君,不得于君则热中^[9]。大孝终身慕父母。五十而慕者,予于大舜见之矣。"

【译文】

万章问道:"舜到田里耕种时,向着苍天哭诉。他为什么要哭诉呢?"

孟子说:"因为怨恨和依恋。"

万章说:"(曾子说:)'父母喜欢自己,内心喜悦却不忘记尽职责;父母讨厌自己,内心忧悒却不存怨恨。'那么,难道说舜怨恨父母吗?"

孟子说:"长息曾向公明高请教:'舜到田里去耕种,我已经听懂您的教诲了;他向苍天哭诉怎样对待父母,我就不懂了。'公明高说:'这不是您能懂的。'公明高大概认为,真正的孝子不应当像这样一副无所谓的样子:我自己尽力耕田,恭恭敬敬地尽到儿子的职责罢了,但父母不喜欢我,我能有什么办法呢?尧派他的九个儿子和两个女儿与百官一起,带着牛羊并准备了充足的粮食,到田野里听候舜的差遣。天下的士人有不少去投奔舜,尧还把整个天下都交给了他。舜却因为不讨父母的欢心,仍旧像孤独的人找不到依靠一般。天下的士人都热爱他,这是谁都愿意的,却无法排遣舜的忧愁。美色,这是谁都爱好的,舜娶了尧的两个女儿做妻子,却不能排遣舜的忧愁;富有,这是谁都希望获得的,富有到拥有整个天下,却不能排遣舜的忧愁;显赫,这是谁都希望获得的,已尊贵到做了天子,却不能排遣舜的忧愁。人们的热爱、美色、富有、显赫,都不能排遣舜的忧愁,只有讨得父母的欢心,才能排遣他心头的忧愁。人在幼年时,就依恋父母;长大了知道了美色,就倾慕年轻漂亮的姑娘;有了妻子孩子,就爱恋妻子孩子;做了官就讨好君王,得不到君王的信任就内心焦虑。只有最孝顺的人,才会一辈子都依恋父母。到了五十岁时还依恋父母的,我在伟大的舜身上见到了。"

【注释】

[1] 万章:战国时期邹国人,孟子的弟子。[2] 旻(mín)天:

秋天。《尔雅》："秋日旻天。"[3] 长息：公明高的弟子。[4] 公明高：曾子的弟子。[5] 㤞（jiá）：无愁的样子。[6] 二女：娥皇、女英。[7] 胥：尽。[8] 艾：美好。"少艾""幼艾"，皆指年轻美貌之人。[9] 热中：躁急心热。

二

万章问曰："《诗》云：'娶妻如之何？必告父母。'信[1] 斯言也，宜莫如舜。舜之不告而娶，何也？"

孟子曰："告则不得娶。男女居室，人之大伦也。如告，则废人之大伦，以怼[2] 父母，是以不告也。"

万章曰："舜之不告而娶，则吾既得闻命矣；帝之妻舜而不告，何也？"

曰："帝亦知告焉则不得妻也。"

万章曰："父母使舜完[3] 廪，捐[4] 阶[5]，瞽瞍焚廪。使浚井，出，从而揜[6] 之。象[7] 曰：'谟[8] 盖[9] 都[10] 君咸我绩，牛羊父母，仓廪父母，干戈朕，琴[11] 朕，弤[12] 朕，二嫂使治朕栖[13]。'象往入舜宫，舜在床琴。象曰：'郁陶[14] 思君尔。'忸怩[15]。舜曰：'惟兹臣庶，汝其于予治。'不识舜不知象之将杀己与？"

曰："奚[16] 而不知也？象忧亦忧，象喜亦喜。"

曰："然则舜伪喜者与？"

曰："否；昔者有馈生鱼于郑子产，子产使校人[17] 畜之池。校人烹之，反命曰：'始舍之，圉圉[18] 焉；少则洋洋[19] 焉；攸然而逝。'子产曰：'得其所哉！得其所哉！'校人出，曰：'孰谓子产智？予既烹而食之，曰，得其所哉，得其所哉。'故君子可欺以其方[20]，难罔[21] 以非其道。

彼以爱兄之道来，故诚信而喜之，奚伪焉？"

【译文】

万章问道："《诗经·齐风·南山》云：'娶妻应该怎么办？一定要事先禀告父母。'相信这话的，应该说没有人赶得上舜。可是，舜却没禀告父母就娶了妻子，为什么呢？"

孟子说："禀告了父母就无法娶妻了。男女（婚后）同居一室，是人与人之间的重要关系。如果禀告了就会破坏这种关系，因而还会怨恨父母，所以舜就不禀告了。"

万章说："舜不禀告父母就娶妻的道理，我听您的教导已经明白了。那么，尧把女儿嫁给舜却不向舜的父母通报一声，这又是什么道理呢？"

孟子说："尧也知道，一旦通报给舜的父母，那女儿就不能嫁给舜了。"

万章说："舜的父母让他去修理粮仓却抽去梯子，舜的父亲瞽瞍还烧了粮仓。接着又让舜去淘井，（不知道）舜已从旁边的通道逃出去了，还用泥土填井（想以此害死舜）。舜的弟弟象说：'谋害哥哥，将哥哥封堵在井里，都是我的功劳。牛羊归父母，粮仓归父母，兵器归我，琴归我，雕弓归我，两位嫂子铺床伺候我。'象走进舜的房间，却看到舜坐在床上弹琴。象说：'我心里郁闷，真想念你呀。'并表现出羞惭的样子。舜说：'我惦记着这些臣下和百姓，你帮我管理吧。'我不知道舜是否清楚象要杀自己呢？"

孟子说："舜怎么会不知道呢？象忧愁他也忧愁，象高兴他也高兴。"

万章说："那么，舜是假装高兴吗？"

孟子说："不是。从前，有人送了一条活鱼给郑国的子产，子产让管理池塘的人把鱼放到池塘里养起来。可是，那人却把鱼煮着吃了，还回报子产说：'刚放入池塘中，鱼还疲弱地在水中转圈，过了一会儿就在水里自在游动了，后来就迅速地游向深处了。'子产听后连声说：'鱼儿到了它该去的地方了，鱼儿到了它该去的地方了！'管理池塘的小吏出来后说：'谁说子产聪明呢？我已经把鱼煮熟吃进肚里，他还说鱼儿到了它该去的地方，鱼儿到了它该去的地方。'所以，对君子可以用合乎情理的方法去欺骗他，却无法用违背情理的办法去迷惑他。因此，象装出敬爱兄长的态度来，舜也真心相信他并感到高兴，为什么要假装高兴呢？"

【注释】

[1] 信：诚。意思是诚如这首诗所说。[2] 怼（duì）：仇怨。[3] 完：治。[4] 捐：去。[5] 阶：梯。[6] 揜（yǎn）：同"掩"，盖。[7] 象：舜同父异母的弟弟。[8] 谟：谋害。[9] 盖：覆。[10] 都：于。[11] 琴：舜所弹的五弦琴。[12] 弤（dǐ）：雕弓。[13] 栖：床。[14] 郁陶：指思之甚而气不得伸。[15] 忸怩：羞惭的样子。[16] 奚：何。[17] 校人：主管池沼的小吏。[18] 圉（yǔ）圉：困而未纾的样子。[19] 洋洋：舒缓摇尾的样子。[20] 方：道，类。[21] 罔：蒙蔽。

三

万章问曰："象日以杀舜为事，立为天子则放之，何也？"

孟子曰："封之也；或曰，放焉。"

万章曰："舜流[1]共工[2]于幽州，放骧兜[3]于崇山，杀[4]三苗[5]于三危，殛[6]鲧[7]于羽山，四罪而天下咸服，诛不仁也。象至不仁，封之有庳[8]。有庳之人奚罪焉？仁人固如是乎？在他人则诛之，在弟则封之？"

曰："仁人之于弟也，不藏怒焉，不宿怨焉，亲爱之而已矣。亲之，欲其贵也；爱之，欲其富也。封之有庳，富贵之也。身为天子，弟为匹夫，可谓亲爱之乎？"

"敢问或曰放者，何谓也？"

曰："象不得有为于其国，天子使吏治其国而纳其贡税焉，故谓之放。岂得暴彼民哉？虽然，欲常常而见之，故源源[9]而来[10]，'不及贡，以政接于有庳。'此之谓也。"

【译文】

万章问道："象每天把杀舜当作要干的事，舜被立为天子后却只是把他流放，这是为什么呢？"

孟子说："其实是封象为诸侯，不过有人说成是流放。"

万章又问："舜把共工流放到幽州，把骧兜流放到崇山，把三苗杀死在三危山，把鲧杀死在羽山，惩办了这四个恶人的罪，天下人都归服，是因为诛杀了不仁之人。象是最不仁的人，舜却封给他有庳。有庳的人有什么罪过呢？仁人难道本来就这样做吗？对别人就诛杀，对弟弟就分封？"

孟子说："仁人对弟弟的态度，不隐藏愤怒，不积蓄怨恨，只是亲近爱护自己的弟弟罢了。亲近他，是希望他地位显赫；爱护他，是希望他富有。把他封在有庳，就是使他富有显赫。自己做天子，弟弟却还是个普通百姓，能说亲近、爱护他吗？"

万章又问："请问有人说成是流放，这指的是什么？"

孟子说："象不能在他的封国里有所作为，天子就派官吏去帮助治理他的国家，并缴纳那里的贡税，所以有人说成是流放。难道舜能让有库国百姓受损害吗？即使这样，舜还是希望经常见到象，所以象不断地来见舜。（古书上说，）'不必等到规定朝贡的时候，借口行政的需要也常常接见有库国君。'说的就是这个意思。"

【注释】

[1] 流：流放。[2] 共工：水官名。[3] 驩兜：又作"欢兜"或"驩头"，中国古代传说中的三苗的首领。传说，因为与共工、鲧一起作乱，被舜流放至崇山。[4] 杀：《尚书·舜典》中"杀"作"窜"。[5] 三苗：国名。[6] 殛（jí）：诛。[7] 鲧（gǔn）：大禹的父亲。[8] 有庳（bì）：古地名。[9] 源源：如同水流一样流不断。[10] 来：指来朝觐。

四

咸丘蒙[1]问曰："语云，'盛德之士，君不得而臣，父不得而子。'舜南面而立，尧帅诸侯北面而朝之，瞽瞍亦北面而朝之。舜见瞽瞍，其容有蹙[2]。孔子曰：'于斯时也，天下殆哉，岌岌[3]乎！'不识此语诚然乎哉？"

孟子曰："否；此非君子之言，齐东野人之语也。尧老而舜摄也。《尧典》曰，'二十有八载，放勋[4]乃徂落[5]，百姓如丧考妣[6]，三年，四海遏密[7]八音[8]。'孔子曰：'天无二日，民无二王。'舜既为天子矣，又帅天下诸侯以为尧三年丧，是二天子矣。”

咸丘蒙曰：“舜之不臣尧，则吾既得闻命矣。《诗》云，‘普天之下，莫非王土。率土之滨，莫非王臣。’而舜既为天子矣，敢问瞽瞍之非臣，如何？”

曰：“是诗也，非是之谓也；劳于王事而不得养父母也。曰，‘此莫非王事，我独贤劳也。’故说诗者不以文害辞，不以辞害志。以意逆[9]志，是为得之。如以辞而已矣，《云汉》之诗曰，‘周余黎民，靡有孑[10]遗[11]。’信斯言也，是周无遗民也。孝子之至，莫大乎尊亲；尊亲之至，莫大乎以天下养。为天子父，尊之至也；以天下养，养之至也。《诗》曰，‘永言孝思，孝思维则。’此之谓也。《书》曰，‘凶狠祇[12]载[13]见瞽瞍，夔夔齐栗[14]，瞽瞍亦允[15]若[16]。’是为父不得而子也。”

【译文】

咸丘蒙问：“古语说：‘道德高尚的人，君王不能把他当作臣子，父亲不能把他当作儿子。’舜做了天子，尧便带领诸侯向北面朝拜他，瞽瞍也向北面朝拜他。舜见了瞽瞍，表情局促不安。孔子说：‘在这个时候，天下岌岌可危呀！’不知这话真是如此吗？”

孟子说：“不是真的。这不是君子说的话，而是齐国东部没有教养的人说的。（尧在世时，舜没做过天子。）实际上是尧老了，舜帮助他治理国家罢了。《尚书·尧典》云：‘二十八年以后，尧去世，百官好像死了父母一样。为尧服丧的三年中，天下停止了一切娱乐活动。’孔子说：‘天上不能有两个太阳，百姓不能有两个天子。’如果舜已经做了天子，又带领天下诸侯为尧服丧三年，这就是同时有两个天子了。”

咸丘蒙说：“舜不篡夺尧的天子位置，我已从您这里得到教诲了。《诗经·小雅·北山》云：'普天之下，没有哪一块土地不是天子的；沿着土地的四周，没有哪一个人不是天子的臣民。'舜既然做了天子，请问瞽瞍却不是天子的臣民，这又怎么行呢？"

孟子说："《北山》这首诗，说的不是这件事。作者为国家大事操劳，却不能奉养父母。他说：'这些事没有一件不是天子的事，为什么只我一个人很劳苦。'所以，解说这首诗不要拘泥字面意思而误解语句，也不要拘泥语句而误解作者本意。根据自己的体会去推测作者的本意，这才算得到正确的理解。如果只凭语句理解，那就像《诗经·大雅·云汉》这首诗所云：'周代留下的臣民，没有一个存留下来的。'如果相信这句话，就会以为周代没有遗民。孝子最大的事情，没有超过尊敬父母的；尊敬父母最大的事情，没有超过用整个天下来奉养父母的。瞽瞍做了天子的父亲，是尊敬的极点；用整个天下奉养他，是奉养的最好方式。《诗经·大雅·下武》云：'永远恪守孝道，孝道是天下的法则。'说的就是这个意思。《尚书·大禹谟》云：'舜恭谨地看望瞽瞍，态度敬畏，瞽瞍也就相信舜而态度和顺。'这大概就是所说的父亲不能把他当作儿子。"

【注释】

[1] 咸丘蒙：孟子的弟子。[2] 嚜：不安的样子。[3] 岌岌：危险的样子。[4] 放勋：尧的名。[5] 徂落：死。[6] 考妣（bǐ）：父母。《礼记》曰："生日父曰母，死曰考曰妣。"[7] 密：静，无声。[8] 八音：指八种质料所做的乐器，即金、石、丝、竹、匏、土、革、木，乐器的声音。[9] 逆：揣测。[10] 孑（jié）：独立的样子。

[11] 遗：脱。[12] 祗（zhǐ）：敬。[13] 载：事。[14] 夔（kuí）夔齐栗：敬谨恐惧的样子。"齐"，一作"斋"。[15] 允：信。[16] 若：顺。

五

万章曰："尧以天下与舜，有诸？"

孟子曰："否；天子不能以天下与人。"

"然则舜有天下也，孰与之？"

曰："天与之。"

"天与之者，谆谆然[1]命之乎？"

曰："否；天不言，以行与事示之而已矣。"

曰："以行与事示之者，如之何？"

曰："天子能荐人于天，不能使天与之天下；诸侯能荐人于天子，不能使天子与之诸侯；大夫能荐人于诸侯，不能使诸侯与之大夫。昔者，尧荐舜于天，而天受之；暴[2]之于民，而民受之；故曰，天不言，以行与事示之而已矣。"

曰："敢问荐之于天，而天受之；暴之于民，而民受之，如何？"

曰："使之主祭，而百神享之，是天受之；使之主事，而事治，百姓安之，是民受之也。天与之，人与之，故曰，天子不能以天下与人。舜相尧二十有八载，非人之所能为也，天也。尧崩，三年之丧毕，舜避尧之子于南河之南，天下诸侯朝觐者，不之尧之子而之舜；讼狱者，不之尧之子而之舜；讴歌者，不讴歌尧之子而讴歌舜，故曰，天也。夫然后之中国，践天子位焉。而居尧之宫，逼尧之子，是篡也，非天与也。《太誓》曰，'天视自我民视，天听自我民听。'此之谓也。"

【译文】

万章问："尧把天下交给舜，有这回事吗？"

孟子说："没有。天子不能把天下交给别人。"

万章又问："那么，舜拥有天下是谁给他的呢？"

孟子说："是天授与他的。"

万章问："是天授与他的，言辞恳切地告诫过他吗？"

孟子说："不是。天是不说话的，只是用行为和事实表示出来罢了。"

万章说："用行为和事实表示是怎样的呢？"

孟子说："天子能向天推荐人，但不能让天把天下交给他；诸侯能向天子推荐人，但不能叫天子让他做诸侯；大夫能向诸侯推荐人，但不能叫诸侯让他做大夫。从前，尧向天推荐舜，天接受了；公布给百姓，百姓也接受了。所以说，天不说话，而是用行为和事实表示出来罢了。"

万章说："请问，您所说的把他推荐给天而天接受了，公布给百姓而百姓接受了，是怎样的呢？"

孟子说："让他主持祭祀，所有神灵都来享用，这就是天接受了；让他主持政务，政务处理得好，百姓都很满意，这就是百姓接受了。天授与他，人交给他，所以说天子是不能把天下交给人的。舜辅佐尧一共二十八年，这不是人的意志所能决定的，而是天意。尧去世后，三年丧期已满，舜为避开尧的儿子就躲到南河南边去了。天下的诸侯朝见天子，不去尧的儿子那里而去舜那里；打官司的人，不到尧的儿子那里而去舜那里；歌功颂德的人，不歌颂尧的儿子而歌颂舜。所以说，这是天意。这样，舜才回到京城，登上天子职位。如果舜先占据尧的宫殿，赶走尧的儿子，那就是篡权了，而不是天授予的。《太誓》云：'上天看见的来自于百姓看见的，上天听见的来自于百姓听见的。'说的正是这个意思。"

【注释】

[1] 谆（zhūn）谆然：叮咛、嘱咐的意思。[2] 暴（pù）：显。

六

万章问曰："人有言，'至于禹而德衰，不传于贤，而传于子'。有诸？"

孟子曰："否，不然也；天与贤，则与贤；天与子，则与子。昔者，舜荐禹于天，十有七年，舜崩，三年之丧毕，禹避舜之子于阳城，天下之民从之，若尧崩之后不从尧之子而从舜也。禹荐益于天，七年，禹崩，三年之丧毕，益避禹之子于箕山[1]之阴。朝觐讼狱者不之益而之启[2]，曰：'吾君之子也。'讴歌者不讴歌益而讴歌启，曰：'吾君之子也。'

"丹朱[3]之不肖，舜之子亦不肖。舜之相尧、禹之相舜也，历年多，施泽于民久。启贤，能敬承继禹之道。益之相禹也，历年少，施泽于民未久。舜、禹、益相去久远，其子之贤不肖，皆天也，非人之所能为也。莫之为而为者，天也；莫之致而至者，命也。

"匹夫而有天下者，德必若舜禹，而又有天子荐之者，故仲尼不有天下。继世以有天下，天之所废，必若桀纣者也，故益、伊尹、周公不有天下。伊尹相汤以王于天下，汤崩，太丁[4]未立，外丙二年，仲壬四年，太甲[5]颠覆汤之典刑，伊尹放之于桐[6]，三年，太甲悔过，自怨自艾[7]，于桐处仁迁义，三年，以听伊尹之训己也，复归于亳[8]。周公之

不有天下，犹益之于夏、伊尹之于殷也。孔子曰，'唐虞禅，夏后殷周继，其义一也。'"

【译文】

万章问道："有人说：'到禹的时候，道德就衰败了，不把天下授与贤明的人，却授与自己的儿子。'有这么回事吗？"

孟子说："没有，不是这么回事。天要授给贤明的人，便授给贤明的人；天要授给君主之子，便授给君主之子。先前，舜把禹推荐给天，过了十七年，舜死了。守丧三年之礼结束，禹为了让舜的儿子继位，便躲到阳城去。天下的百姓却跟随禹，正像当年尧死之后百姓不跟随尧的儿子而跟随舜一样。禹把益推荐给天，过了七年，禹死了。守丧三年之礼结束，益为了让禹的儿子继位，便躲到箕山之北去。当时，朝见天子的人、诉讼的人都不到益那里而到启那里，还说：'启是我们君主的儿子啊。'歌颂的人不歌颂益而歌颂启，还说：'启是我们君主的儿子啊。'

"丹朱不贤，舜的儿子也不贤。舜辅佐尧，禹辅佐舜，经过的年头多，施与百姓恩泽的时间长。启很贤明，能恭谨地继承禹的传统，益辅佐禹，经历的年头少，施与百姓恩泽的时间短。舜、禹、益相距的时间长短，他们儿子的好坏，都是天意，不是人力所能做到的。没有谁让他们去做，而他们都做了，这就是天意；没有谁让他来，而他却来了，这就是命运。

"一个普通人竟得到了天下，他的德行一定会和舜、禹一样，而且还要有天子推荐他，所以孔子就不能得天下。继承前世而得到天下的，天要废弃的，一定是像夏桀、商纣那样暴虐无德的人，所以益、伊尹、周公就没有得到天下。伊尹辅佐商汤统一天下，商汤死，太丁未立即死，外丙在位两年，仲任在位四年。太甲破坏了商汤的法制，伊尹把他放逐到桐邑。过了三年，太甲悔过，自己怨恨，自己改悔，在桐邑居仁向义；又过了三年，听从伊尹对自己的教诲，又回到亳都做天子。周公没有得天下，如同益在夏朝、伊尹在殷朝一样。孔子说：'唐尧、虞舜把天下让给贤人，夏朝、殷朝、周朝却世代子孙相继，它们的道理是一样的。'"

【注释】

[1] 箕山：山名，在河南登封市北。[2] 启：禹的儿子。[3] 丹朱：尧的长子。[4] 太丁：汤的太子，未即继位就死了。[5] 太甲：太丁的儿子。[6] 桐：商汤墓所在之处。[7] 艾：治。[8] 亳（bó）：商的都城，在今河南偃师西。

七

万章问曰："人有言，'伊尹以割烹要[1]汤'。有诸？"

孟子曰："否，不然；伊尹耕于有莘[2]之野，而乐尧舜之道焉。非其义也，非其道也，禄之以天下，弗顾也；系马千驷[3]，弗视也。非其义也，非其道也，一介[4]不以与人，一介不以取诸人。汤使人以币聘之，嚣嚣然[5]曰：'我何以汤之聘币[6]为哉？我岂若处畎亩之中，由是以乐尧舜之道哉？'汤三使往聘之，既而幡然[7]改曰：'与我处畎亩之中，由是以乐尧舜之道，吾岂若使是君为尧舜之君哉？吾岂若使是民为尧舜之民哉？吾岂若于吾身亲见之哉？天之生此民也，使先知觉后知，使先觉觉后觉也。予，天民之先觉者也；予将以斯道觉斯民也，非予觉之，而谁也？'思天下之民匹夫匹妇有不被尧舜之泽者，若己推而内之沟中。其自任以天下之重如此，故就汤而说[8]之以伐夏救民。

"吾未闻枉己而正人者也，况辱己以正天下者乎？圣人之行不同也，或远[9]，或近[10]；或去，或不去；归洁其身而已矣。吾闻其以尧舜之道要汤，未闻以割烹也。《伊训》曰：'天诛造攻自牧宫，朕载自亳。'"

【译文】

万章问道："有人说：'伊尹通过做厨师，用切肉做菜而向汤求官。'有这事吗？"

孟子说："没有，不是这么回事。伊尹在莘国郊野上耕作，并喜好尧、舜之道。如果不合道义，即使把整个天下给他作俸禄，他也不回头看一下；即使送他四千匹马拴在那儿，他也不瞅一眼。如果不符合道义，即使一丁点儿东西也不给别人，也不从别人那儿索取一丁点儿。汤曾派人带着礼物去聘请他，他却轻松无所谓地说道：'我要汤的聘礼做什么呢？我为什么不安于农耕，以行尧、舜之道而自得其乐呢？'汤三次派人聘请他，他终于完全改变态度，说：'我与其从事农耕，以行尧、舜之道为乐，还不如使这个君王成为像尧、舜那样的君王呢？还不如使这里的百姓成为像尧、舜时代的百姓呢？还不如让我亲眼看到尧、舜盛世的再现呢？上天创造了人类，就是让先认识事物的人启迪后认识事物的人，让先认清事理的人启迪后认清事理的人。我就是上天创造的人中先认清事理的人，我应当用尧、舜之道启迪现在的百姓。我不唤醒他们，还有谁呢？'伊尹为天下百姓着想，天下的人民只要有一个人没有承受过尧、舜所施的恩泽，就好比是自己把他推进深沟里一样。伊尹就是这样把拯救天下的重担担在自己肩上，所以他才接近商汤，劝说商汤攻打夏桀，解救百姓。

"我从来没听说过自己不正直却能端正别人的事，更不用说自己甘受屈辱而使天下走正道了。圣人的行为本是不相同的，有的疏远君王，有的接近君王，有的离开君王，有的不离开君王，总的来说是保持自身的清白罢了。我只听说过伊尹用尧、舜之道向商汤企求，没有听说过他通过切肉做菜来求官。《尚书·伊训》云：'上天讨伐攻打夏桀，是从夏桀的宫室里开始的，我只不过是从亳都开始谋划罢了。'"

【注释】

[1] 要：求。[2] 有莘（shēn）：国名。[3] 驷：四匹。[4] 介：与"草芥"的"芥"同。[5] 嚣嚣然：无欲自得的样子。[6] 币：帛。[7] 幡然：同"翻然"，变动的样子。[8] 说（shuì）：游说。[9] 远：隐遁。[10] 近：指入仕接近君王。

八

万章问曰："或谓孔子于卫主痈疽[1]，于齐主侍人[2]瘠环，有诸乎？"

孟子曰："否，不然也；好事者为之也。于卫主颜雠由[3]。弥子[4]之妻与子路之妻，兄弟也。弥子谓子路曰：'孔子主我，卫卿可得也。'子路以告。孔子曰：'有命。'孔子进以礼，退以义，得之不得曰'有命'。而主痈疽与侍人瘠环，是无义无命也。孔子不悦于鲁卫，遭宋桓司马[5]将要而杀之，微服而过宋。是时孔子当厄，主司城贞子[6]，为陈侯周臣。吾闻观近臣，以其所为主；观远臣，以其所主。若孔子主痈疽与侍人瘠环，何以为孔子？"

【译文】

万章问道："有的人说孔子在卫国时住在卫灵公宠臣痈疽家，在齐国时住在宦官瘠环家，有这事吗？"

孟子说："没有，不是这回事。那是好事之徒编造出来的。在卫国时，孔子是住在颜雠由家里。弥子瑕的妻子与子路的妻子是姐妹。弥子瑕对子路说：'孔子如果住在我家，就可以获得卫国卿相的官职。'子路把这话告诉了孔子。孔子说：'一切都有命运安排。'孔子依礼法而进，循道义而退，能不能得到官位都说'一切都有命运安排'。如果他真的住在痈疽或瘠环家里，那就是不遵循道义，不相信命运了。孔子在鲁国、卫国不得志，又碰上宋国的司马桓魋中途截住他要杀他，他只好乔装打扮经过宋国。这时，正是孔子命运多灾多难之时，就住在司城贞子家里，做陈侯周的臣下。我听说过，要观察朝臣怎么样，就依据他所接待的客人如何；要观察外来的臣子怎么样，就依据他所寄居的主人如何。如果孔子真的把痈疽和宦官瘠环作为主人，怎么还算是孔子呢？"

【注释】

[1] 痈疽（yōngjū）：人名。[2] 侍人：同"寺人"，阉人。[3] 颜雠（chóu）由：大夫。[4] 弥子：卫灵公幸臣弥子瑕。[5] 桓司马：桓魋（tuí），又称向魋，春秋时期宋国（今河南商丘）人。[6] 司城贞子：春秋时为陈国（都城在今河南淮阳）大夫，谥号"贞子"，名失传。

九

万章问曰："或曰，'百里奚[1]自鬻于秦养牲者五羊之皮食牛，以要秦穆公。'信乎？"

孟子曰："否，不然；好事者为之也。百里奚，虞人也。晋人以垂棘之璧与屈产之乘[2]假道于虞以伐虢。宫之奇[3]谏，百里奚不谏。知虞公之不可谏而去之秦，年已七十矣；曾不知以食牛干秦穆公之为污也，可谓智乎？不可谏而不谏，可谓不智乎？知虞公之将亡而先去之，不可谓不智也。时举于秦，知穆公之可与有行也而相之，可谓不智乎？相秦而显其君于天下，可传于后世，不贤而能之乎？自鬻以成其君，乡党自好者[4]不为，而谓贤者为之乎？"

【译文】

万章问道："有人说：'百里奚把自己卖给秦国养牲口的人，得五张羊皮，替人家做养牛的活儿，以此来向秦穆公求官做。'这话是真的吗？"

孟子说："不是，不是这么回事。这是好事之徒编造的。百里奚是虞国人。晋国人曾用垂棘产的碧玉和屈地产的骏马向虞国借路去攻打虢国。宫之奇劝谏虞国国君，百里奚却不劝谏他。百里奚知道虞公是不听劝谏的，就离开虞国去了秦国，其时年纪已经七十岁了，竟然不明白用给人养牛的方式向秦穆公求取官位是污浊的行为，这能说是聪明吗？可是，百里奚能预知不可劝谏就不劝谏，这能说是不聪明吗？能预见虞公将要灭亡就先离开他，这不能说不聪明。百里奚在秦国被推举出来时，知道秦穆公一定会有所作为就辅佐他，这能说不聪明吗？辅佐秦国而使秦国国君名扬天下，足以流传后世，如果不贤明的话能做到这点吗？卖掉自己来成全自己的君王，连自己乡里洁身自好的人都不会干，难道说贤明的人会干这种事吗？"

【注释】

　　[1] 百里奚：百里氏，名奚，字子明，齐国没落宗室子弟。[2] 乘：四匹马。[3] 宫之奇：虞国的贤臣。[4] 自好者：洁身自好的人。

万章章句下
（共九章）

《万章下》也分为九章，承接上卷内容，继续讨论"圣人之道"。主要从三个角度论述圣人的交友之道：

一、交际的需求。圣人也是人，更不是孤家寡人，因此也有交友的心理需求。孟子推崇尧、舜等圣人，但没有把他们神化，而是作为实实在在的人来讨论的。孟子认为圣人同样是父母所生，同样要娶妻生子，而且舜还是"不告而娶"。这就是说，他们与普通人一样有饮食男女的自然生理需求，同样他们也有人际交往的需求。如果没有了人的各方面需求，没有了人的社会生活和人际关系，人也就不成其为人，而与禽兽几无差别了。在《滕文公上》第四章中，孟子指出"人之有道也，饱食、暖衣、逸居而无教，则近于禽兽。圣人有忧之，使契为司徒，教以人伦：父子有亲，君臣有义，夫妇有别，长幼有序，朋友有信"，而这五种关系被称为"五伦"，即五种人伦。所谓"人伦"，就是人类社会的内在结构、次序，就是有关人际关系的准则、规范。在孟子所列的"五伦"中，父子、夫妇、长幼间的关系属于家庭中的人际关系，君臣、朋友间的关系则属于社会中的人际关系。当然，圣人也不能超脱于这种人伦关系之外。

二、王政的需要。从交友角度讲，要"行仁政，王天下"

需处理好两种关系，即君臣关系和君民关系。君臣关系是古代中国社会生活中最重要的人际关系，孟子把它分为三种类型——手足关系、役使关系、敌视关系。在第一种类型中，君臣感情融洽，认识一致，行动和谐，就能成功地治理天下；而在后两种类型中，天下就会动荡不安。因此，广义的君臣关系包含君民关系。在君民关系中，孟子坚持他的一贯主张，认为君王应施行仁政，以百姓的好恶、忧乐为行事准则。如其能做到这样，那么百姓就"仰之若父母""归之，犹水之就下"，否则百姓就会产生怨恨心理，"疾视其长上之死而不救"。

三、交友的原则。关于交友的原则，孟子概括为"用下敬上，谓之贵贵；用上敬下，谓之尊贤。贵贵尊贤，其义一也"。就是说，地位高的和地位低的结交，要建立在相互尊重的基础上，双方必须是平等的，没有高低贵贱的区别。

孟子关于圣人交友之道的论述，强调建立在平等、尊重基础上的和谐人际关系。在中国古代历史上，孟子的交友之道对社会的稳定发展起到了推动作用，而其即使在今天也对处理好党群关系、干群关系仍有多方面的借鉴意义。

一

孟子曰："伯夷，目不视恶色，耳不听恶声。非其君，不事；非其民，不使。治则进，乱则退。横[1]政之所出，横民之所止，不忍居也。思与乡人处，如以朝衣朝冠坐于涂炭也。当纣之时，居北海之滨，以待天下之清也。故闻伯夷之风者，顽[2]夫廉，懦夫有立志。

"伊尹曰：'何事非君？何使非民？'治亦进，乱亦进，曰：'天之生斯民也，使先知觉后知，使先觉觉后觉。予，天民之先觉者也。予将以此道觉此民也。'思天下之民，匹夫匹妇有不与被尧舜之泽者，若己推而内之沟中，其自任以天下之重也。

"柳下惠不羞污君，不辞小官。进不隐贤，必以其道。遗佚而不怨，厄穷而不悯。与乡人处，由由然不忍去也。'尔为尔，我为我，虽袒裼裸裎于我侧，尔焉能浼我哉？'故闻柳下惠之风者，鄙[3]夫宽，薄夫敦[4]。

"孔子之去齐，接[5]淅[6]而行；去鲁，曰，'迟迟吾行也，去父母国之道也。'可以速而速，可以久而久，可以处而处，可以仕而仕，孔子也。"

孟子曰："伯夷，圣之清者也；伊尹，圣之任者也；柳下惠，圣之和者也；孔子，圣之时者也。孔子之谓集大成。集大成也者，金[7]声[8]而玉[9]振[10]之也。金声也者，始条理也；玉振之也者，终条理也。始条理者，智之事也；终条理者，圣之事也。智，譬则巧也；圣，譬则力也。由射于百步之外也，其至，尔力也；其中，非尔力也。"

【译文】

孟子说："伯夷眼睛不看不好的颜色，耳朵不听不好的声音。不是他尊崇的君王，就不去服事；不是自己认可的百姓，就不使唤；天下太平就出来做官，天下混乱就隐居起来。施行暴政的国家，住着刁民的地方，他都不愿去居住。他认为与庸俗的乡里人打交道，就好像穿戴着上朝用的衣帽坐在污秽的东西上面一样。在商纣王执政时，他住在北海海边，等待天下清明。所以，听到伯夷节操的人，贪婪的会变得廉洁，懦弱的也会变得有自立的志向。

"伊尹说：'哪个君王不可以服事？哪个百姓不可以使唤？'天下太平时他出来做官，天下混乱时他也做官。他说：'上天创造了这些人，让先认识事物的人启迪后认识事物的人，让先认清事理的人启迪后认清事理的人。我是上天创造的人中先认清事理的人，我要用尧、舜之道来启迪这些人。'他为百姓着想，天下人中只要有一个男人或一个女人没有享受到尧、舜施与的恩泽，就好像是自己把他们推进深沟里一样，他就是这样把天大的重担放在自己肩上。

"柳下惠不把在做坏事的国君的朝中做官当作耻辱，也不因为职务低微就辞官不做。被推举为官，就不隐藏自己的才能，但一定按自己的原则办事；不被推举为官，也没有怨恨，自己处境困苦也不郁闷忧愁。与庸俗的乡里人打交道，也心情舒畅以至于不忍心离开。他说：'你是你，我是我，即使你赤身裸体在我身边，可是又怎么能使我沾染上不好的东西呢？'所以，听到柳下惠节操的人，心地狭小的会变得宽宏大量起来，浅薄的人也变得温和敦厚起来。

"孔子离开齐国，等不及把米淘完沥干水就走；离开鲁国，却说'我们慢慢走吧，这是离开自己祖国应有的态度'。能够马上走就马上走，能够长久待下去就长久待下去；能够不当官就不当官，能够当官就当官，这就是孔子。"

孟子又说："伯夷是圣人中清高的人，伊尹是圣人中负责任的人，柳下惠是圣人中随和的人，孔子是圣人中审时度势的人。可以说，孔子是集大成者。所谓'集大成者'，就像奏乐时先敲钟而最后用磬声来收束一样。钟声是旋律节奏条理的开始，磬音是旋律节奏条理的终结。节奏条理的开始，靠智慧起作用；节奏条理的终结却靠圣人起作用。智慧好比技巧，圣人好比力量。就像在百步之外射箭，箭能射到靶子，是你的力量；箭能射中靶子，就不仅仅是你的力量了。"

【注释】

[1] 横(hèng)：不循法度。[2] 顽：古字为"贪"。[3] 鄙：狭陋。[4] 敦：厚。[5] 接：承接。[6] 浙：渍米水。[7] 金：钟。[8] 声：宣。[9] 玉：磬。[10] 振：收。

二

北宫锜[1]问曰："周室班[2]爵禄也，如之何？"

孟子曰："其详不可得闻也，诸侯恶其害己也，而皆去其籍；然而轲也尝闻其略也。天子一位，公一位，侯一位，伯一位，子、男同一位，凡五等也。君一位，卿一位，大夫一位，上士一位，中士一位，下士一位，凡六等。天子之制，地方千里，公侯皆方百里，伯七十里，子、男五十里，凡四等。不能五十里，不达于天子，附于诸侯，曰附庸。天子之卿受地视[3]侯，大夫受地视伯，元士受地视子、男。大国地方百里，君十卿禄，卿禄四大夫，大夫倍上士，上士倍中士，中士倍下士，下士与庶人在官者同禄，禄足以代其耕也。次国地方七十里，君十卿禄，卿禄三大夫，大夫倍上士，上士倍中士，中士倍下士，下士与庶人在官者同禄，禄足以代其耕也。小国地方五十里，君十卿禄，卿禄二大夫，大夫倍上士，上士倍中士，中士倍下士，下士与庶人在官者同禄，禄足以代其耕也。耕者之所获，一夫百亩；百亩之粪，上农夫食九人，上次食八人，中食七人，中次食六人，下食五人。庶人在官者，其禄以是为差。"

【译文】

北宫锜问道："周朝规定的官爵和俸禄等级制度是怎样的呢？"

孟子说："详细的情况现在已无法弄清了，诸侯害怕这些制度对自己不利，就把这些文献毁掉了；可是我曾听说过那些制度的大致情况。天子为一级，公为一级，侯为一级，伯为一级，子、男同为一级，共分为五个等级。君为一级，卿为一级，大夫为一级，上士为一级，中士为一级，下士为一级，共分为六个等级。天子管理的土地纵横各长千里，公、侯纵横各长百里，伯七十里，子、男五十里，共分为四个等级。领地不够五十里的，不能和天子直接联系，附属于诸侯，叫作附庸。天子的卿受封的领地与诸侯相当，大夫受封的领地与伯相当，元士受封的领地与子、男相当。大国的领地纵横各长百里，国君的俸禄是卿的十倍，卿的俸禄是大夫的四倍，大夫的俸禄是上士的两倍，上士是中士的两倍，中士是下士的两倍，下士与在官府里当差的百姓相同，所得的俸禄要足以抵上他们的耕种收入。次一等的国家领地纵横各长七十里，国君的俸禄是卿的十倍，卿的俸禄是大夫的三倍，大夫是上士的两倍，上士是中士的两倍，中士是下士的两倍，下士与在官府里当差的百姓相同，俸禄要足以抵上他们的耕种收入。小国的领地纵横各长五十里，国君的俸禄是卿的十倍，卿的俸禄是大夫的两倍，大夫是上士的两倍，上士是中士的两倍，中士是下士的两倍，下士与在官府里当差的百姓相同，俸禄要足以抵上他们的耕种收入。耕种的人的田地，每个男子一百亩；百亩田地的施肥耕种，上上等本事的农夫可养活九人，上次等的可养活八人，中等的可养活七人，中次等的可养活六人，下等的可养活五人。百姓在官府里当差的，他们的俸禄也以这五个等级为标准划分。"

【注释】

[1] 北宫锜（qí）：战国时期卫国人，五十多岁时新任卫国太宰，上任后欲对国家的制度进行一些调整和改革，翻遍了古籍文献也未查到周朝制定的官爵和俸禄的等级制度，请教了许多人都不能作答，只好不远千里到齐国来请教孟子。[2] 班：列。指规定等级。[3] 视：比。

三

万章问曰："敢问友。"

孟子曰："不挟[1]长，不挟贵，不挟兄弟而友。友也者，友其德也，不可以有挟也。孟献子[2]，百乘之家也，有友五人焉：乐正裘，牧仲，其三人，则予忘之矣。献子之与此五人者友也，无献子之家者也。此五人者，亦有献子之家，则不与之友矣。

"非惟百乘之家为然也，虽小国之君亦有之。费惠公曰：'吾于子思，则师之矣；吾于颜般，则友之矣；王顺、长息则事我者也。'

"非惟小国之君为然也，虽大国之君亦有之。晋平公之于亥唐[3]也，入云则入，坐云则坐，食云则食；虽蔬食[4]菜羹，未尝不饱，盖不敢不饱也。然终于此而已矣。弗与共天位也，弗与治天职也，弗与食天禄也，士之尊贤者也，非王公之尊贤也。

"舜尚见帝，帝馆甥于贰室[5]，亦飨舜，迭为宾主，是天子而友匹夫也。用下敬上，谓之贵贵；用上敬下，谓之尊贤。贵贵尊贤，其义一也。"

【译文】

万章问道："请问交朋友的原则是什么？"

孟子说："交朋友不能倚仗自己年龄大，不能倚仗自己地位尊贵，也不能倚仗自己兄弟的势力。交朋友，就是因为对方品行好而与他相交，不能有任何倚仗。孟献子是个拥有一百辆兵车的大夫，他有五位朋友：乐正裘、牧仲，其他三人我已忘记了。孟献子与这五个人交朋友，心里从来没有想到自己的家产。这五个人，如果心中也想着孟献子的家产，也就不会与他交朋友了。

"不仅拥有百辆兵车的大夫这样交友，即使是小国的国君也有这样交友的。费惠公曾说：'对子思，我是把他当老师；对颜般，我是把他当朋友；至于王顺和长息两人，我是把他们当成服事我的人。'

"不仅小国的国君这样交友，即使大国的君王也有这样交友的。晋平公对亥唐就是这样，亥唐说进去就进去，说坐下就坐下，说吃就吃；即使是粗茶淡饭，也吃得很饱，因为不敢不吃饱。可是，晋平公也只是做到这一点罢了。晋平公不和亥唐共有官位，不和他共理朝政，不和他共享俸禄，这是士人尊重贤明的人的态度，而不是王公尊重贤明的人应有的态度。

"舜曾有一次去见尧，尧请他这位女婿住在副宫里，还请舜吃饭，两人互为主客，这是居天子高位而与一般百姓交朋友。地位低下的人尊敬地位高的，叫作尊敬高贵；地位高贵的人尊敬地位低下的，叫作尊敬贤能。尊敬高贵的人和尊敬贤能的人，道理都是一样的。"

【注释】

[1] 挟：倚仗势力或抓住人的弱点强迫人服从。[2] 孟献子：鲁国贤大夫仲孙蔑。[3] 亥唐：晋国的贤人。晋平公听说他的贤名，对他以礼相待并请教事务。[4] 蔬食："蔬"，同"疏"。"蔬食"，粗粝的食物。[5] 贰室：副宫。

四

万章曰："敢问交际何心也？"

孟子曰："恭也。"

曰："'却之却之为不恭'，何哉？"

曰："尊者赐之，曰，'其所取之者义乎，不义乎？' 而后受之，以是为不恭，故弗却也。"

曰："请无以辞却之，以心却之，曰，'其取诸民之不义也'，而以他辞无受，不可乎？”

曰：“其交也以道，其接也以礼，斯孔子受之矣。”

万章曰：“今有御[1]人于国门之外者，其交也以道，其馈也以礼，斯可受御与？”

曰：“不可；《康诰》[2]曰：‘杀越[3]人于货[4]，闵[5]不畏死，凡民罔不憝[6]。’是不待教而诛者也。殷受夏，周受殷，所不辞也；于今为烈，如之何其受之？”

曰：“今之诸侯取之于民也，犹御也。苟善其礼际矣，斯君子受之，敢问何说也？”

曰：“子以为有王者作，将比[7]今之诸侯而诛之乎？其教之不改而后诛之乎？夫谓非其有而取之者盗也，充类至义之尽也。孔子之仕于鲁也，鲁人猎较，孔子亦猎较。猎较犹可，而况受其赐乎？”

曰：“然则孔子之仕也，非事道与？”

曰：“事道也。”

“事道奚猎较也？”

曰：“孔子先簿正祭器，不以四方之食供簿正。”

曰：“奚不去也？”

曰：“为之兆[8]也。兆足以行矣，而不行，而后去，是以未尝有所终三年淹也。孔子有见行可之仕，有际可[9]之仕，有公养[10]之仕。于季桓子[11]，见行可之仕也；于卫灵公[12]，际可之仕也；于卫孝公[13]，公养之仕也。”

【译文】

万章问：“请问与人交际时，应有什么样的心意呢？”

孟子说：“恭敬。”

万章说：“‘一再拒收人家的礼物就是不恭敬。’为什么要这么说呢？"

孟子说："地位高贵的人送来东西，心里思量：'他这礼物的得来是合乎义呢，还是不符合义呢？'然后才接受。这样做就是不恭敬，所以不应当推却人家的礼物。"

万章说："如果不用言辞拒收，而只在内心拒绝，心里说：'他这东西是从百姓那里取得的不义之财。'然后用其他借口推却不受也不行吗？"

孟子说："他如果遵循道义和我交往，按照礼节和我接触，这样孔子也会接受礼物的。"

万章说："如果现在有一个在国都郊外拦路抢劫的人，他也遵循道义和我交往，也按照礼节馈赠我礼物，这样可以接受他抢来的东西吗？"

孟子说："不可以。《康诰》云：'杀死别人抢劫财货，强横不怕死的，百姓没有不痛恨的。'这种人是用不着教育就可以诛杀掉的。殷商继承了夏朝的这种律法，周朝也继承了殷商的这种律法，每个朝代都没有改变过。现在这种抢劫杀人行径更猖獗了，怎么能接受这种人送的礼物呢？"

万章说："现在的诸侯从百姓身上搜刮，和拦路抢劫一样。如果他们很讲究礼节地把礼物送给别人，这样君子也就接受了，请问这又怎么解释呢？"

孟子说："你认为如果有圣王兴起，会对现在这些诸侯一样对待且全都诛杀掉呢？还是先教育他们，如不改悔再杀掉呢？把本来不是自己的东西却拿来据为己有的行为说成是抢劫，这是把事情的性质提高到最严格的意义上来说的。孔子在晋国做官的时候，鲁国人争夺猎物，孔子也去争抢。争抢猎物都可以，何况接受诸侯的礼物呢？"

万章说:"那么,孔子做官不是为了推行自己的政治主张吗?"

孟子说:"是为了推行自己的政治主张。"

万章说:"推行自己的政治主张为什么要去争抢猎物呢?"

孟子说:"孔子先用文书规定好祭品的数量,不允许用别处的食物来充当规定的祭品。(这样抢夺猎物做祭品的事就会少发生了。)"

万章问:"孔子为什么不辞去官职自己离开呢?"

孟子说:"孔子做官是为了推行他的政治主张而尝试的。尝试的结果证明他能够推行,可是君王却不肯推行,这样才辞官离去。所以,孔子从来不曾在一个国家整整待上三年的。孔子做官,有因为可以推行政治主张的,有因为国君以礼相待的,也有因为国君喜好供养贤能的。对季桓子而言,是因为可以推行政治主张;对卫灵公而言,是因为以礼相待;对卫孝公而言,是因为供养贤能。"

【注释】

[1] 御:止。指把人拦下来并杀人越货。[2]《康诰》:《尚书》篇名。[3] 越:于,虚词,无实意。[4] 于货:取他人的财物。[5] 闵:同"暋",强悍。[6] 憝(duì):同"憨",怨。[7] 比:连。[8] 兆:始。[9] 际可:接遇以礼。指独对一人礼遇。[10] 公养:国君养贤的礼节。[11] 季桓子:鲁卿季孙斯,春秋鲁国大夫。[12] 卫灵公:春秋卫国国君,多猜忌且脾气暴躁。[13] 卫孝公:《春秋》《史记》皆无卫孝公称号,疑似指卫出公卫辄,即卫灵公之孙。当然,一个人有两个谥号也是有过先例的。

五

孟子曰："仕非为贫也，而有时乎为贫；娶妻非为养也，而有时乎为养。为贫者，辞尊居卑，辞富居贫。辞尊居卑，辞富居贫，恶乎宜乎？抱关[1]击柝[2]。孔子尝为委吏[3]矣，曰，'会计当而已矣。'尝为乘田[4]矣，曰，'牛羊茁壮长而已矣。'位卑而言高，罪也；立乎人之本朝，而道不行，耻也。"

【译文】

孟子说："做官不是因为贫穷，但有时也是因为贫穷；娶妻不是为了赡养父母，但有时也是为了赡养父母。因为贫穷做官，应该不做大官而做小官，不要丰厚俸禄只要微薄俸禄。不做大官而只做小官，不要丰厚俸禄只要微薄俸禄，担任什么职务才合适呢？当个守门打更的小官正合适。孔子曾做过管理仓库的小官，说'收支的数目都清楚罢了'。他也曾做过管理牲畜的小吏，说'牛羊长势喜人罢了'。官位低下却议论国家大事，这是罪过；在朝廷上做大官，自己的正确主张都不能实现，这是耻辱。"

【注释】

[1] 抱关：门卒。[2] 柝（tuò）：古代打更用的梆子。[3] 委吏：古代管理粮仓的小官。[4] 乘田：古代主管畜牧的小吏。

六

万章曰："士之不托诸侯，何也？"

孟子曰："不敢也。诸侯失国，而后托于诸侯，礼也；士之托于诸侯，非礼也。"

万章曰："君馈之粟，则受之乎？"

曰："受之。"

"受之何义也？"

曰："君之于氓[1]也，固周[2]之。"

曰："周之则受，赐之则不受，何也？"

曰："不敢也。"

曰："敢问其不敢何也？"

曰："抱关击柝者皆有常职以食于上。无常职而赐于上者，以为不恭也。"

曰："君馈之，则受之，不识可常继乎？"

曰："缪公之于子思也，亟问，亟馈鼎肉[3]。子思不悦。于卒也，摽[4]使者出诸大门之外，北面稽首再拜而不受，曰：'今而后知君之犬马畜伋。'盖自是台[5]无馈也。悦贤不能举，又不能养也，可谓悦贤乎？"

曰："敢问国君欲养君子，如何斯可谓养矣？"

曰："以君命将之，再拜稽首而受。其后廪人继粟，庖人[6]继肉，不以君命将[7]之。子思以为鼎肉使己仆仆[8]尔亟拜也，非养君子之道也。尧之于舜也，使其子九男事之，二女女焉，百官牛羊仓廪备，以养舜于畎亩之中，后举而加诸上位，故曰，王公之尊贤者也。"

【译文】

万章问："士人不肯托身于诸侯，这是为什么？"

孟子说："是不敢那么做。诸侯失去自己的国家，然后投奔到其他诸侯那里，这是合乎礼的；士人托身于诸侯，这不合乎礼的。"

万章说："国君如果送给他粮食，那么他接受吗？"

孟子说："接受。"

万章说："接受是出于什么道理呢？"

孟子说："国君对于从别的诸侯国来的人，本来就可以周济的。"

万章说："周济他就接受，赏赐他就不接受，为什么呢？"

孟子说："是因为不敢接受。"

万章说："请问为什么不敢接受？"

孟子说："守门打更的人都有一定的职责，并凭这职责接受上面的俸禄。没有一定的职责却接受上面的赏赐，人们认为这是不恭的。"

万章说："君王送给他东西就能接受，不知道他是否可以经常这样做？"

孟子说："鲁穆公对子思曾经常问候，经常送给他肉食。子思不高兴。最后，子思挥手把来人赶到大门外，并朝北面又磕头又作揖地拒绝接受馈赠，说：'现今我才知道国君把我孔伋当成狗和马一样来喂养了。'大概从那时开始，晋国国君就不再给子思送东西了。欣赏贤能的人却不能任用，又不能供养，能说是欣赏贤能的人吗？"

万章说："请问国君如果想要供养君子，怎样做才能叫作供养呢？"

孟子说："应以国君命令的方式送给他，他磕头作揖地接受。随后，管理粮仓的官员不断地送来粮食，管理膳食的官员不断地送来肉食，都不以国君命令的形式。子思认为，自己为了肉食每次都磕头作揖地感谢，这不是国君供养君子的方式。尧对于舜，派自己的九个儿子去服事，又把自己的两个女儿嫁给他，所有官吏、牛羊、府库都给他准备好，用来供养在田野中耕种的舜，然后又任用他让他做大官，所以说这样做才叫作王公尊敬贤能的人。"

【注释】

[1] 氓：从别的国家到这个国家的百姓。[2] 周：救。[3] 鼎肉：熟肉。[4] 摽（biào）：麾，挥。[5] 台：低贱的官员。[6] 庖（páo）人：官名。《周礼》中属于天官，掌供膳食。[7] 将：送。[8] 仆仆：猥琐的样子。

七

万章曰："敢问不见诸侯，何义也？"

孟子曰："在国曰市井之臣，在野曰草莽之臣，皆谓庶人。庶人不传 [1] 质 [2] 为臣，不敢见于诸侯，礼也。"

万章曰："庶人，召之役，则往役；君欲见之，召之，则不往见之，何也？"

曰："往役，义也；往见，不义也。且君之欲见之也，何为也哉？"

曰："为其多闻也，为其贤也。"

曰:"为其多闻也,则天子不召师,而况诸侯乎?为其贤也,则吾未闻欲见贤而召之也。缪公亟见于子思,曰:'古千乘之国以友士,何如?'子思不悦,曰:'古之人有言曰,事之云乎,岂曰友之云乎?'子思之不悦也,岂不曰,'以位,则子,君也;我,臣也;何敢与君友也?以德,则子事我者也,奚可以与我友?'千乘之君求与之友而不可得也,而况可召乎?齐景公田,招虞人以旌,不至,将杀之。志士不忘在沟壑,勇士不忘丧其元。孔子奚取焉?取非其招不往也。"

曰:"敢问招虞人何以?"

曰:"以皮冠 [3]。庶人以旃 [4],士以旂 [5],大夫以旌 [6]。以大夫之招招虞人,虞人死不敢往;以士之招招庶人,庶人岂敢往哉?况乎以不贤人之招招贤人乎?欲见贤人而不以其道,犹欲其入而闭之门也。夫义,路也;礼,门也。惟君子能由是路,出入是门也。《诗》云,'周道如底 [7],其直如矢 [8];君子所履,小人所视。'"

万章曰:"孔子,君命召,不俟驾而行;然则孔子非与?"

曰:"孔子当仕有官职,而以其官召之也。"

【译文】

万章问:"请问士人不肯去见诸侯,这是什么道理呢?"

孟子说:"没有职位的士人,在都城的叫作市井之臣,在乡村的叫作草莽之臣,他们都叫作百姓。百姓不曾送给诸侯见面礼而成为他的臣属,不敢去见诸侯是合乎礼的要求的。"

万章说:"一般平民百姓,召他去当差服役就去服役;君主想见他,召唤他去却不去拜见,这是为什么呢?"

孟子说:"去服役是他的义务,去拜见不是他的义务。国君想见他,那为的是什么呢?"

万章说:"为的是他见多识广,为的是他贤能。"

孟子说:"如果因为他见多识广(那就该以他为师),那么连天子也不能召唤老师,何况诸侯呢?如果因为他贤能,那么我没有听说过想要和贤能的人见面却去召唤人家见他的事。鲁穆公多次去见子思,说:'古时候拥有千辆兵车的国君和士人交朋友,是怎样做的呢?'子思很不高兴地说:'古人有句话说,是国君以士人为师而服事他,哪里说的是与士人交朋友呢?'子思不高兴的意思,难道不是说:'从地位上看,您是君王,我是臣子,而臣子怎么敢与君王交朋友呢?从道德品行上看,您应服事我,怎么可以和我交朋友呢?'拥有千辆兵车的大国国君想与他交朋友都做不到,何况去召见呢?齐景公打猎,用羽毛装饰的旌旗召唤园林的主管小吏,那小吏不上前来,于是齐景公要杀他。有志气的人随时准备弃尸沟壑,有勇气的人随时准备掉脑袋。孔子如此赞扬园林的主管小吏肯定他哪一点呢?就是肯定他不合礼规的召唤就不应召这一点。"

万章说:"请问应该用什么方式召唤园林的主管小吏呢?"

孟子说:"用皮帽子召唤他。召唤一般百姓用红绸做的曲柄旗,召唤士人用画着龙挂着响铃的旗,召唤大夫用羽毛装饰的旌旗。用召唤大夫的旗子召唤园林主管小吏,主管小吏当然死也不敢应召了;用召唤士人的旗子召唤百姓,百姓难道敢去吗?何况是用召唤不贤之人的礼节召唤贤人呢?想同贤能的人会见却不按规矩,就好比要他进来却关上大门一样。义,就是路;礼,就是门。只有君子才能沿着这条路行走,从这道门进出。《诗经·小雅·大东》云:'大路像磨刀石一样平坦,像箭杆一样笔直。君子在这条路上走,小人只能看着。'"

万章说:"孔子听说国君下令召见,连马车都没有准备好就去应召，那么孔子做得不对吗？"

孟子说："孔子当时正做官有职位，国君是按照他担任的官职去召见他（所以他才匆匆忙忙地前去）。"

【注释】

[1] 传：通。[2] 质：同"贽"。古代初次拜见尊长所送的礼物，士拿雉，没有功名的平民百姓拿鹜。[3] 皮冠：古代打猎时戴的帽子。[4] 旃（zhān）：古代一种赤色曲柄旗，用以表示聚集。[5] 旂（qí）：古代一种带铃铛的旗帜，上面有龙的图案，用以令众人聚集。[6] 旌(jīng)：古代用羽毛装饰的旗子。[7] 底：同"砥"，砺石，表示平。[8] 矢：表示直。

八

孟子谓万章曰："一乡之善士斯友一乡之善士，一国之善士斯友一国之善士，天下之善士斯友天下之善士。以友天下之善士为未足，又尚 [1] 论古之人。颂 [2] 其诗，读其书，不知其人，可乎？是以论其世也 [3]。是尚友也。"

【译文】

孟子对万章说："一个乡里品德高尚的人就和这一个乡里品德高尚的人交朋友，一个国家品德高尚的人就和另这一个国家品德高尚的人交朋友，天下品德高尚的人就和天下品德高尚的人交朋友。如果认为和天下品德高尚的人交朋友还不够，就会追论古人，吟诵古人的诗歌，研究古人的著作，这样却不了解古人的为人，行吗？所以，要讨论他们所处的时代（以了解他们的为人）。这就是和历史上品德高尚的人交朋友。"

【注释】

[1] 尚：同"上"。此处指追论。[2] 颂：同"诵"。[3] "不知其人，可乎？是以论其世也"：后演化为成语"知人论世"，原指了解一个人并研究他所处的时代背景。现指鉴别人物的好坏，议论世事的得失。

九

齐宣王问卿。孟子曰："王何卿之问也？"

王曰："卿不同乎？"

曰："不同；有贵戚之卿，有异姓之卿。"

王曰："请问贵戚之卿。"

曰："君有大过则谏；反覆之而不听，则易位。"

王勃然变乎色。

曰："王勿异也。王问臣，臣不敢不以正对。"

王色定，然后请问异姓之卿。

曰："君有过则谏，反覆之而不听，则去。"

【译文】

齐宣王询问卿的职责。孟子说："大王问什么样的卿呢？"

齐宣王说："卿不一样吗？"

孟子说："不一样。卿有和王室同宗族的，有不和王室同宗族的。"

齐宣王说："就请问和王室同宗族的卿的职责吧。"

孟子说："君王如果有重大过失就劝谏；反复劝谏多次都不听，就废掉另立君王。"

齐宣王突然变了脸色。

孟子说："大王不要奇怪。您问我，我不敢不以实相答。"

齐宣王的脸色平和下来，接着又问异姓的卿。

孟子说："君王一有过失就劝谏，反复进谏也不听取，那就辞去官职离开。"

孟子卷第六

告子章句上
（共二十章）

　　《告子上》共二十章，集中论述了"人性善"和仁义的关系问题。

　　人的本性是善还是恶，是战国时期诸子百家争论的一个热点问题，也是中国思想史上一直争论不休的重要问题。在本卷中，孟子从多方面论述了人性善的问题。首先，孟子提出"人性善"是与生俱来的，不是外力强加的。第二章指出"人性之善也，犹水之就下也。人无有不善，水无有不下"，用水向下流的必然性来比喻人性向善的发展趋势，形象地揭示了"人性善"的自然性和必然性。顺承此意，孟子仍以水为喻，说明有不善的存在，是因为人性受到了逼迫，而不是人性的过错。孟子这种性善思想无疑是对人的本质特征认识的深化，大大鼓舞了人向善的自觉性。其次，孟子论述了善的养护问题。既然人的善性有时会受到逼迫，那么就需要以各种方式养护它。例如，第八章中孟子以牛山上树木由茂盛到光秃秃的变化为例，说明事物养护的重要性，即"故苟得其养，无物不长；苟失其养，无物不消"；同样，人的天生善性也需要养护，从而保有善心。第九章中以"一曝十寒"为喻，说明天生的善性不但要养护，而且养护过程中要坚持不懈，用心专一，否则是不会有成效的。第十章是本卷也是本书中的著名篇章，指出人的本性虽善，但有时会被欲望、情势等逼迫做出不善的行为，因而失去了自己的本心。孟子以鱼和熊掌"不可得兼"为喻，说明在身体和本性都需要养护的情况下，要把养护的重点放在养性上。这一章的精彩论述历来受到人们的重视，鱼和熊掌"不可得兼"成了最常用的比喻，而"舍生取义"则鼓舞历代仁人志士献身理想。第十一章、第十二章、第二十章则从教育的角度论述了善性的养护。孟子认为教育和学习的根本目的在于保持或找回失去的本来的善性，即"学问之道无他，求其放心而已矣"。"放心"即丢失的人的本心、善心，而找回本已有而失去的善心颇有物归原主之意，无形中减轻或消除了向善者的畏难心理。

　　本卷中还论述了人的本性和仁义的关系问题。孟子认为，人的本性与仁义并不违背，人的本性是内在的，仁义也是内在的，人的本性就具备了仁、义、礼、智。仁这种天生具有的东西也有成熟与不成熟的分别，所以仁本身也需要后天的养护。尽管孟子生活的当时"为仁者，犹以一杯水救一车薪之火也"，即"杯水车薪"，但孟子坚定地认为"仁之胜不仁也，犹水胜火"，仁义之水最终必将熄灭不仁之火。所以，孟子告诫世人，仁和不仁有暂时的强弱之别，但不能因此而怀疑仁义的力量。在暴政横行的王朝时代，这种思想显得弥足珍贵，它鼓励人们追求正义，并促使其成为中华民族的优良传统。在今天，这种思想仍然有其现实意义。

一

告子^[1]曰：“性犹杞柳^[2]也，义犹桮棬^[3]也。以人性为仁义，犹以杞柳为桮棬。”

孟子曰：“子能顺杞柳之性而以为桮棬乎？将戕贼杞柳而后以为桮棬也？如将戕贼杞柳而以为桮棬，则亦将戕贼人以为仁义与？率天下之人而祸仁义者，必子之言夫！”

【译文】

告子说：“人的本性就好像杞柳树，仁义就好像杯盘。把人的本性改变为仁义，就好像把杞柳树制成杯盘。”

孟子说：“你是顺着杞柳的本性去把它制成杯盘呢，还是破坏杞柳的本性去把它制成杯盘呢？如果要破坏杞柳的本性才把它制成杯盘，那么也要破坏人的本性才能改变为仁义吗？率领天下的人来损害仁义的，一定是您的这种理论吧！”

【注释】

[1] 告子：身份不详，一说告子是东周战国时思想家，法家人物，曾受教于墨子；一说告子是孟子的学生；告子本人无著作流传，因此也有其人纯属杜撰一说。[2] 杞柳：柜柳。[3] 桮棬（bēijuàn）：“桮”，同“杯”。又作“杯桊”“杯圈”“杯棬”，一种木质的饮水器具。

二

告子曰："性犹湍 [1] 水也，决诸东方则东流，决诸西方则西流。人性之无分于善不善也，犹水之无分于东西也。"

孟子曰："水信无分于东西，无分于上下乎？人性之善也，犹水之就下也。人无有不善，水无有不下。今夫水，搏 [2] 而跃 [3] 之，可使过颡；激而行之，可使在山。是岂水之性哉？其势则然也。人之可使为不善，其性亦犹是也。"

【译文】

告子说："人的本性好比急流的水，在东方开个口子就向东流，在西边开个口子就向西流。人的本性没有善和不善的区别，好比水没有向东流与向西流的定向一样。"

孟子说："水确实没有向东流与向西流的定向，可是没有向上流或向下流的定向吗？人性的善良，就好像水向低处流。人的本性没有不善良的，水没有不向低处流的。现在，我们拍打水使它翻腾起来，水就可以高过额头，阻截水流使它倒流，就可以把它引上高山。这难道是水的本性吗？是形势使它这样的。人可以使其做不好的事，本性的变化也像这水一样。"

【注释】

[1] 湍：波流濛洄的样子。[2] 搏：击。[3] 跃：跳。

三

告子曰："生之谓性。"

孟子曰："生之谓性也，犹白之谓白与？"

曰："然。"

"白羽之白也，犹白雪之白；白雪之白，犹白玉之白与？"

曰："然。"

"然则犬之性犹牛之性，牛之性犹人之性与？"

【译文】

告子说："天生的东西就叫作本性。"

孟子说："天生的东西就叫作本性，就好像所有的白色都叫作白吗？"

告子说："是的。"

孟子说："白色羽毛的白，好像白雪的白，白雪的白就好像白玉的白吗？"

告子说："是的。"

孟子说："那么狗的本性好像牛的本性，牛的本性就好像人的本性吗？"

四

告子曰："食色，性也。仁，内也，非外也；义，外也，非内也。"

孟子曰："何以谓仁内义外也？"

曰："彼长而我长之，非有长于我也；犹彼白而我白之，从其白于外也，故谓之外也。"

曰："异于^[1]白马之白也，无以异于白人之白也；不识长马之长也，无以异于长人之长与？且谓长者义乎？长之者义乎？"

曰："吾弟则爱之，秦人之弟则不爱也，是以我为悦者也，故谓之内。长楚人之长，亦长吾之长，是以长为悦者也，故谓之外也。"

曰："耆^[2]秦人之炙，无以异于耆吾炙，夫物则亦有然者也，然则耆炙亦有外与？"

【译文】

告子说："食欲和性欲，都是人的本性。仁，是内在的东西，不是外在的东西；义，是外在的东西，不是内在的东西。"

孟子问："凭什么说仁是内在的东西，义是外在的东西呢？"

告子说："对方年长我就尊敬他，并不是这种尊敬之心我早就有；好像某个东西是白的我就认为它是白的，这是根据它的外表是白的，所以说它是外在的。"

孟子说："白马的白与白人的白没有什么区别，但不知道同情老马和尊敬老人是否有什么区别呢？况且您说的义是在长者一方，还是在尊敬长者的一方呢？"

告子说："是我的弟弟我就爱他，是秦国人的弟弟我就不爱他，这是因为自己内心的原因才高兴地这么做，所以说仁是内在的东西。尊敬楚国的老人，也尊敬我自己的老人，这是因为年长这个内在的原因才高兴这么做，所以说义是外在的东西。"

孟子说："喜欢吃秦国人的烤肉，和喜欢吃自己国家的烤肉，没有什么不同。事物也有这样的情况，那么喜欢吃烤肉的心也是外在的吗？"

【注释】

　　[1] 异于：疑为衍文。[2] 耆：同"嗜"。

五

　　孟季子[1]问公都子曰："何以谓义内也？"

　　曰："行吾敬，故谓之内也。"

　　"乡人长于伯兄一岁，则谁敬？"

　　曰："敬兄。"

　　"酌[2]则谁先？"

　　曰："先酌乡人。"

　　"所敬在此，所长在彼，果在外，非由内也。"

　　公都子不能答，以告孟子。

　　孟子曰："敬叔父乎？敬弟乎？彼将曰，'敬叔父。'曰，'弟为尸[3]，则谁敬？'彼将曰，'敬弟。'子曰，'恶在其敬叔父也？'彼将曰，'在位[4]故也。'子亦曰，'在位故也。庸[5]敬在兄，斯须[6]之敬在乡人。'"

　　季子闻之，曰："敬叔父则敬，敬弟则敬，果在外，非由内也。"

　　公都子曰："冬日则饮汤，夏日则饮水，然则饮食亦在外也？"

【译文】

　　孟季子问公都子道："凭什么说义是内在东西？"

　　公都子说："我贯彻我内心的尊敬，所以说它是内在的东西。"

孟季子说："有个本乡人比您的大哥大一岁，那么您该尊敬谁？"

公都子说："尊敬大哥。"

孟季子说："如果敬酒，那么先给谁敬？"

公都子说："先给本乡人敬酒。"

孟季子说："您内心尊敬的是自己的大哥，而行动上表现的却是尊敬本乡人，可见义果真是外在的，不是出于内心的。"

公都子不能回答，把这些话告诉了孟子。

孟子说："（你可以反问他）是尊敬叔父，还是尊敬弟弟呢？他会说，'尊敬叔父。'你就问他，'弟弟如果做受祭的代理人，那么你应该尊敬谁？'他会说，'尊敬弟弟。'你说，'那你刚才怎么说尊敬叔父呢？'他会说，'这是因为现在弟弟处在受尊敬的位置上。'你就说，'尊敬本乡人也是因为他处在客人的位置上。平时的尊敬在大哥，暂时的尊敬在本乡人。'"

孟季子听到这些话后，说："尊敬叔父是尊敬，尊敬弟弟也是尊敬，可见义果真是外在的，不是出于内心的。"

公都子说："冬天就喝热水，夏天就喝凉水，那么饮食也是外在的吗？"

【注释】

[1] 孟季子：不详，疑孟仲子的弟弟。[2] 酌：酌酒。[3] 尸：主。古代祭祀不用牌位或神主，更无画像，而是用男女童为受祭代理人，所谓"祭祀所主以象神，虽子弟为之，然敬之当如祖考也"。[4] 在位：弟弟在主位，乡人在宾客位。[5] 庸：常。[6] 斯须：暂时。

六

公都子曰:"告子曰:'性无善无不善也。'或曰:'性可以为善,可以为不善;是故文武兴,则民好善,幽厉兴,则民好暴。'或曰:'有性善,有性不善;是故以尧为君而有象;以瞽瞍为父而有舜;以纣为兄之子,且以为君,而有微子启、王子比干。'今曰'性善',然则彼皆非与?"

孟子曰:"乃若^[1]其情,则可以为善矣,乃所谓善也。若夫为不善,非才之罪也。恻隐之心,人皆有之;羞恶之心,人皆有之;恭敬之心,人皆有之;是非之心,人皆有之。恻隐之心,仁也;羞恶之心,义也;恭敬之心,礼也;是非之心,智也。仁义礼智,非由外铄^[2]我也,我固有之也,弗思耳矣。故曰,'求则得之,舍则失之。'或相倍蓰而无算^[3]者,不能尽其才者也。《诗》曰,'天生蒸^[4]民,有物有则。民之秉^[5]夷^[6],好是懿^[7]德。'孔子曰:'为此诗者,其知道乎!故有物必有则;民之秉夷也,故好是懿德。'"

【译文】

公都子说:"告子说:'人的本性没有什么善与不善的区别。'有人说:'人的本性可以使它善良,也可以使它不善。所以,周文王、周武王兴起时,百姓就喜欢从善;周幽王、周厉王出现,百姓就喜欢暴戾。'也有人说:'有的人本性善,有的人本性不善;所以以尧这样的圣人为君王,却有象这样的恶人为臣属;以瞽瞍这样的恶人为父亲,却有舜这样的圣人做儿子;有纣这样暴虐的侄儿且做了君王,却有微子启、王子比干这样的仁人做他的叔父和大臣。'现在您说'人的本性是善良的’，那么他们说的都不对吗？”

孟子说：“如果从人的天生性情来说，那是可以使它善良的，这就是我所说的人性的善良。至于有不善的人，那不是天生资质的原因。同情怜悯之心，人人都有；羞耻之心，人人都有；恭敬之心，人人都有；是非之心，人人都有。同情怜悯之心，属于仁；羞耻之心，属于义；恭敬之心，属于礼；是非之心，属于智。仁、义、礼、智不是从外部授予我的，而是我自己本来就有的，只不过没有思考罢了。所以说，‘追求就得到它，放弃就失掉它。’人与人之间有相差一倍、五倍甚至无数倍的，原因在于不能充分发挥人天生的资质。《诗经·大雅·烝民》云：‘上天创造了人类，万物都有其本来法则。百姓掌握这些法则，就喜爱美好的德行。’孔子说：‘创作这首诗的人，真是很懂得事物的法则呀！有万物就有规则；百姓掌握了规则，所以喜爱美好的德行。’”

【注释】

[1] 乃若：相当于“若夫”“至于”等连接词。[2] 铄：像熔化金属一样由外至内。[3] 算：数。[4] 蒸：《诗经》作“烝”，众。[5] 秉：执。[6] 夷：《诗经》作“彝”，常。[7] 懿：美。

七

孟子曰：“富岁，子弟多赖[1]；凶岁，子弟多暴。非天之降才尔殊也，其所以陷溺其心者然也。今夫麰[2]麦，播种而耰[3]之，其地同，树之时又同，浡然而生，至于日至[4]之时，皆熟矣。虽有不同，则地有肥硗[5]，雨露之养、人事之不齐也。故凡同类者，举相似也，何独至于人而疑之？圣人，与我同类者。故龙子[6]曰：'不知足而为屦，我知其不为蒉[7]也。'屦之相似，天下之足同也。口之于味，有同耆也；易牙[8]先得我口之所耆者也。如使口之于味也，其性与人殊，若犬马之与我不同类也，则天下何耆皆从易牙之于味也？至于味，天下期于易牙，是天下之口相似也。惟耳亦然。至于声，天下期于师旷，是天下之耳相似也。惟目亦然。至于子都[9]，天下莫不知其姣[10]也。不知子都之姣者，无目者也。故曰，口之于味也，有同耆焉；耳之于声也，有同听焉；目之于色也，有同美焉。至于心，独无所同然乎？心之所同然者何也？谓理也，义也。圣人先得我心之所同然耳。故理义之悦我心，犹刍[11]豢[12]之悦我口。"

【译文】

孟子说："丰收年成，年轻人大多懒惰；灾荒年成，年轻人大多强横。这不是上天赋予的资质有如此的不同，而是使他们的性情变坏的外部环境的缘故。例如，现在有人种植大麦，播种后又耙地，如果土质一样，播种的时间也一样，麦苗就会蓬勃生长起来，到夏至时都会成熟。即使有所不同，那也是土质的肥沃和贫瘠的不同以及雨水供给的多少和种植者的管理有差别的原因。所以，凡是同类的东西都是相似的，为什么一提到人就怀疑呢？圣人，与我们是同类。所以，龙子说：'即使不了解脚的大小就编草鞋，我也知道不会编成草筐。'鞋子相似，是因为天下人的脚形是大致相同的。嘴巴对味道也有共同的嗜好，易牙就先掌握了我们这个嗜好的口味。如果嘴巴对于味道的好坏，人人有很大不同，就像狗、马和我们不同类一样，那么天下人为什么都喜欢易牙的口味呢？说到口味，天下的人都希望调到易牙那样，这是因为天下人的嘴巴对味道都有一个相近的标推。对耳朵来说也是这样，说到声音，天下的人都希望奏出师旷那样的音乐，这是因为天下人的耳朵对音乐都有一个相近的标准。对眼睛来说也是这样。说到子都，天下的人都说他美。如果有不认为子都美的，那是没有眼睛的人。所以说，嘴巴对于味道，有共同的辨别标准；耳朵对于声音，有共同的听觉；眼睛对于容貌，有共同的美感。至于人的内心，就偏偏没有什么共同的嗜好吗？内心一致的嗜好是什么呢？是理，是义。圣人只不过比我们先获得了大家一致认定的东西罢了。所以，理、义使我内心畅快，就像猪、狗、牛、羊的肉使我嘴巴舒服一样。"

【注释】

[1] 赖：今作"懒"。[2] 辫（móu）：大麦。[3] 耰（yōu）：覆种。[4] 日至：此处指"夏至"，古代又称"长至""日南至"。[5] 硗（qiāo）：薄，土地贫瘠。[6] 龙子：古代贤人。[7] 蒉（kuì）：草器。[8] 易牙：古代的知味者。雍人，名巫，其人为齐桓公宠臣。[9] 子都：公孙子都，春秋时期的美男子。[10] 姣：好。[11] 刍：吃草的牲畜叫作"刍"，如牛、羊。[12] 豢（huàn）：用谷物饲养的叫作"豢"，如犬、猪。

八

孟子曰："牛山[1]之木尝美矣，以其郊于大国[2]也，斧斤伐之，可以为美乎？是其日夜之所息[3]，雨露之所润，非无萌[4]蘖[5]之生焉，牛羊又从而牧之，是以若彼濯濯[6]也。人见其濯濯也，以为未尝有材焉，此岂山之性也哉？虽存乎人者，岂无仁义之心哉？其所以放其良心者，亦犹斧斤之于木也，旦旦而伐之，可以为美乎？其日夜之所息，平旦之气，其好恶与人相近也者几希，则其旦昼之所为，有梏[7]亡之矣。梏之反覆，则其夜气不足以存，夜气不足以存，则其违禽兽不远矣。人见其禽兽也，而以为未尝有才焉者，是岂人之情也哉？故苟得其养，无物不长；苟失其养，无物不消。孔子曰：'操则存，舍则亡；出入无时，莫知其乡。'惟心之谓与？"

【译文】

孟子说："牛山的树木曾经很丰美，就因为牛山处在都城的郊区，很多人就用斧子去砍伐，那还能丰美吗？尽管树木日夜生长着，雨露滋润着，也不是没有新条嫩芽长出来，可是随即又有人在那里放牧牛羊，所以就变得这样光秃秃的了。人们看到牛山光秃秃的，就以为它根本不曾有过高大树木，这难道是山的本来面目吗？即使以人身上存在的东西来讲，哪里是人的本性就没有仁义之心呢？有人丧失了善良之心，正如斧子砍伐树木一样，天天去砍伐，树木还能丰美吗？人日夜养成的善心，每天天明时产生一点向善的欲望，与一般人相近之处也有一点点，可是第二天白天的所作所为，又使这一点点善心在利欲束缚下丧失了。反复的束缚和丧失向善之心，那么他在夜里养成的一点向善之心就不能保存；夜里养成的向善之心不能保存，他就和禽兽差不多了。人们看到他差不多像禽兽，就认为他不曾有过善良的资质，而这难道是人天生的本性吗？所以，如果能得到培养，没有什么东西不会生长起来；如果不能得到培养，没有什么东西不会消亡。孔子说：'抓住它就存在，放弃它就消亡；进出没有一定时候，也就不知道它的方向。'就是说的人心吧？"

【注释】

[1] 牛山：齐国东南方的山，位于山东临淄南十里。[2] 大国：指临淄，齐国首都，也是当时的大都市之一。[3] 息：生长。[4] 萌：芽。[5] 蘖（niè）：旁生的芽。[6] 濯濯：光洁无草木的样子。[7] 梏（gù）：同"牿"，圈禁。

九

孟子曰："无或 [1] 乎王之不智也。虽有天下易生之物也，一日暴 [2] 之，十日寒之，未有能生者也。吾见亦罕矣，吾退而寒之者至矣，吾如有萌焉何哉？今夫弈 [3] 之为数 [4]，小数也；不专心致志，则不得也。弈秋，通国之善弈者也。使弈秋诲二人弈，其一人专心致志，惟弈秋之为听。一人虽听之，一心以为有鸿鹄 [5] 将至，思援弓缴 [6] 而射之，虽与之俱学，弗若之矣。为是其智弗若与？曰：非然也。"

【译文】

孟子说："对君王的不明智不要感到疑惑。即使天下最容易生长的植物，晒它一天而冻它十天，它也不可能再生长了。我见到齐王的次数太少了，等我一离开那些使他昏乱的人就到了他身边，我对他刚刚萌生的向善之心又能有什么帮助呢？下围棋作为一门技艺，是种小技巧；但如果不专心致志，也是学不好的。弈秋，是全国最善于下围棋的人。假如让弈秋教两个人下棋，其中一个人专心致志，弈秋让他怎么做他就怎么做；另一个人虽然也在听讲，可是心里却想着有只大雁要飞来，想拿起弓箭去射它，即使他与前一个人在一起学习，棋艺却不如前一个人。这是因为他的智力不如前一个人吗？回答是：不是这样的。"

【注释】

[1] 或：同"惑"，怪。[2]"一日暴（pù）之，十日寒之"："暴"，同"曝"，晒。后演化为成语"一曝十寒"，比喻勤奋的时候少，懈怠的时候多，没有恒心。[3] 弈：围棋。[4] 数：技。[5] 鸿鹄：天鹅。[6] 缴（zhuó）：本义为生丝缕，此处指系着丝线的箭。

十

孟子曰："鱼，我所欲也，熊掌亦我所欲也；二者不可得兼，舍鱼而取熊掌者也。生亦我所欲也，义亦我所欲也；二者不可得兼，舍生而取义者也。生亦我所欲，所欲有甚于生者，故不为苟得也；死亦我所恶，所恶有甚于死者，故患有所不辟也。如使人之所欲莫甚于生，则凡可以得生者，何不用也？使人之所恶莫甚于死者，则凡可以辟患者，何不为也？由是则生而有不用也，由是则可以辟患而有不为也，是故所欲有甚于生者，所恶有甚于死者。非独贤者有是心也，人皆有之，贤者能勿丧耳。

"一箪食，一豆[1]羹，得之则生，弗得则死。嘑[2]尔而与之，行道之人弗受；蹴[3]尔而与之，乞人不屑也。

"万钟则不辨礼义而受之，万钟于我何加焉？为宫室之美、妻妾之奉、所识穷乏者得[4]我与？乡为身死而不受，今为宫室之美为之；乡为身死而不受，今为妻妾之奉为之；乡为身死而不受，今为所识穷乏者得我而为之，是亦不可以已乎？此之谓失其本心。"

【译文】

孟子说："鱼，是我所喜欢的，熊掌也是我所喜欢的。如果两样东西不能一齐获得，就不要鱼而要熊掌。生命是我所热爱的，道义也是我所热爱的，如果两样东西不能一齐获得，就牺牲生命而取得道义。生命是我所热爱的，而所爱的东西还有超过生命的，所以我不能因为热爱生命而苟且偷生；死亡是我所憎恶的，而所憎恶的东西还有超过死亡的，所以祸患也有不躲避的。如果人们所喜爱的东西没有超过生命的，那么凡是可以保存生命的办法，有什么不可以采用呢？如果人们所憎恶的东西没有超过死亡的，那么凡是可以避祸的办法，有什么不可以采用呢？采用这个办法就可以生存，可是有些人却不采用；采用这个办法就可以躲避祸患，可是有些人却不采用。所以说，有比生命更值得热爱的东西，有比死亡更令人憎恶的东西。不仅仅贤能的人有这种想法，人人都有这种想法，只不过贤能的人能够不丧失它罢了。

"一筐饭、一碗汤，得到它就能活命，得不到就要死。如果吆喝着给他，就是过路的穷人也不愿接受；用脚踏过后给他，就是乞丐也不屑于接受。

"有的人对万钟俸禄却不辨是否合乎礼义就接受，那么多的俸禄对我来说能增加点什么呢？为了住宅的豪华、妻妾的侍奉和相识的穷苦人感激我吗？过去宁死也不肯接受的，现在却为了住宅的豪华而接受了；过去宁死也不肯接受的，现在却为了妻妾的侍奉而接受了；过去宁死也不肯接受的，现在却为了相识的穷苦人的感激而接受了。这种行为难道不可以停止了吗？（如果不停止）这就叫丧失了他的本性。"

【注释】

[1] 豆：古代盛汤的器具。[2] 嘑（hù）：同"呼"，咄啐的样子。[3] 蹴：践踏。[4] 得：同"德"，感激。

十一

孟子曰："仁，人心也；义，人路也。舍其路而弗由，放其心而不知求，哀哉！人有鸡犬放，则知求之；有放心而不知求。学问之道无他，求其放心而已矣。"

【译文】

孟子说："仁就是人的本心，义就是人的必由之路。舍弃大路不去走，失掉本心不知道去找，太可悲了！有的人丢失了鸡狗，知道去寻找；丢失了本心，却不知道去寻找。学问的诀窍没有别的，就是把丢失的本心找回来罢了。"

十二

孟子曰："今有无名之指屈而不信[1]，非疾痛害事也，如有能信之者，则不远秦楚之路，为指之不若人也。指不若人，则知恶之；心不若人，则不知恶，此之谓不知类[2]也。"

【译文】

孟子说："现在有个人的无名指弯曲而无法伸直，虽然不痛也不妨碍他平常做事，但是如果有人能使它伸直，他就是走到秦国、楚国那么遥远的路（去求医）也不觉得远，因为他的手指不如别人。手指不如别人，知道厌恶；心性不如别人，却不知道厌恶，这就叫作不知道轻重。"

【注释】

[1] 信：同"伸"。[2] 不知类："类"，事。"不知类"，指不知轻重。

十三

孟子曰："拱把[1]之桐梓，人苟欲生之，皆知所以养之者。至于身，而不知所以养之者，岂爱身不若桐梓哉？弗思甚也。"

【译文】

孟子说："一两把粗细的桐树、梓树，人们如果要使它长大，都知道怎样去护养。可是对于自己，却不知道怎样修养，难道爱自己还不如爱桐树、梓树吗？真是太不爱思考了。"

【注释】

[1] 拱把："拱"，两手所围。"把"，一手所握。"拱把"，形容树小。

十四

孟子曰："人之于身也，兼所爱。兼所爱，则兼所养也。无尺寸之肤不爱焉，则无尺寸之肤不养也。所以考其善不善者，岂有他哉？于己取之而已矣。体有贵贱，有小大。无以小害大，无以贱害贵。养其小者为小人，养其大者为大人。今有场师[1]，舍其梧[2] 槚[3]，养其樲[4] 棘[5]，则为贱场师焉。养其一指而失其肩背，而不知也，则为狼疾[6] 人也。饮食之人，则人贱之矣，为其养小以失大也。饮食之人无有失也，则口腹岂适[7] 为尺寸之肤哉？"

【译文】

孟子说："人对于自己的身体，每个部分都爱护。都爱护，就都要保养好。没有一小块皮肤不爱护，就没有一小块皮肤不保养好。考察一个人善不善于保养好自己，难道还有别的办法吗？只不过是看他注重身体的哪一部分罢了。身体的组成部分有重要不重要的，有大的有小的，不能因为小的部分而损害了大的部分，不能因为不重要的部分而损害了重要的部分。只保养小的部分的是小人，而保养大的部分的是君子。

假如有一位园艺师，不培养梧桐、楸树却去培养酸枣、荆棘，那他一定是个不合格的园艺师。为了保养好自己的一个指头而丧失了肩背，自己却还不知道的人，那他就是个思维混乱的人。只讲究吃喝的人，别人就看不起他，因为他保养小的部分而失去了大的部分。如果讲究吃喝的人没有丢开品德的修养，那么吃喝的目的难道仅仅是为了长一点儿皮肉吗？"

【注释】

[1] 场师：管理场圃的人。[2] 梧：桐，梧桐。[3] 槚（jiǎ）：楸树的别称，木理细密。"梧""槚"都是好木料。[4] 樲（èr）：酸枣树。[5] 棘：荆棘。"樲""棘"都是不好的木料。[6] 狼疾：同"狼藉"。[7] 适（chì）：同"啻"，只。

十五

公都子问曰："钧[1]是人也，或为大人，或为小人，何也？"
孟子曰："从其大体[2]为大人，从其小体[3]为小人。"
曰："钧是人也，或从其大体，或从其小体，何也？"
曰："耳目之官不思，而蔽于物。物交物，则引之而已矣。心之官则思，思则得之，不思则不得也。此天之所与我者。先立乎其大者，则其小者不能夺也。此为大人而已矣。"

【译文】

公都子问道："同样是人，有的人成了君子，有的人成了小人，为什么呢？"

孟子说："注重依从身体重要器官需要的成了君子，只注重满足身体次要器官欲望的成了小人。"

公都子说："同样是人，有的注重依从身体重要器官的需要，有的只注重满足身体次要器官的欲望，又是为什么呢？"

孟子说："耳朵、眼睛这些器官没有思考功能，因而被外物所蒙蔽。它们仅仅是物，一与外物相接触就只能被外物引向迷途了。心（脑）这个器官的功能是思考，运用心（脑）的思考功能就会获得仁义，不思考就得不到。这是上天赋予人类的重要器官。要先确立重要器官的作用，那么次要器官就无法把人的本性夺去了。这样就能成为君子了。"

【注释】

[1] 钧：同"均"，同。[2] 大体：心。[3] 小体：耳目之类。

十六

孟子曰："有天爵者，有人爵者。仁义忠信，乐善不倦，此天爵也；公卿大夫，此人爵也。古之人修其天爵，而人爵从之。今之人修其天爵，以要人爵；既得人爵，而弃其天爵，则惑之甚者也，终亦必亡而已矣。"

【译文】

孟子说："有自然的爵位，有社会的爵位。仁义忠诚可信，愿意孜孜不倦地追求善，这是自然的爵位；王公卿相大夫，这是社会的爵位。古代的人修养自己的自然爵位，于是社会爵位也随之而来。现在的人修养他的自然爵位，用来求得社会爵位；已经得到社会爵位之后，就放弃了对自然爵位的追求，而这真是太糊涂了，最终连社会爵位也一定要丧失的。"

十七

孟子曰："欲贵者，人之同心也。人人有贵于己者，弗思耳矣。人之所贵者，非良贵也。赵孟 [1] 之所贵，赵孟能贱之。《诗》云：'既醉以酒，既饱以德。'言饱乎仁义也，所以不愿 [2] 人之膏 [3] 粱 [4] 之味也；令 [5] 闻广誉施于身，所以不愿人之文绣 [6] 也。"

【译文】

孟子说："希望尊贵，这是人们的共同心态。每个人自己身上都有自己尊贵的地方，只是没有想过罢了。别人给予的尊贵，不是真正的尊贵。赵孟所给予尊贵的人，赵孟也同样能使他低贱。《诗经·大雅·既醉》云：'酒已经喝得酣畅了，德行也已经饱受了。'说的是仁义之心已经具备了，因而也就不羡慕别人珍馐佳肴的美味了；广为赞誉的美好的名声归于自身，也就不渴慕别人的华美的衣服了。"

【注释】

[1] 赵孟：晋国正卿赵盾，字孟，其子孙称其赵孟。[2] 愿：羡慕。[3] 膏：肥肉。[4] 粱：美谷。[5] 令：善。[6] 文绣：华美的衣服。古代衣服有等级，必须有爵位的人才能穿华美的衣服。

十八

孟子曰："仁之胜不仁也，犹水胜火。今之为仁者，犹以一杯水救一车薪之火也[1]；不熄，则谓之水不胜火。此又与[2]于不仁之甚者也，亦终必亡而已矣。"

【译文】

孟子说："仁胜过不仁，就好像水胜过火。现在行仁的人，好像用一杯水救一车柴草燃烧的火；火没有熄灭，就说是水胜不了火。这就给不仁的人帮了大忙，最终使他原有的一点点仁也会消亡的。"

【注释】

[1] 犹以一杯水救一车薪之火也：后演化为成语"杯水车薪"，意思是用一杯水救一车燃烧的柴，无济于事。[2] 与：帮助。

十九

孟子曰："五谷者，种之美者也；苟为不熟，不如荑稗[1]。夫仁，亦在乎熟之而已矣。"

【译文】

孟子说："五谷，是种植的农作物中的好品种。如果没有成熟，那就反而不如稗子有价值了。仁，其价值也在于使它成熟罢了。"

【注释】

[1] 荑稗（tíbài）："荑"，通"稊"。像谷物的草，其籽可以食用，也可以作家畜饲料，但不如五谷味美。

二十

孟子曰："羿之教人射，必志于彀 [1]；学者亦必志于彀。大匠 [2] 诲人必以规矩，学者亦必以规矩。"

【译文】

孟子说："羿教别人射箭，要求一定要做到拉满弓。学习知识的人也一定要下决心'拉满弓'。手艺高超的工匠教人（如做木工活），一定要依照圆规和直角尺；学习知识的人，也一定要依照一定的准则。"

【注释】

[1] 彀（gòu）：满弓。[2] 大匠：技艺造诣很高的工匠。

告子章句下
（共十六章）

　　《告子下》共十六章，主要论述了三方面内容：一是礼义的重要性；二是治国之道；三是个人修养。

　　如同孔子津津乐道于礼乐制度一样，孟子屡屡讲到礼义。例如，《万章下》第七章说"夫义，路也；礼，门也。惟君子能由是路，出入是门也"。在孟子看来，礼是门，义则是路，不经"礼"这道门，人们是很难走上"义"这条路的。礼的含义是丰富的，既可以指礼法，即社会政治制度，又可以指礼义，即人的社会行为规范，还可以指礼仪，即人际交往中的礼节、习俗。在《孟子》一书中，礼的三种含义均有涉及，而更多的是指礼义，这大概与孟子强调仁政有关。例如，《离娄上》第十章"言非礼义，谓之自暴也"，《离娄下》第六章"非礼之礼，非义之义，大人弗为"，《尽心下》第十二章"无礼义，则上下乱"，而人与禽兽之所以有别就在于人有仁、义、礼、智之心。在论证仁义的规范作用时，孟子举例说即使在不动手抢就不得食、不去强行搂抱邻家姑娘就不能娶妻的情况下，也不该去抢食物、搂抱邻家姑娘。这里所举的两种行为就是区别人与禽兽的标准，是辨别食、色与礼哪个更重要的尺度。孟子要告诉人们的是，食、色、礼三者有大小轻重之分，不能因为口体之欲而不顾人伦、不顾礼义的规范做出越轨之事。可见，这些论述对今天的文明礼貌及社会公德教育都是有所启发的。

治国之道是《孟子》一书中讨论得最多的，本卷中就有一半章节论及此。在第七章中，孟子对照"三王"，对"五霸"及当时的诸侯、士大夫均做出了否定评价，认为"五霸者，三王之罪人也；今之诸侯，五霸之罪人也；今之大夫，今之诸侯之罪人也"。孟子认为，治国的首要问题是君王要向"三王"学习，要行大道，行仁义，即行王政，反对暴政，反对穷兵黩武。因此，孟子在第八章中提出"君子之事君也，务引其君以当道，志于仁而已"。在治国方略上，孟子还主张君王要辨别、任用贤人，起用向善之人。在第六章和第十三章中，孟子分别表述了这样的观点。在第九章中，孟子甚至把那些帮助君王开疆拓土、充实府库的所谓良臣称为"民贼"，可见孟子是坚决反对任用这样的臣子的。孟子还特别有经济意识，在《孟子》一书中就多处提到井田制和赋税制度，而本卷第十章就重申了实行"什一而税"的正确性。不仅如此，在对待邻国的关系上，孟子也表现出政治家的远见卓识，批评那种"以邻为壑"的恶劣做法。因此，这些观点对今天管理国家、处理对外关系仍然有借鉴意义。

在本卷第二章中，孟子还就个人修养问题提出了一个著名论断，即"人皆可以为尧舜"（详见《滕文公上》评述部分）。在个人修养方面，本卷中提出的思想方法对我们今天思考问题、正确评价事物仍然有积极意义。例如，第四章通过阐述只要以不同方式劝说秦、楚不要交战就会有不同的结果，告诉人们做事首要有纯正动机；同时，同样的效果可能出自不同的动机，进而使人想到动机与效果间的复杂关系。又如，

第十五章列举了舜等六人由逆境中奋起的例子，告诉人们要正确看待逆境，而艰难困苦是磨炼人的意志、锻炼人成才的契机。所以，这一章节自古及今广为流传，许多人将其引以为座右铭。

一

任[1]人有问屋庐子[2]曰："礼与食孰重？"

曰："礼重。"

"色与礼孰重？"

曰："礼重。"

曰："以礼食，则饥而死；不以礼食，则得食，必以礼乎？亲迎，则不得妻；不亲迎，则得妻，必亲迎乎？"

屋庐子不能对，明日之邹以告孟子。

孟子曰："于答是也，何有？不揣其本，而齐其末，方寸之木可使高于岑楼[3]。金重于羽者，岂谓一钩金与一舆羽之谓哉？取食之重者与礼之轻者而比之，奚翅[4]食重？取色之重者与礼之轻者而比之，奚翅色重？往应之曰：'紾[5]兄之臂而夺之食，则得食；不紾，则不得食，则将紾之乎？逾东家墙而搂其处子，则得妻；不搂，则不得妻；则将搂之乎？'"

【译文】

有一个任国人问屋庐子说："礼和吃的东西哪个重要？"

屋庐子说："礼重要。"

任国人说："女色和礼哪个重要？"

屋庐子说："礼重要。"

任国人说："如果按照礼去找吃的，就会饿死；不按照礼去找吃的，就会得到吃的，这样的话也一定要按照礼行事吗？如果按礼去迎亲，就不会娶到妻子；不按礼去迎亲，就会娶到妻子，这样的话也一定要按礼行事吗？"

屋庐子无法回答，第二天去邹国把这个难题告诉了孟子。

孟子说："回答这个问题，有什么困难的呢？如果不衡量一下地基的高低，而只比较顶端，那么寸厚的木块也可以使它比高楼还高。黄金比羽毛重，难道是说一个几钱重的小金钩也比一大车羽毛还重吗？拿吃的重要方面与礼的细微方面相比，哪里只得出吃的东西更重要（的结论）呢？拿女色的重要方面与礼的细微方面相比，哪里只得出娶妻更重要（的结论）呢？你可以去这样回答他：'扭断哥哥的手臂，夺下他的食物，就得到了吃的；不扭断就得不到吃的，那么你会去扭吗？翻过东邻家的墙去搂抱人家的姑娘，就娶到了妻子；不搂抱姑娘，就娶不到妻子，那么你会去搂抱吗？'"

【注释】

[1]任：国名，太皞之后，风姓，位于今山东济宁市。[2]屋庐：名连，孟子的弟子。[3]岑楼：楼高得像山一样，极言至高。此处用以比喻礼。[4]啻：同"啻"，止，但。[5]绐（zhěn）：戾。此处是扭转的意思。

二

曹交[1]问曰："人皆可以为尧舜，有诸？"

孟子曰："然。"

"交闻文王十尺，汤九尺，今交九尺四寸以长，食粟而已，如何则可？"

曰："奚有于是？亦为之而已矣。有人于此，力不能胜一匹雏，则为无力人矣；今曰举百钧，则为有力人矣。然则举乌获[2]之任，是亦为乌获而已矣。夫人岂以不胜为患哉？弗为耳。徐行后长者谓之弟[3]，疾行先长者谓之不弟。夫徐行者，岂人所不能哉？所不为也。尧舜之道，孝悌而已矣。子服尧之服，诵尧之言，行尧之行，是尧而已矣。子服桀之服，诵桀之言，行桀之行，是桀而已矣。"

曰："交得见于邹君，可以假馆，愿留而受业于门。"

曰："夫道若大路然，岂难知哉？人病不求耳。子归而求之，有余师。"

【译文】

曹交问道："人人都可以成为尧、舜，有这话吗？"

孟子说："有的。"

曹交又问："我听说周文王身高十尺，汤九尺。我身高九尺四寸多，却只会吃饭而已，该怎么办才好呢？"

孟子说："这有什么难的？只要努力去做就可以了。如果有一个人说他自己的力气连一只小鸡也提不起来，那他就是没有力气的人了；现在说他能举起三千斤，那他就是很有力气的人了。那么，能举起大力士乌获举得起的重量，这也就成了乌获了。人难道还怕不能胜任吗？只是不肯去做罢了。慢点儿走，走在长者身后，叫作悌；快步走，抢在长者前面，叫作不悌。慢点儿走，这难道是一个人做不到的吗？只是不去做罢了。尧、舜之道，也就是讲孝悌罢了。你穿上尧穿的衣服，说尧说的话，做尧所做的事，你便是尧了。你穿桀穿的衣服，说桀说的话，做桀做的事，那你就是桀了。"

曹交说："我准备去见邹国国君，可以向他借个住的地方，愿留下来在您门下学习。"

孟子说："道，就像大路一样，哪里会认不清呢？只怕人们不去寻求罢了。你回去自己寻求吧，老师多得很呢。"

【注释】

[1] 曹交：名交，曹君的弟弟。[2] 乌获：古代的大力士，能举起千钧重的东西。[3] 弟：同"悌"，顺。

三

公孙丑问曰："高子曰：《小弁》[1]，小人之诗也。"

孟子曰："何以言之？"

曰："怨。"

曰："固[2]哉，高叟之为[3]诗也！有人于此，越人关弓而射之，则己谈笑而道之；无他，疏之也。其兄关弓而射之，则己垂涕泣而道之；无他，戚[4]之也。《小弁》之怨，亲亲也。亲亲，仁也。固矣夫，高叟之为诗也！"

曰："《凯风》何以不怨？"

曰："《凯风》，亲之过小者也；《小弁》，亲之过大者也。亲之过大而不怨，是愈疏也；亲之过小而怨，是不可矶也。愈疏，不孝也；不可矶[5]，亦不孝也。孔子曰：'舜其至孝矣，五十而慕。'"

【译文】

公孙丑问道："高子说：'《小弁》这首诗是小人作的。'"

孟子说:"他凭什么这样说呢?"

公孙丑说:"因为这首诗有怨恨之情。"

孟子说:"唉,高老先生这样评诗啊!假如这里有个人,越国人要拉满弓射他,那么他会有说有笑地谈论这件事;这没有别的原因,就因为那个越国人和他关系疏远。如果是他哥哥要拉满弓射他,那么他就会流着眼泪说这件事;这没有别的原因,就因为他哥哥是他的亲人。《小弁》表达的怨恨,正是因为热爱亲人。热爱亲人,是仁的表现。高老先生这样评诗太固化了!"

公孙丑说:"那么《凯风》为什么没有怨恨之情呢?"

孟子说:"《凯风》,是因为母亲的过错小;《小弁》,是因为父亲的过错大。父母的过错大却不怨恨,这是更加疏远父母;父母的过错小却怨恨,这是经不住一点刺激。更加疏远父母,是不孝;经受不住一点刺激,也是不孝。孔子说:'舜大概是天下最孝顺的人了,五十岁还对父母怀有依恋之情。'"

【注释】

[1]《小弁 (biàn)》:《诗经·小雅》篇目。据说,这首诗是因为周幽王放逐太子宜臼,或者是尹吉甫儿子伯奇受父虐待而作。[2] 固:执滞不通。[3] 为:治。此处指评论。[4] 戚:亲。[5] 矶 (jī):激。

四

宋轻[1]将之楚,孟子遇于石丘[2],曰:"先生将何之?"

曰："吾闻秦楚构兵，我将见楚王说而罢之。楚王不悦，我将见秦王说而罢之。二王我将有所遇焉。"

曰："轲也请无问其详，愿闻其指。说之将何如？"

曰："我将言其不利也。"

曰："先生之志则大[3]矣，先生之号[4]则不可。先生以利说秦楚之王，秦、楚之王悦于利，以罢三军之师，是三军之士乐罢而悦于利也。为人臣者怀利以事其君，为人子者怀利以事其父，为人弟者怀利以事其兄，是君臣、父子、兄弟终去仁义，怀利以相接，然而不亡者，未之有也。先生以仁义说秦楚之王，秦楚之王悦于仁义，而罢三军之师，是三军之士乐罢而悦于仁义也。为人臣者怀仁义以事其君，为人子者怀仁义以事其父，为人弟者怀仁义以事其兄，是君臣、父子、兄弟去利，怀仁义以相接也，然而不王者，未之有也。何必曰利？"

【译文】

宋轻要到楚国去，孟子在石丘遇见了他。孟子说："先生要到哪里去？"

宋轻说："我听说秦国和楚国打起来了，我准备去见楚王劝他停止战争。如果楚王不高兴，我就准备去见秦王，劝他停止战争。两个君王，我总会争取一个和我的意见相合的。"

孟子说："我不想问得太详细，只想知道您的主要意思。您将怎样劝说他们呢？"

宋轻说："我准备对他们说这场战争的不利之处。"

孟子说："先生的志向倒是很好，可是先生的提法却不可行。先生用利害关系劝说秦、楚两国君王，秦王、楚王因为有利而高兴地听你劝说，于是命令军队停战，这就使军队的官兵因为喜欢利益而高兴地停止战争。做臣子的从利出发去为君王服务、做儿子的从利出发去为父亲做事、做弟弟的从利出发去为哥哥做事，这样就会使君臣、父子、兄弟之间全都背弃仁义，而只从利出发来相处，这样做国家还不灭亡的是从没有的事。先生如果用仁义来劝说秦、楚两国君王，他们因为仁义而高兴地听从你的劝说，于是命令军队停战，这就使军队的官兵因为喜欢仁义而高兴地停止战争。做臣子的从仁义出发去为君王服务，做儿子的从仁义出发去为父亲做事，做弟弟的从仁义出发去为哥哥做事，这样就会使君臣、父子、兄弟之间全都不讲利害，而只从仁义出发来相处，这样做还不能称王于天下是从没有过的事。为什么一定要提到利呢？"

【注释】

[1] 宋轻（kēng）：先秦道家"宋尹学派"的代表人物。[2] 石丘：宋国地名。[3] 大：善。此处是很大的意思。[4] 号：指所用的提法。

五

孟子居邹，季任[1]为任[2]处守，以币交，受之而不报。处于平陆，储子为相，以币交，受之而不报。他日，由邹之任，见季子；由平陆之齐，不见储子。屋庐子喜曰："连[3]得间矣！"问曰："夫子之任，见季子；之齐，不见储子，为其为相与？"

曰："非也；《书》曰：'享[4]多仪[5]，仪不及物曰不享，惟不役[6]志于享。'为其不成享也。"

屋庐子悦。或问之。屋庐子曰:"季子不得之邹,储子得之平陆。"

【译文】

　　孟子在邹国居住时,季任留守任国,代理国政,用礼物与孟子交友,孟子接受了礼物却不回报。孟子在平陆时,储子正担任齐国的卿相,用礼物与孟子交友,孟子接受了礼物却不回报。过了些日子,孟子从邹国到任国去,拜访了季子;从平陆到齐国都城,却不去拜访储子。屋庐子高兴地说:"我抓住老师的差错了!"遂问孟子道:"老师到任国去拜访了季子,到齐国却不拜访储子,是因为储子只是担任卿相吗?"

　　孟子说:"不是。《尚书·洛诰》云:'享献礼最重要的是仪节,如果仪节不够而礼物再多也只能叫作没有献礼。因为献礼的人心意并没有用在献礼上。'我不去拜访储子,是因为他没能完成献礼。"

　　屋庐子听了很高兴。(后来,)有人问起此事。屋庐子说:"季子没能亲身去邹国,储子能亲身去平陆(却不去,只送了礼物去)。"

【注释】

　　[1] 季任:任君的弟弟。[2] 任:薛的同姓小国。[3] 连:屋庐子的名。[4] 享:奉上。[5] 仪:礼。[6] 役:用。

六

淳于髡曰:"先名[1]实[2]者,为人也;后名实者,自为也。夫子在

三卿之中，名实未加于上下而去之，仁者固如是乎？”

孟子曰：“居下位，不以贤事不肖者，伯夷也；五就汤，五就桀者，伊尹也；不恶污君，不辞小官者，柳下惠也。三子者不同道，其趋一也。一者何也？曰，仁也。君子亦仁而已矣，何必同？”

曰：“鲁缪公之时，公仪子[3]为政，子柳[4]、子思为臣，鲁之削[5]也滋甚；若是乎，贤者之无益于国也！”

曰：“虞不用百里奚而亡，秦穆公用之而霸。不用贤则亡，削何可得与？”

曰：“昔者王豹[6]处于淇，而河西善讴；绵驹[7]处于高唐，而齐右善歌；华周、杞梁[8]之妻善哭其夫而变国俗。有诸内，必形诸外。为其事而无其功者，髡未尝睹之也。是故无贤者也；有则髡必识之。”

曰：“孔子为鲁司寇，不用，从而祭，燔肉[9]不至，不税冕而行。不知者以为为肉也，其知者以为为无礼也。乃孔子则欲以微罪行，不欲为苟去。君子之所为，众人固不识也。”

【译文】

淳于髡说：“把名声功业放在第一位的，是为他人着想；轻视名声功业的，是为了独善其身。您位居齐国三卿之一，对君上、对下民都没有建立名声和功业却要离开齐国，仁人原本就是这样的吗？”

孟子说：“处在卑下的地位，却不肯以自己的贤良服事不贤明的君王，这就是伯夷；五次接受汤的任用，又五次接受桀的任用，这就是伊尹；不讨厌污浊的君主，也不拒绝卑微的官职，这就是柳下惠。这三位君子处世方式不同，但他们所追求的内在东西是一样的。这一样的东西是什么呢？我认为，就是仁。君子只要仁就可以了，何必要（和外在行为方式）一致呢？"

淳于髡说："鲁穆公时，公仪子主持国政，子柳、子思都在鲁国做大臣，鲁国的国力衰弱得却更厉害；贤人对国家竟是如此无益呀！"

孟子说："虞国不任用百里奚，因而亡了国；秦穆公任用了百里奚，因而称霸诸侯。不任用贤人国家就要灭亡，仅仅要求衰弱能办到吗？"

淳于髡说："从前王豹住在淇水一带，因而河西的人就都擅长歌唱；绵驹住在高唐一带，因而齐国西部的人都擅长歌唱；华周、杞梁的妻子为他们死去的丈夫痛哭，因而改变了国家的风俗。存在于事物内部，一定会在外部表现出来。认真做了事情却没有功绩的，我从没见过这样的事。所以，现在是没有贤人，如果有的话我一定会知道他。"

孟子说："孔子做鲁国的司寇，不受信任，跟随鲁国国君去祭祀，祭肉也没有送来，于是他连祭祀时戴的帽子都没有摘下就离开了。不了解孔子的人认为孔子是因为没有得到祭肉而离去，了解孔子的人认为孔子是因为鲁国待他无礼而离去。至于孔子本人，却是想背点小罪名离开，而不想随便辞职。君子的所作所为，一般人当然无法理解。"

【注释】

[1] 名：声誉。[2] 实：事功。[3] 公仪子：名休，为鲁相。[4] 子柳：泄柳，鲁敬仲皮的儿子。[5] 削：土地被侵夺。[6] 王豹：卫人，善讴。[7] 绵驹：齐国人，善歌。[8] 华周、杞梁：二人皆为齐国大臣，战死于莒。[9] 燔（fán）肉：祭肉。"燔"亦作"膰"。

七

孟子曰："五霸 [1] 者，三王 [2] 之罪人也；今之诸侯，五霸之罪人也；今之大夫，今之诸侯之罪人也。

"天子适诸侯曰巡狩，诸侯朝于天子曰述职。春省耕而补不足，秋省敛而助不给。入其疆，土地辟，田野治，养老尊贤，俊杰在位，则有庆 [3]；庆以地。入其疆，土地荒芜，遗老失贤，掊克 [4] 在位，则有让 [5]。一不朝，则贬其爵；再不朝，则削其地；三不朝，则六师移之。是故天子讨而不伐，诸侯伐而不讨。五霸者，搂 [6] 诸侯以伐诸侯者也，故曰，五霸者，三王之罪人也。

"五霸，桓公为盛。葵丘之会，诸侯束牲 [7] 载书 [8] 而不歃 [9] 血。初命曰，诛不孝，无易树子，无以妾为妻。再命曰，尊贤育才，以彰有德。三命曰，敬老慈幼，无忘宾 [10] 旅 [11]。四命曰，士无世官，官事无摄，取士必得，无专杀大夫。五命曰，无曲防 [12]，无遏籴 [13]，无有封而不告。曰，凡我同盟之人，既盟之后，言归于好。今之诸侯皆犯此五禁，故曰，今之诸侯，五霸之罪人也。

"长君之恶其罪小，逢君之恶其罪大。今之大夫皆逢君之恶，故曰，今之大夫，今之诸侯之罪人也。"

【译文】

孟子说："五霸，是三王的罪人；现在的诸侯，是五霸的罪人；现在的大夫，是诸侯的罪人。

"天子到各诸侯国巡行叫巡狩，诸侯朝见天子汇报情况叫述职。天子春天巡视耕种情况，补助贫困的农户；秋天巡视收获情况，补助歉收的农户。进入诸侯国境内，如果土地已经开辟出来，农田治理得好，老人得到赡养，贤明的人得到尊重，杰出的人在位执政，那么诸侯就受到奖赏；用土地来奖赏。进入诸侯国境内，如果土地荒芜，老人被遗弃不管，贤明的人不被任用，搜刮民脂民膏的人在位执政，那么诸侯就受到责罚。（诸侯）一次不朝见天子述职，就降低他的爵位；两次不朝见，就削减他的封地；三次不朝见，就派军队去另立诸侯。所以，对天子只下令声讨而不攻打，对诸侯只奉命攻打而不下令声讨。五霸，他们是笼络一部分诸侯去攻打另一部分诸侯，所以说五霸是三王的罪人。

"五霸之中，齐桓公最强盛。在葵丘的盟会上，诸侯只是捆绑祭祀的牲畜并把盟书放在牲畜身上，但没有举行歃血仪式。第一条盟约规定，诛罚不孝的人，不能废立太子，不能立妾为妻。第二条盟约规定，要尊重贤能的人，培养人才，以表彰有德行的人。第三条盟约规定，要尊敬老人，爱护孩童，不怠慢来宾和旅客。第四条盟约规定，士人的官位不能世袭，行政职务不能兼有，选拔士人一定要考虑周到，不能擅自杀戮大夫。第五条盟约规定，不要到处筑堤（布防），不要阻止邻国来购买粮食，不要有封赏却不禀告盟主。盟约最后规定，凡是参加盟约的诸侯，订立盟约以后，要恢复以前的友好状态。可是，现在的诸侯都违背了那五条禁令，所以说现在的诸侯是五霸的罪人。

"助长君王恶行的臣子，他们的罪行还小一点；逢迎君王恶行的臣子，他们的罪行就大了。现在的大夫，都是逢迎君王恶行的臣子，所以说现在的大夫是现在的诸侯的罪人。"

【注释】

[1] 五霸：齐桓公、晋文公、秦穆公、宋襄公、楚庄公。[2] 三王：夏禹、商汤、周文王及周武王。[3] 庆：赏。[4] 掊（póu）克：聚敛。[5] 让：责。[6] 搂：牵。[7] 束牲：古代定盟多用牺牲，或杀，或不杀。[8] 载书：古代盟约被称为"载书"。"载"，动词，加。"书"，盟辞。[9] 歃（shà）：以嘴吸取。[10] 宾：宾客。[11] 旅：行旅。[12] 曲防：指遍设堤防拦水，限制邻国用水。[13] 遏籴（dí）：阻止买粮食。

八

鲁欲使慎子 [1] 为将军。孟子曰："不教民而用之，谓之殃民。殃民者，不容于尧舜之世。一战胜齐，遂有南阳，然且不可。"

慎子勃然不悦曰："此则滑釐 [2] 所不识也。"

曰："吾明告子。天子之地方千里；不千里，不足以待诸侯。诸侯之地方百里；不百里，不足以守宗庙之典籍。周公之封于鲁，为方百里也；地非不足，而俭于百里。太公之封于齐也，亦为方百里也；地非不足也，而俭于百里。今鲁方百里者五，子以为有王者作，则鲁在所损乎，在所益乎？徒取诸彼以与此，然且仁者不为，况于杀人以求之乎？君子之事君也，务引其君以当道，志于仁而已。"

【译文】

鲁国想要让慎子做将军。孟子说："不教导百姓就让他们去打仗，这叫作祸害百姓。祸害百姓的人，在尧、舜时代是不被世人接纳的。只打一仗就打败了齐国，从而占领了南阳，这样尚且不可以。"

慎子脸色一变，很不高兴地说："这个我就不懂了。"

孟子说："我明确地告诉你吧。天子的土地纵横各一千里；如果不到一千里，就无法接待诸侯。诸侯的土地纵横各一百里；如果不到一百里，就无法守住祖先传下的礼法制度。周公被封于鲁地，土地是纵横各百里；土地并不是不够，但实际上少于一百里。太公被封于齐地，土地也是纵横各百里；土地并不是不够，但实际上少于一百里。现在，鲁国纵横各百里的土地有五个，你认为如果有圣王兴起，那么鲁国的土地是在减少之列，还是在被增加之列呢？不进行战争，白白地把土地从那个国家割出来给这个国家，仁德的人尚且不会这样做，何况用战争杀人的手段来求得别国的土地呢？君子服事君王，一定要尽力引导君王符合正道，把仁德当作目标罢了。"

【注释】

[1] 慎子：慎到。善用兵，学黄老之术，著十二篇。[2] 滑釐：慎子名。

九

孟子曰："今之事君者皆曰，'我能为君辟土地，充府库。'今之所谓良臣，古之所谓民贼也。君不乡道，不志于仁，而求富之，是富桀也。'我能为君约[1]与国[2]，战必克。'今之所谓良臣，古之所谓民贼也。君不乡道，不志于仁，而求为之强战，是辅桀也。由今之道，无变今之俗，虽与之天下，不能一朝居也。"

【译文】

孟子说："现在，那些服事君王的人都说：'我能为君王开辟国土，充实府库。'现在所说的优秀臣子，正是古代所谓的残害百姓的人。君王如果不向往正道，不立志求仁，却想使他富裕起来，这就是让夏桀富裕起来。那些人又说：'我能替君王邀结盟国，打仗一定取得胜利。'现在所说的优秀臣子，正是古代所谓的残害百姓的人。君王不向往正道，不立志求仁，却想为他努力作战，这就等于帮助夏桀。照现在这样的道路走下去，不改变现在的风格，即使把整个天下给他，也是一天也坐不稳的。"

【注释】

[1] 约：邀结。[2] 与国：和好相与之国。

十

白圭[1]曰："吾欲二十而取一，何如？"

孟子曰："子之道，貉[2]道也。万室之国，一人陶，则可乎？"

曰："不可，器不足用也。"

曰："夫貉，五谷不生，惟黍生之；无城郭、宫室、宗庙、祭祀之礼，无诸侯币帛饔飧[3]，无百官有司，故二十取一而足也。今居中国，去人伦，无君子，如之何其可也？陶以寡，且不可以为国，况无君子乎？欲轻之于尧舜之道者，大貉小貉也；欲重之于尧舜之道者，大桀小桀也。"

【译文】

白圭说："我想把税率定为二十抽一，怎么样？"

孟子说："你的这个办法是貉国的办法。如果一个国家有一万户人家，只有一个人制作瓦器，那么可以吗？"

白圭说："不行，器皿不够用。"

孟子说："貉国那个地方，别的谷类都不能生长，只生长黄米；没有城墙、房屋、宗庙和祭祀的礼规，也没有与各国赠送礼物举行宴会的交往，也没有各种官吏和行政机构，所以税率定为二十抽一就足够了。现在是在中原国家，去掉社会伦常礼仪，没有各种官吏，那怎么行得通呢？制作瓦器的人太少，尚且不能把国家治理好，何况没有官吏呢？要把税率降到比尧、舜的十抽一还低，是貉一类国家的做法；要把税率提高到比尧、舜的十抽一还高，是桀一类的君王的做法。"

【注释】

[1] 白圭：名丹，周人。[2] 貉（mò）：古同"貊"，北方少数民族的国名。[3] 饔飧：用饮食招待宾客的礼仪。

十一

白圭曰："丹之治水也愈于禹。"

孟子曰："子过矣。禹之治水，水之道也，是故禹以四海为壑 [1]。今吾子以邻国为壑 [2]。水逆行，谓之洚水。洚水者，洪水也，仁人之所恶也。吾子过矣。"

【译文】

白圭说："我治水的本领比禹还要强呢。"

孟子说："你错了。禹治水是顺应水的本性进行疏导，所以禹把四海作为水的去处。现在，你却把邻国当作排水的大水沟。水倒流，叫作洚水。洚水就是洪水，是有仁爱之心的人所讨厌的。你错了。"

【注释】

[1] 壑：积水的地方。[2] 以邻国为壑：后演化为成语"以邻为壑"，原指将邻国当作沟坑，把本国的洪水排泄到那里去。后比喻把困难或灾祸推给别人。

十二

孟子曰："君子不亮[1]，恶乎执？"

【译文】

孟子说："君子如果不讲诚信，怎么能保持自己的操守呢？"

【注释】

[1] 亮：同"谅"，信。

十三

鲁欲使乐正子为政。孟子曰："吾闻之，喜而不寐。"

公孙丑曰："乐正子强乎？"

曰："否。"

"有知虑乎？"

曰："否。"

"多闻识乎？"

曰："否。"

"然则奚为喜而不寐？"

曰："其为人也好善。"

"好善足乎？"

曰："好善优于天下，而况鲁国乎？夫苟好善，则四海之内皆将轻[1]千里而来告之以善；夫苟不好善，则人将曰，'訑訑[2]，予既已知之矣。'訑訑之声音颜色距[3]人于千里之外。士止于千里之外，则谗谄面谀之人至矣。与谗谄面谀之人居，国欲治，可得乎？"

【译文】

鲁国准备让乐正子主持国政。孟子说："我听到这件事，高兴得睡不着觉。"

公孙丑说："乐正子很刚强吗？"

孟子说："不。"

公孙丑说："有智慧、有主意吗？"

孟子说："不。"

公孙丑说："见多识广吗？"

孟子说："不。"

公孙丑说："那您怎么高兴得睡不着觉呢？"

孟子说："他为人喜欢听取有益的话。"

公孙丑说："喜欢听取有益的话就足以治理好国家了吗？"

孟子说："如果喜欢听取有益的话，那么治理天下就有余，何况治理一个鲁国呢？如果喜欢听取有益的话，那么天下的人都会不远千里赶来告诉他有益的话；如果不喜欢听取有益的话，那么人们就会学他的话说'啧啧，我早就知道了'。这种啧啧的声调和神气，把准备前来提建议的人远远地拒绝了。士人在千里之外就不来了，那么挑拨离间、阿谀逢迎的小人就会来了。与挑拨离间、阿谀逢迎的小人混在一起，想把国家治理好能做到吗？"

【注释】

[1] 轻：易。意思是不以千里为难。[2] 訑訑（yí）：得意扬扬的样子。[3] 距：同"拒"，拒绝。

十四

陈子曰："古之君子何如则仕？"

孟子曰："所就三，所去三。迎之致敬以有礼；言，将行其言也，则就之。礼貌[1]未衰，言弗行也，则去之。其次，虽未行其言也，迎之致敬以有礼，则就之。礼貌衰，则去之。其下，朝不食，夕不食，饥饿不能出门户，君闻之，曰，'吾大者不能行其道，又不能从其言也，使饥饿于我土地，吾耻之。'周之，亦可受也，免死而已矣。"

【译文】

陈子说："古代的君子要怎样才出来做官呢？"

孟子说："应召前去做官有三种情况，辞去官职也有三种情况。迎接时表达敬意且有礼貌，打算要实行他的建议，就去做官；仍然有礼貌，却已不实行他的建议，就辞官。其次，虽然没有实行他的建议，但迎接他时表示敬意且有礼貌，就去做官；礼貌不周到，就辞官。最下等的，早上没有吃的，晚上也没有吃的，饿得连门也迈不出去了，国君听说后说，'我在大的方面不能实行他的主张，又不能听从他的具体建议，使他在我的国土上挨饿，我为此感到惭愧。'于是周济他，这种情况也可以接受，只不过是为了免于死亡罢了。"

【注释】

[1] 貌：颜色和顺的样子。

十五

孟子曰："舜[1]发于畎亩之中，傅说[2]举于版筑之间，胶鬲[3]举于鱼盐之中，管夷吾[4]举于士[5]，孙叔敖[6]举于海，百里奚[7]举于市。故天将降大任于是人也，必先苦其心志，劳其筋骨，饿其体肤，空[8]乏[9]其身，行拂[10]乱其所为，所以动心忍性[11]，曾[12]益其所不能。人恒[13]过，然后能改；困于心，衡[14]于虑，而后作[15]；征[16]于色，发于声，而后喻[17]。入[18]则无法家[19]拂士[20]，出[21]则无敌国外患者，国恒亡。然后知生于忧患而死于安乐也。"

【译文】

孟子说："舜从田野里被起用，傅说从筑墙工的位置上被推举出，胶鬲从鱼盐贩子中被选拔出来，管仲从狱官手中被解救并被重用，孙叔敖从偏僻的海边隐居的地方被举用，百里奚被从市场上买回并受到重用。所以，上天将要把重任降到这个人身上时，一定要先使他的意志受到困苦的磨炼，筋骨受到劳苦的锻炼，肌体受到饥饿的考验，使他穷困贫乏，使他经历办事总是不能如愿。用这些磨难来触动他的灵魂，坚韧他的性格，增强他的能力。人只有常犯错误，然后才能改正；心境困苦，思虑阻塞，才能有所作为；表现在脸色上，在言谈中发泄出来，然后才能被人了解。一个国家，内部没有坚持法度的大臣和辅助君王的士子，外部没有敌对国家和邻国的忧患，这样的国家常常会灭亡。这样，就知道了忧愁祸患能使人生存发展，安逸快乐能使人走向灭亡的道理。"

【注释】

[1] 舜：曾耕于历山，三十岁被选拔任用。[2] 傅说：筑城于傅岩，武丁举以为相。[3] 胶鬲：殷的贤臣，遭商纣之乱，隐遁为商人，周文王于贩卖鱼盐的集市得其人，任用为大臣。[4] 管夷吾：本为士官之囚，桓公任用为相国。[5] 士：狱官。[6] 孙叔敖：耕于隐处海滨，楚庄王任用为令尹。[7] 百里奚：事见前篇。[8] 空：穷。[9] 乏：绝。[10] 拂：戾。使其所为不遂，多为背戾。[11] 动心忍性：竦动其心，坚忍其性。[12] 曾：同"增"。[13] 恒：常。[14] 衡：同"横"，不顺。[15] 作：奋起。[16] 征：验。此处是

表现的意思。[17] 喻：晓。此处是了解的意思。[18] 入：指国内。[19] 法家：法度的世臣。[20] 拂（bì）士：辅弼的贤士。"拂"，假借为"弼"。[21] 出：国外。

十六

孟子曰："教亦多术矣，予不屑之教诲也者，是亦教诲之而已矣。"

【译文】

孟子说："教育也有很多方法，我不屑于教诲他，这也是对他的一种教诲呢。"

孟子卷第七

尽心章句上

（共四十六章）

　　《尽心上》共四十六章，是《孟子》一书中章节最多的一卷，集中了孟子关于认识论和自身修养的论述。

　　第一章首先肯定了自身修养的重要性。本卷名为《尽心》，即"竭尽本心"之意，人只有"竭尽本心"以"知性"，然后才能"知天""知性"，而"知天"才能"事天"，即侍奉上天。除"事天"外，还要"立命"，即安身立命。侍奉上天也好，安身立命也好，开始做就要竭尽自己的本心。由此可见，我们不难意识到，做任何事情都要有个好的开端，都要全力以赴地去做，尽可能地把自身具备的"良能"都发挥出来。但是，只有这种初始的内在优越性还不够，还要有意识地加强后天的修养。孟子提到君子有三种乐趣，其中第二种乐趣是"上不愧于天，下不愧于人"，而此种乐趣就在于自身的修养。作为一个人应懂得最基本的做人道理，如第十七章表述的"无为其所不为，无欲其所不欲，如此而已矣"那样，其类似于孔子所说的"己所不欲，勿施于人"（《论语·颜渊》）。这既是道德约束，又有量力而行之意，而且这是不分地位、等级的所有人都应做到的。对于地位等级、身份不同的人来说，其修养准则也是有区别的。孟子认为，作为君王应尊敬贤人，忘掉自己的权势；作为士人则应行大道，忘掉君王的权势。其中，第八章就论述了这一准则。士人的职责首先是施行仁义，如做不到这一点就算不上是士人。对于孟子的这些见解，其对现实中处理好上下级关系和有才能的人更好地表现自己的才能等方面都很有启发。

孟子关于自身修养的论述中还包含着丰富的认识论原理。例如，第二十四章指出"君子之志于道也，不成章不达"，即君子有志于大道，不达到一定程度不能通达，而通达是逐渐达到的。这一点，意在启发我们无论为学还是做事，都要循序渐进，不能急于求成。第二十六章则告诉我们在处理问题时要折中，善于变通，不能思维僵化，更不能走极端。第三十四章说不能"以其小者信其大者"，强调看人应看大节，不要为小节所迷惑，意在启发我们看问题应该看主要方面，不能以偏概全。此外，第四十一章论述教育者要因材施教，被教育者要充分发挥自己的主观能动性。第四十六章主张"当务之为急"，分明是在告诫人们把急切需要解决的问题放在首位，先抓主要矛盾。这些都是我们熟知的认识论原理，其在实际工作及生活中都具有启发和警示意义。

一

孟子曰："尽其心者，知其性也。知其性，则知天矣。存其心，养其性，所以事天也。夭寿 [1] 不贰，修身以俟之，所以立命也。"

【译文】

孟子说："尽可能地修养善心（恻隐、羞恶、恭敬、是非之心），就是懂得了人的本性（仁、义、礼、智之性）。懂得了人的本性，那就懂得了天命了。保持人的善心，培养人的本性，这就是对待天命的办法。无论短命还是长寿，都不三心二意，而是修养身心等待天命的安排，这就是安排自己一生的办法。"

【注释】

[1] 夭寿：寿命的短长。

二

孟子曰："莫非命 [1] 也，顺受其正；是故知命者不立乎岩墙 [2] 之下。尽其道而死者，正命也；桎梏 [3] 死者，非正命也。"

【译文】

孟子说："没有什么不是命运的安排，但顺天理而行，接受的是正常的命运。所以，懂得命运的人不站在有倒塌危险的墙壁下面。尽自己最大努力修养心性而死的人，接受的是正常的命运；犯了罪戴着镣铐而死的人，接受的就不是正常的命运。"

【注释】

[1] 命：命有三命，行善事得善果叫受命，行善事得恶果叫遭命，行恶事得恶果叫随命。只有顺应天命，才叫"受其正"。[2] 岩墙：将要倒塌的墙。[3] 桎梏："桎"，缚在脚上的器械。"梏"，戴在手上的器械。"桎梏"，用来拘束罪人的器械。

三

孟子曰："求则得之，舍则失之，是求有益于得也，求在我者也。求之有道，得之有命，是求无益于得也，求在外者也。"

【译文】

孟子说："追求就会得到，放弃就会失去，这种追求有益于得到，因为追求的对象就存在于自身。追求有一定的准则，但能否得到凭命运安排，这种追求无益于得到，因为追求的对象存在于自身之外。"

四

孟子曰："万物皆备于我矣。反身而诚，乐莫大焉。强恕[1]而行，求仁莫近焉。"

【译文】

孟子说："一切事物的自然之理都在我的天性中具备了。反躬自问而诚信地按照天性去做，那么没有什么比这更快乐的了。不断努力实行恕道，那么求得仁德的道路没有哪条比这更近的了。"

【注释】

[1] 恕：指推己及人。

五

孟子曰："行之而不著焉，习矣而不察焉，终身由[1]之而不知其道者，众[2]也。"

【译文】

孟子说："这样做了却不明白为什么要这样做，已经习惯了却不了解为什么会这样，一辈子都在这条道路上走却不知道这是一条什么路，这种人就是普通人啊。"

【注释】

[1] 由：用。[2] 众：庶。

六

孟子曰："人不可以无耻 [1]，无耻之耻，无耻矣。"

【译文】

孟子说："人不可以没有羞耻。没有羞耻的那种羞耻，真正是不知羞耻了。"

【注释】

[1] 耻：指人所固有的羞恶之心。

七

孟子曰："耻之于人大矣，为机变之巧者，无所用耻焉。不耻不若人，何若人有？"

【译文】

孟子说："羞耻心对于一个人来说太重要了，巧诈多变的人是没有什么地方用得着羞耻心的。不以比不上别人为耻，怎么能赶上别人呢？"

八

孟子曰："古之贤王好善而忘势；古之贤士何独不然？乐其道而忘人之势，故王公不致敬尽礼，则不得亟见之。见且由不得亟，而况得而臣之乎？"

【译文】

孟子说："古代贤明的君王喜欢善言善行而忘记了自己的地位，古代的贤明之士又哪里不是这样的呢？乐于走他们自己的路而忘记了别人的地位，所以王公如果不对他表示敬意并尽到礼数，就不能多次见到他。见面尚且不能多次，何况要他作为自己的臣下呢？"

九

孟子谓宋勾践[1]曰："子好游[2]乎？吾语子游。人知之，亦嚣嚣[3]；人不知，亦嚣嚣。"

曰："何如斯可以嚣嚣矣？"

曰："尊德乐义，则可以嚣嚣矣。故士穷不失义，达不离道。穷不失义，故士得己焉；达不离道，故民不失望焉。古之人，得志，泽加于民；不得志，修身见[4]于世。穷则独善其身，达则兼善天下。"

【译文】

孟子对宋勾践说："你喜欢游说吗？我告诉你游说应采取

的态度。别人理解你，你就自得其乐；别人不理解你，你也自得其乐。"

宋勾践说："怎样做才能自得其乐呢？"

孟子说："尊重道德，喜爱仁义，就可以自得其乐了。所以，士人处境艰难时不失掉仁义，得意时不背弃道德。处境艰难时不失掉仁义，士人就心安理得；得意时不背弃道德，百姓就不对他失望。古代的人，得志时，就把恩泽施给百姓；不得志时，就修养心性并在社会上表现出来。处境艰难时就独自修养保全自身，得意时就使天下人都得到好处。"

【注释】

[1] 宋勾（gōu）践：其人已不可考。[2] 游：游说。[3] 嚣嚣：自得无欲的样子。[4] 见（xiàn）：显现。

十

孟子曰："待文王而后兴者，凡民也。若夫豪杰之士，虽无文王犹兴。"

【译文】

孟子说："一定要等到周文王出来才振作起来的，是普通百姓。至于出色的士人，即使没有周文王，也同样奋发振作起来。"

十一

孟子曰：“附^[1]之以韩魏^[2]之家，如其自视欿然^[3]，则过人远矣。”

【译文】

孟子说：“如果把韩、魏两家的财富和权势增强给他，他也自视不自满，那么他就远远超过一般人了。”

【注释】

[1] 附：益。[2] 韩魏：指春秋时期晋国的韩氏、魏氏两家大族。[3] 欿（kǎn）然：不自满的意思。

十二

孟子曰：“以佚道使民，虽劳不怨。以生道杀民，虽死不怨杀者。”

【译文】

孟子说：“以使百姓安逸的原则去役使百姓，百姓即使劳苦也不怨恨。以使百姓生存的原则去杀死百姓，即使这人被杀死也不怨恨杀他的人。”

十三

孟子曰："霸者之民欢虞[1]如也，王者之民皞皞[2]如也。杀之而不怨，利之而不庸[3]，民日迁善而不知为之者。夫君子所过者化，所存者神，上下与天地同流，岂曰小补之哉？"

【译文】

孟子说："称霸者的百姓欢喜愉快，圣王的百姓心情舒畅。圣王的百姓被杀却不怨恨，给他们好处也不知道应归功于谁，民众一天天地向好的方向发展，却不知道谁使他们这样做。圣王经过的地方，人心都受到感化；圣王停留的地方更是神妙，上与天、下与地同时运转，难道能说只是小小的补益吗？"

【注释】

[1] 欢虞：同"欢娱"。[2] 皞皞（hào）：广大自得的样子。[3] 庸：酬功的意思。

十四

孟子曰："仁言[1]不如仁声[2]之入人深也，善政不如善教之得民也。善政，民畏之；善教，民爱之。善政得民财，善教得民心。"

【译文】

孟子说："仁德的言辞不如仁德的声誉更能深入人心，良好的政治不如良好的教育更能获得人心。良好的政治百姓会敬畏它，良好的教育百姓会喜爱它。良好的政治能得到百姓的财富，良好的教育能得到百姓的拥护。"

【注释】

[1] 仁言：政教法度之言。[2] 仁声：指做仁德的实事而被众人称道的声誉。

十五

孟子曰："**人之所不学而能者，其良 [1] 能也；所不虑而知者，其良知也。孩提 [2] 之童无不知爱其亲者，及其长也，无不知敬其兄也。亲亲，仁也；敬长，义也；无他，达之天下也。**"

【译文】

孟子说："人不用学习就能做到的，是天生的杰出才能；不用思考就能知道的，是天生的道德观念。小孩子没有不知道爱父母的，等到他长大了，没有不知道尊敬兄长的。爱父母就是仁，尊敬兄长就是义，这没有别的原因，只因为这是可以通行天下的品德。"

【注释】

[1] 良：甚。[2] 孩提：二三岁之间。

十六

孟子曰："舜之居深山之中，与木石居，与鹿豕游，其所以异于深山之野人者几希；及其闻一善言，见一善行，若决江河，沛然莫之能御也。"

【译文】

孟子说："舜住在深山里，与树木、石头相伴，与鹿、猪打交道，他和深山野林中的一般人不同的地方很少；等到他听到一句好的话，看到一种好的行为（就学习推行），好像长江、黄河决了口，那势头浩浩荡荡没有什么能抵挡得了。"

十七

孟子曰："无为其所不为，无欲其所不欲，如此而已矣。"

【译文】

孟子说："不做自己不愿做的事，不要自己不愿要的东西，这样就可以了。"

十八

孟子曰："人之有德慧术知者，恒存乎疢疾 [1]。独孤臣 [2] 孽子 [3]，

其操心也危 [4]，其虑患也深，故达 [5]。"

【译文】

孟子说："人有品德、智慧、本领和知识，常常是由于他有灾祸。只有那些孤立失势的臣子和失宠的庶子，他们始终保持不安的心思，对祸患考虑得很深，所以才通达事理。"

【注释】

[1] 疢（chèn）疾：灾患。[2] 孤臣：远臣。[3] 孽子：庶子。指非正妻所生的孩子，其常遭遇灾患。[4] 危：不安。[5] 达：通达事理。

十九

孟子曰："有事君人者，事是君则为容悦者也。有安社稷臣者，以安社稷为悦者也；有天民 [1] 者，达可行于天下而后行之者也；有大人 [2] 者，正己而物正者也。"

【译文】

孟子说："有服事君主的人，他们服事这些君主就一味逢迎以讨欢心。有安定国家的大臣，他们以安定国家为幸事；有顺从天意的人，他们要在自己的主张能遍行天下时才去实行；有杰出的人，他们先是端正自己，同时万物也得到端正。"

【注释】

[1] 天民：指贤者，即明天理、适天性的人。[2] 大人：不

为利害所动摇的大丈夫。

二十

孟子曰:"君子有三乐,而王天下不与存焉。父母俱存,兄弟无故^[1],一乐也;仰不愧于天,俯不怍于人,二乐也;得天下英才而教育之,三乐也。君子有三乐,而王天下不与存焉。"

【译文】

孟子说:"君子有三种乐趣,但是用仁德统一天下不在其中。父母都健在,兄弟也无病灾,这是第一种乐趣;仰头不愧于天,低头无愧于人,这是第二种乐趣;得到天下的优秀人才并对他们进行教育,这是第三种乐趣。君子有三种乐趣,但用仁德统一天下不在其中。"

【注释】

[1] 故:灾患丧病。

二十一

孟子曰:"广土众民,君子欲之,所乐不存焉;中天下而立,定四海之民,君子乐之,所性不存焉。君子所性,虽大行^[1]不加焉,虽穷居不损焉,分定故也。君子所性,仁义礼智根于心,其生^[2]色也睟然^[3],见于面,盎^[4]于背,施于四体,四体不言而喻^[5]。"

【译文】

孟子说："拥有广大的土地和众多的人民，是君子的愿望，但是乐趣不在这里；处于天下的中央，安定天下的百姓，是君子的乐趣，但是君子的本性不在这里。君子的本性，即使他的理想在天下广泛通行，也不会增加；即使他处境艰难，也不会减少，这是由于本分已定的缘故。君子的本性，是仁、义、礼、智都植根于他的心中，表现出清和润泽的样子，显现在脸上，反映在肩背上，延伸到四肢上，即使四肢不会言语，别人也完全能感受到。"

【注释】

[1] 大行：广为推行。与"武王周公继之，然后大行"的"大行"意同。[2] 生：表现。[3] 睟（cuì）然：清和润泽的样子。[4] 盎：显现。[5] 不言而喻：后演化为成语，指不用说话就能明白。形容道理很明显。

二十二

孟子曰："伯夷辟纣，居北海之滨，闻文王作，兴曰：'盍归乎来，吾闻西伯善养老者。'太公辟纣，居东海之滨，闻文王作，兴曰：'盍归乎来，吾闻西伯善养老者。'天下有善养老，则仁人以为己归矣。五亩之宅，树墙下以桑，匹妇蚕之，则老者足以衣帛矣。五母鸡，二母彘，无失其时，老者足以无失肉矣。百亩之田，匹夫耕之，八口之家足以无饥矣。所谓西伯善养老者，制其田里，教之树畜，导其妻子使养其老。

五十非帛不暖，七十非肉不饱。不暖不饱，谓之冻馁。文王之民无冻馁
之老者，此之谓也。"

【译文】

孟子说："伯夷躲避商纣，隐居在北海边，听到周文王兴
起来了，便说：'为什么不归附西伯呢，我听说西伯是很注重
赡养老人的人。'姜太公躲避商纣，隐居在东海边，听到周文
王兴起来了，便说：'为什么不归附西伯呢，我听说西伯是很
注重赡养老人的人。'天下有注重赡养老人的人，仁德的人就
会把他当作自己的归宿。五亩地大小的宅院，在墙下种上桑
树，妇女用它来养蚕，那么老人就能够有丝绵衣服穿了。五
只母鸡，两头母猪，不耽误它们的繁殖期，老人就能够吃上
肉了。一百亩农田，男人去耕种，八口人的家庭就能够不挨
饿了。所说的西伯注重赡养老人，就是指他制定了土地制度，
教育百姓种植桑田、畜养牲畜，劝导百姓的妻子儿女赡养老
人。五十岁的人没有丝绵衣服穿就不暖和，七十岁的人没有
肉吃就不饱。穿不暖、吃不饱，叫作受冻挨饿。周文王的百
姓中没有受冻挨饿的老人，指的就是这个。"

二十三

孟子曰："易[1]其田畴[2]，薄其税敛，民可使富也。食之以时，用
之以礼，财不可胜用也。民非水火不生活，昏暮叩人之门户求水火，无
弗与者，至足矣。圣人治天下，使有菽粟如水火。菽粟如水火，而民焉
有不仁者乎？"

【译文】

孟子说:"管理好田地,减轻税收,就能使百姓富起来了。按时节决定所吃的食物,依据礼规使用生活用品,财物就不会用尽了。百姓没有水和火就不能生活,晚上敲别人家的门要水要火没有不给的,是因为每家的水和火都极多。圣人治理天下,要使粮食像水和火一样极多。如果粮食如同水和火一样多了,那么百姓哪里会有不仁爱的呢?"

【注释】

[1] 易:治。[2] 畴:耕治之田。

二十四

孟子曰:"孔子登东山而小鲁,登泰山而小天下,故观于海者难为水,游于圣人之门者难为言。观水有术,必观其澜[1]。日月有明,容光必照焉。流水之为物也,不盈科不行;君子之志于道也,不成章[2]不达。"

【译文】

孟子说:"孔子登上东山就觉得鲁国小了,登上泰山就觉得天下也小了,所以见过大海的人就觉得其他的水很难算作水了,在圣人门下学习过的人就觉得其他的言论很难算作言论了。观赏水有窍门,一定要观看它的波澜。太阳月亮都有光辉,连极小的缝隙都一定能照到。流水这种东西,不把小坑洼灌满就不向前流;君子有志向追求正道,不达到一定的阶段也不能通达事理。"

【注释】

[1] 澜：水流湍急处。[2] 成章：形容事物达到一定阶段，具有一定规模。

二十五

孟子曰："鸡鸣而起，孳孳[1]为善者，舜之徒也；鸡鸣而起，孳孳为利者，跖之徒也。欲知舜与跖之分，无他，利与善之间[2]也。"

【译文】

孟子说："鸡一叫就起来，辛辛苦苦努力行善的人，是舜一类的人；鸡一叫就起来，辛辛苦苦拼命谋利的人，是跖一类的人。要想知道舜与跖的区分，没有别的，只是利与善的差别罢了。"

【注释】

[1] 孳（zī）孳：勤勉的意思。[2] 间：异，不同。

二十六

孟子曰："杨子取[1]为我，拔一毛而利天下，不为也[2]。墨子兼爱，摩顶放踵[3]利天下，为之。子莫[4]执中。执中为近之。执中无权，犹执一也。所恶执一者，为其贼道也，举一而废百也。"

【译文】

孟子说："杨子（杨朱）主张为自己，拔一根汗毛却对天下有利的事也不干。墨子主张兼爱，哪怕从头顶到脚跟都损伤，只要对天下有利就干。子莫采取折中的办法。采取折中的办法是近于正确的。但如果采取折中的办法却没有灵活性，就和固执一端一样了。人们为什么厌恶固执一端呢，因为它损害了仁义之道，抓住一点就不管其他了。"

【注释】

[1] 取：治。此处为主张的意思。[2] "拔一毛而利天下，不为也"：后演化为成语"一毛不拔"，指一根汗毛也不肯拔。原指杨朱的"极端为我主义"，后形容为人非常吝啬自私。[3] 摩顶放踵：从头顶到脚跟都擦伤了。形容不辞劳苦，不顾惜身体。[4] 子莫：鲁国的贤人，性情中和专一。

二十七

孟子曰："饥者甘食，渴者甘饮，是未得饮食之正也，饥渴害之也。岂惟口腹有饥渴之害？人心亦皆有害。人能无以饥渴之害为心害，则不及人不为忧矣。"

【译文】

孟子说："饥饿的人觉得什么食物都很好吃，口渴的人觉得什么饮水都很好喝，这是不能品尝到饮水和食物本来的滋味，是饥饿口渴害得他们这样啊。难道只有嘴巴、肚子受饥渴的损害吗？人心也有类似的损害。人如果能不受像饥渴损害嘴巴、肚子那样的内心损害，那么就是赶不上别人也不会忧虑了。"

二十八

孟子曰："柳下惠不以三公易其介[1]。"

【译文】

孟子说："柳下惠不因为有三公那样的大官做就改变自己的节操。"

【注释】

[1] 介：操。

二十九

孟子曰："有为者辟若掘井，掘井九轫[1]而不及泉，犹为弃井也。"

【译文】

孟子说："做一件事情就像掘井一样，掘了六七丈深还没有掘到地下水，就仍然是一口废井。"

【注释】

[1] 轫：同“仞”，八尺。

三十

孟子曰：“尧舜，性之也；汤武，身之也；五霸，假之也。久假而不归，恶知其非有也。”

【译文】

孟子说：“尧、舜施行仁义，是本性如此；商汤、周武王施行仁义，是身体力行；五霸施行仁义，是假借仁义。长久借用却不归还，人们又怎能知道他不是真的拥有仁义呢（弄假成真）？”

三十一

公孙丑曰：“伊尹曰：‘予不狎[1]于不顺，放太甲于桐，民大悦。太甲贤，又反之，民大悦。’贤者之为人臣也，其君不贤，则固可放与？”

孟子曰：“有伊尹之志，则可；无伊尹之志则篡也。”

【译文】

公孙丑说：“伊尹说过：‘我不愿亲近不按正道做事的人，

所以他把太甲流放到桐那个地方，百姓都很高兴。太甲变好了，又把他迎回来继位，百姓也很高兴。'贤明的人做臣子，君王却不贤明，那么理所当然地应放逐他吗？"

孟子说："如果有伊尹那样的心志，就可以；否则就是篡权了。"

【注释】

[1] 狎（xiá）：亲近。

<h1 align="center">三十二</h1>

公孙丑曰："《诗》曰：'不素[1]餐兮。'君子之不耕而食，何也？"

孟子曰："君子居是国也，其君用之，则安富尊荣；其子弟从之，则孝悌忠信。'不素餐兮'，孰大于是？"

【译文】

公孙丑说："《诗经·魏风·伐檀》云：'不白吃饭哪！'可是君子不耕种也来吃饭，这是为什么呀？"

孟子说："君子住在一个国家，这个国家的君主任用了他，就会安宁、富裕、尊贵、荣耀；他的子弟向他学习，就会孝顺父母，尊敬兄长，忠诚而讲信用。'不白吃饭哪'，还有什么比吃了饭做上述这些事还好的呢？"

【注释】

[1] 素：空。

三十三

王子垫^[1]问曰："士何事？"

孟子曰："尚志。"

曰："何谓尚志？"

曰："仁义而已矣。杀一无罪非仁也，非其有而取之非义也。居恶在？仁是也；路恶在？义是也。居仁由义，大人之事备矣。"

【译文】

王子垫问道："士人应该从事什么呢？"

孟子说："使自己的心志高尚。"

王子垫说："怎样才算心志高尚呢？"

孟子说："追求仁和义罢了。杀死一个无罪的人就是不仁，不是自己所有的东西却去拿来就是不义。自己住在哪里呢？仁在的地方；自己走的路在哪里呢？义在的地方。居住在仁在的地方，沿着义的道路行走，德行高尚的人该做的事就齐备了。"

【注释】

[1] 王子垫：齐王之子，名垫。

三十四

孟子曰："仲子^[1]，不义与之齐国而弗受，人皆信之，是舍箪食豆羹之义也。人莫大焉亡亲戚君臣上下。以其小者信其大者，奚可哉？”

【译文】

孟子说：“仲子，如果以不义的方式把齐国送给他，他也不会接受。因此，人们都相信他，但这只不过是舍弃一筐饭、一碗汤的小义。人的罪过没有比不讲父兄、君臣、上下这些关系更大的。凭着他在小事情上的义而相信他在大事情上的义，怎么可以呢？”

【注释】

[1] 仲子：陈仲子。

三十五

桃应[1]问曰：“舜为天子，皋陶为士，瞽瞍杀人，则如之何？”

孟子曰：“执之而已矣。”

“然则舜不禁与？”

曰：“夫舜恶得而禁之？夫有所受之也。”

“然则舜如之何？”

曰：“舜视弃天下犹弃敝屣[2]也。窃负而逃，遵[3]海滨而处，终身䜣[4]然，乐而忘天下。”

【译文】

桃应问道：“舜做天子，皋陶做法官，如果瞽瞍杀了人，那么该怎么办？”

孟子说："把他抓起来罢了。"

桃应又问："那么舜不阻止吗？"

孟子说："舜怎么能阻止呢？抓他是有依据的。"

桃应说："那么舜又怎么办呢？"

孟子说："舜把抛弃天子地位看成是抛弃一只破草鞋一样。舜会悄悄地背着父亲逃跑，沿着海边住下，一辈子快快乐乐地生活，快乐得忘记了天下了。"

【注释】

[1] 桃应：孟子的弟子。[2] 蹝（xǐ）：同"屣"，草鞋。[3] 遵：循。[4] 䜣：同"欣"，高兴。

三十六

孟子自范[1]之齐，望见齐王之子，喟然叹曰："居移气，养移体，大哉居乎！夫非尽人之子与？"

孟子曰："王子宫室、车马、衣服多与人同，而王子若彼者，其居使之然也；况居天下之广居者乎？鲁君之宋，呼于垤泽[2]之门。守者曰：'此非吾君也，何其声之似我君也？' 此无他，居相似也。"

【译文】

孟子从范邑到齐国去，远远看见齐王的儿子，长叹一声说："环境改变了人的气度，供养改变了人的体质，环境真重要啊！难道他不是齐人的儿子吗？"

孟子说："王子的宫殿、车马和衣服大都和别人一样，而王子的那些方面的不同是环境使他这样的；何况住在'仁'这个天下最宽广的住所里的人呢？鲁国国君到宋国去，在垤泽城门外呼喊。守门的人说：'这不是我们的国君，可是他的声音为什么这么像我们的国君呢？'这没有别的原因，只不过是环境相似罢了。"

【注释】

[1] 范：齐邑，王庶子的封地。[2] 垤（dié）泽：宋国城门名。

三十七

孟子曰："食而弗爱，豕交[1]之也；爱而不敬，兽畜之也。恭敬者，币之未将[2]者也。恭敬而无实，君子不可虚拘。"

【译文】

孟子说："（对贤人）养而不爱，等于养猪；爱他而对他不尊敬，等于养禽兽。恭敬之心，是在礼物还没有送去时就具备的。表面恭敬而心里却没有实际的恭敬，君子不要被虚假的形式所迷惑。"

【注释】

[1] 交：接。[2] 将：奉送的意思。

三十八

孟子曰："形色，天性也；惟圣人然后可以践^[1]形。"

【译文】

孟子说："人的形体和容貌是天生的特性，只有圣人才能做到使外形具有充实的内容。"

【注释】

[1] 践：同"践言"的"践"，履行的意思。

三十九

齐宣王欲短丧。公孙丑曰："为期之丧，犹愈于已乎？"

孟子曰："是犹或绅其兄之臂，子谓之姑徐徐云尔，亦教之孝悌而已矣。"

王子有其母死者，其傅为之请数月之丧。公孙丑曰："若此者何如也？"

曰："是欲终之而不可得也。虽加一日愈于已，谓夫莫之禁而弗为者也。"

【译文】

齐宣王想要缩短守孝的时间。公孙丑说："守孝一周年，还是比完全不守孝强些吧？"

孟子说："这样说就好比有人扭他哥哥的胳膊，你却对他说暂且轻轻地扭吧，这也是在教育他要遵守孝悌之道呢。"

王子有死了母亲的，他的师傅替他请求守孝几个月。公孙丑说："像这种事如何评价呢？"

孟子说："这是王子想守三年孝却办不到。即使多守一天孝也比不守孝强，我指的是那些没有人阻止他守孝而自己却不守孝的人。"

四十

孟子曰："君子之所以教者五：有如时雨化之者，有成德[1]者，有达财[2]者，有答问[3]者，有私淑艾[4]者。此五者，君子之所以教也。"

【译文】

孟子说："君子用来教育人的方法有五种：有像及时雨滋润禾苗那样的，有促成其德行的，有促其才能通达的，有解答疑问的，有以自身的善行让别人取法的。这五种就是君子用来教育人的方式。"

【注释】

[1] 成德：指成全品德，像孔子教导冉伯牛、闵子骞那样。[2] 达财："财"，与"材"同。"达财"，指培养成才，像孔子教导子由那样。[3] 答问：解答疑问，像孔子教导樊迟、孟子教导万章那样。[4] 淑艾：拾取。

四十一

公孙丑曰："道则高矣，美矣，宜若登天然，似不可及也。何不使彼为可几及而日孳孳也？"

孟子曰："大匠不为拙工改废绳墨，羿不为拙射变其彀率[1]。君子引而不发[2]，跃如[3]也。中道而立，能者从之。"

【译文】

公孙丑说："道确实很高，也很美好，好像登天的样子，似乎不可达到。为什么不使它成为有希望达到而使别人每天孜孜以求呢？"

孟子说："高明的木匠不会因为拙笨的工人而改变或废弃规矩，羿不会因为拙劣的射手而改变拉弓的要求。君子拉满弓却不放箭，只做出跃跃欲试的样子。他们站在正确的道路上，有能力的人就会跟随他们。"

【注释】

[1] 彀率：弓张开的程度。[2] 君子引而不发：后演化为成语"引而不发"，指拉开弓却不把箭射出去。比喻善于启发引导，也比喻做好准备暂不行动，以待时机。[3] 跃如：像踊跃而出的样子。

四十二

孟子曰："天下有道，以道殉身；天下无道，以身殉道；未闻以道殉乎人者也。"

【译文】

孟子说："天下清明，道义为君子所用而得到推行；天下混乱，君子坚守道义而为之献出生命；没听说过不惜歪曲道而去逢迎权贵的。"

四十三

公都子曰："滕更[1]之在门也，若在所礼，而不答，何也？"

孟子曰："挟贵而问，挟贤而问，挟长而问，挟有勋劳而问，挟故而问，皆所不答也。滕更有二焉。"

【译文】

公都子说："滕更在您门下的时候，好像在应该以礼相待之列。可是，您却不回答他，为什么呢？"

孟子说："倚仗自己的优越地位来请教，倚仗自己有才干来请教，倚仗自己年岁大来请教，倚仗自己的功劳来请教，倚仗自己有老交情来请教，都是我不回答的。滕更（在这五条中）占了两条。"

【注释】

[1] 滕更：滕国国君的弟弟，曾向孟子学习。

四十四

孟子曰："于不可已而已者，无所不已。于所厚者薄，无所不薄也。其进锐者，其退速。"

【译文】

孟子说："对不能停止的事却停止了，那就没有什么不可以停止的。对应该厚待的人却刻薄相待，那就没有谁不能刻薄对待了。那些前进很快的人，他们后退得也快。"

四十五

孟子曰："君子之于物也，爱之而弗仁；于民也，仁之而弗亲。亲亲而仁民，仁民而爱物。"

【译文】

孟子说："君子对于万物的态度是，爱惜它们却不用仁德对待；对于百姓的态度是，用仁德对待他们却不亲近他们。君子爱自己的亲人，因而用仁德对待百姓；用仁德对待百姓，因而爱惜万物。"

...

四十六

孟子曰:"知者无不知也,当务之为急;仁者无不爱也,急亲贤之为务。尧舜之知而不遍物,急先务也;尧舜之仁不遍爱人,急亲贤也。不能三年之丧,而缌^[1]、小功^[2]之察;放饭^[3]流歠^[4],而问^[5]无齿决^[6],是之谓不知务。"

【译文】

孟子说:"聪明的人没有什么不知道的,但把当前最重要的事看得最紧急;有仁德的人没有什么不爱的,但把爱贤明的人看成最紧要的。尧、舜的智慧并没有遍知万物,是因为他们急了解先要做的事;尧、舜的仁爱没有遍及每一个人,是因为他们急于亲近贤明的人。有的人不能守三年丧,却注重服三个月、五个月的丧;大口吃饭、大口喝汤(这样粗俗无礼的行为不去注意),却讲求责问别人用牙齿咬断干肉(这样的小事),这就叫作不识大体(不知道哪些事是紧要的)。"

【注释】

[1] 缌(sī):指缌麻三月的孝服,是五种孝服中最轻的。用熟布为孝服,服丧三个月,如女婿为岳父母戴孝,古人便用此服。[2] 小功:指五月的孝服,如外孙为外祖父母戴孝,古人用此孝服。[3] 放饭:大饭。[4] 流歠(chuò):一口气喝下去,是非常不敬的行为。[5] 问:讲求。[6] 齿决:用牙齿咬断干肉,是比较小的不敬的行为。

尽心章句下
（共三十八章）

　　《尽心下》共三十八章，主要有三方面内容：一是承接上卷内容，继续阐述自身修养问题；二是从仁政角度对不仁君王和不义战争进行批评、指责；三是表明自己的历史观。

　　孟子关于自身修养的内涵是极为丰富的，本卷中除了重申前几卷已论述的有关行大道为立身之本、修行大道要持之以恒、要以身作则以及清心寡欲使本心不受外界干扰等观点外，还明确要求人们严格要求自己，懂得修身的主要目的是治天下，即"君子之守，修其身而天下平"。关于修身的方式和途径则是多种多样的，许多具体内容在今天看来仍具有认识论价值。第三章中有句名言"尽信《书》，则不如无《书》。吾于《武成》，取二三策而已矣"，即对圣王的教导深信不疑，却不拘泥于经典上的辞句而知道变通。这种灵活的态度以及引申出来的治学上的独立思考态度是值得我们学习的。关于独立思考，第五章中有更生动的阐述，即"梓匠轮舆能与人规矩，不能使人巧"，说的是做学问最初可以由老师传授，而进一步高深的境界则靠自己独立钻研、领悟。这与平常所说的"师傅领进门，修行在个人"倒有异曲同工之妙。第二十章说"贤者以其昭昭，使人昭昭；今以其昏昏，使人昭昭"，这本来是用来批评当时的执政者的，但就所担当的教化责任这一点来说，则与教育者的教导作用有共同之处。教育者要"为人师表"，如果在能力上要使学生有一碗水，那么教师就必须有一桶水。此外，孟子还主张以宽容的态度待人。孟子在旅店丢了草鞋，别人怀疑是他的弟子偷走了，但孟子坚决否认，并说只要是抱着学习的目的而来的就接纳他们。言外之意是，即使他们真的偷了草鞋，自己也不会去追究。由此可见，孟子的宽容之心非同一般。

行仁政，是孟子念念不忘的话题。本卷中孟子赞扬圣人的巨大影响力、感召力，重申"仁者无敌"，并表现出明显的反战情绪，以及对种种不仁行为进行批评、指责。第一章指出"不仁哉梁惠王也"，紧接着第二章又指出"春秋无义战"。孟子承认通过战争可以得到土地，但仅仅是得到土地而已，却不能拥有天下。孟子还对那种随意设关立卡、聚敛无度、扰乱百姓生活的做法给以抨击，如第八章指出"今之为关也，将以为暴"，这同样是不仁的做法。孟子认为，唯有仁者能拥有天下，而这是仁者感召力、影响力的具体体现，是梁惠王之类不仁者无法做到的。通过仁与不仁事例的对比，强调了行仁政的重要性。

总而言之，孟子的这些见解和主张对今天的个人修养及国家大政方针的制定都是有所裨益的。

一

孟子曰："不仁哉梁惠王也！仁者以其所爱及其所不爱，不仁者以其所不爱及其所爱。"

公孙丑问曰："何谓也？"

"梁惠王以土地之故，糜烂其民而战之，大败，将复之，恐不能胜，故驱其所爱子弟以殉之，是之谓以其所不爱及其所爱也。"

【译文】

孟子说："梁惠王太不仁了！有仁德的人把对待所爱者的态度推广到他不爱的人身上，没有仁德的人却把他不爱的祸患推广到他所爱的人身上。"

公孙丑问道："这说的是什么呢？"

孟子说："梁惠王为了扩张土地的缘故，驱使百姓去打仗，使他们骨肉糜烂。惨败之后还要再打，怕不能取胜，因而又驱使他们所爱的子弟去打仗送死，这就叫作把给不爱者的祸患推广到所爱的人身上。"

二

孟子曰："春秋无义战。彼善于此，则有之矣。征[1]者，上伐下也，

敌国不相征也。"

【译文】

孟子说："春秋时代没有正义的战争。那一国比这一国好一些的情况却是有的。只是征讨，是天子讨伐诸侯，势力地位相当的国家是不能相互征讨的。"

【注释】

[1] 征：用武力制裁、讨伐。指天子讨伐有罪的诸侯。

三

孟子曰："尽信《书》，则不如无《书》。吾于《武成》[1]，取二三策[2]而已矣。仁人无敌于天下，以至仁伐至不仁，而何其血之流杵[3]也？"

【译文】

孟子说："完全相信《尚书》，就不如没有《尚书》了。我对《武成》这一篇，只不过取它两三页就罢了。仁德的人在天下是没有敌手的，以周武王这样极仁爱的人讨伐最不仁爱的人，却怎么会使血流得把捣米用的木槌都漂起来呢？"

【注释】

[1]《武成》：《尚书·周书》篇名，记载周武王伐纣事件经过的篇目。[2] 策：竹简。[3] 杵：舂杵。

四

孟子曰："有人曰：'我善为陈[1]，我善为战。'大罪也。国君好仁，天下无敌焉。南面而征，北狄怨；东面而征，西夷怨，曰：'奚为后我？'武王之伐殷也，革车[2]三百两[3]，虎贲[4]三千人。王曰：'无畏！宁尔也，非敌百姓也。'若崩厥角[5]稽首。征之为言正也，各欲正己也，焉用战？"

【译文】

孟子说："有人说：'我善于布阵，我善于作战。'这真是最大的罪恶。国君喜好仁德，天下就没有谁是他的对手。（商汤）向南方征伐，北方的百姓就埋怨；向东方征伐，西方的百姓就埋怨，说：'为什么不先到我们这里来？'周武王讨伐殷纣，兵车三百辆，勇士三千人。周武王说：'不要害怕，我是来使你们安宁的，不是来与你们百姓为敌的。'殷纣的百姓不住地磕头、致谢，额头磕地的响声像山崩一样。'征'的本义就是正，每个人都希望端正自己，又哪里用得着战争呢？"

【注释】

[1] 陈：今作"阵"。[2] 革车：兵车，以皮为饰。[3] 两：车数。百夫长所载车称两，一车两轮。[4] 虎贲（bēn）：勇士的称呼。指像虎一样勇猛有力的人。[5] 厥角："厥"，同"蹶"，顿。"角"，额角。"厥角"，顿首。

五

孟子曰："梓匠轮舆能与人规矩，不能使人巧。"

【译文】

孟子说："木匠和制造车轮、车厢的工匠能把制作的规矩教给别人，却不能使别人具有灵巧的手艺。"

六

孟子曰："舜之饭[1]糗[2]茹[3]草也，若将终身焉；及其为天子也，被袗[4]衣，鼓琴，二女果[5]，若固有之。"

【译文】

孟子说："舜吃干粮、咽野菜时，就好像一辈子都是这个样子了；等到他做了天子，穿着精美的衣服，弹着琴，尧的两个女儿侍候着他，又好像他本来就这样富贵。"

【注释】

[1] 饭（fàn）：动词，食。[2] 糗（qiǔ）：干饭。[3] 茹（rú）：食。[4] 袗（zhěn）：画。[5] 果（wǒ）：一作"婐"，侍候。

七

孟子曰："吾今而后知杀人亲之重也：杀人之父，人亦杀其父；杀人之兄，人亦杀其兄。然则非自杀之也，一间耳。"

【译文】

孟子说："我现在才明白杀害别人亲人的后果有多么严重：杀死别人的父亲，别人也会杀死他的父亲；杀死别人的哥哥，别人也会杀死他的哥哥。那么，虽然父亲和哥哥不是他自己杀死的，但相差也就一点点了。"

八

孟子曰："古之为关也，将以御暴；今之为关也，将以为暴。"

【译文】

孟子说："古代设立关卡，目的是用来抵御暴虐；现在设置关卡，目的是用来施行暴虐。"

九

孟子曰："身不行道，不行于妻子；使人不以道，不能行于妻子。"

【译文】

孟子说："自身都不遵道而行，那么道在自己的妻子儿女身上也行不通；使唤别人不遵道而行的，那么使唤自己的妻子儿女也办不到。"

孟子曰："周 [1] 于利者凶年不能杀 [2]，周于德者邪世不能乱。"

【译文】

孟子说："善于积累财利的人，荒年也不会困乏；善于积累仁德的人，乱世也不会迷惑。"

【注释】

[1] 周：足。指积累丰厚的话就有余裕可用。[2] 杀：缺乏。指窘困的意思。

十一

孟子曰："好名之人能让千乘之国，苟非其人，箪食豆羹见于色。"

【译文】

孟子说："喜好名声的人能把拥有千辆兵车的国家让给别

人，如果他不是这样的人，那么要他让出一筐饭、一碗汤，他也会面露不悦之色。"

十二

孟子曰："不信仁贤，则国空虚；无礼义，则上下乱；无政事，则财用不足。"

【译文】

孟子说："不信任仁德贤能的人，那么国家就会没有人才；不讲礼义，那么上下级关系就会混乱；不进行行政管理，那么国家的财力费用就会不足。"

十三

孟子曰："不仁而得国者，有之矣；不仁而得天下者，天下未之有也。"

【译文】

孟子说："不仁爱却得到一个国家的事，是有的；不仁爱却得到整个天下的事，从来没有过。"

十四

孟子曰："民为贵，社稷^[1]次之，君为轻。是故得乎丘民^[2]而为天子，得乎天子为诸侯，得乎诸侯为大夫。诸侯危社稷，则变置。牺牲既成，粢盛既絜，祭祀以时，然而旱干水溢，则变置社稷。"

【译文】

孟子说："百姓最重要，国家是第二位的，君王最不重要。所以，能得到广大百姓拥护就能做天子，得到天子赏识的就做诸侯，得到诸侯赏识的就做大夫。如果诸侯危害国家，那就另立一个诸侯。祭祀用的牲畜已经肥壮，祭品干干净净，按时进行祭祀，这样还是遭受水旱灾害的，那就另立土谷之神。"

【注释】

[1] 社稷："社"，土神。"稷"，谷神。"社稷"，指国家。[2] 丘民：田野之民，小民。

十五

孟子曰："圣人，百世之师也，伯夷、柳下惠是也。故闻伯夷之风者，顽夫廉，懦夫有立志；闻柳下惠之风者，薄夫敦，鄙夫宽。奋乎百世之上，百世之下，闻者莫不兴起也。非圣人而能若是乎？而况于亲炙之者乎？"

【译文】

孟子说："圣人是百代后人的老师，伯夷和柳下惠就是这样的圣人。所以，听说过伯夷风格的人，贪婪的人也会变得清廉，懦弱的人也会有自立的志向；听说过柳下惠风格的人，刻薄的人也会变得敦厚，心胸狭窄的人也会变得宽广。圣人们在百代前发奋而为，百代之后，听说过他们事迹的人没有不感动奋发的。如果不是圣人，能有这么大的影响吗？何况那些亲身受到圣人熏陶的人呢？"

十六

孟子曰："仁也者，人也。合而言之，道也。"

【译文】

孟子说："'仁'的意思就是'人'。'仁'和'人'合并起来说就是'道'。"

十七

孟子曰："孔子之去鲁，曰，'迟迟吾行也，去父母国之道也。'去齐，接淅而行，去他国之道也。"

【译文】

孟子说："孔子离开鲁国时，说：'我们慢慢走吧，这是离开自己祖国的态度。'离开齐国时，等不及把米淘完沥干水就走。这是离开别国的态度。"

十八

孟子曰："君子之厄[1]于陈、蔡之间，无上下之交也。"

【译文】

孟子说："孔子在陈国和蔡国之间被围困，是因为他跟这两国的国君都没有交往。"

【注释】

[1] 厄：隘。

十九

貉稽曰："稽大不理[1]于口。"

孟子曰："无伤也。士憎兹多口。《诗》云：'忧心悄悄[2]，愠[3]于群小。'孔子也。'肆[4]不殄[5]厥愠，亦不殒[6]厥问[7]。'文王也。"

【译文】

貉稽说："我不擅长分辨别人对我的损毁。"

孟子说："没什么关系。士人都过厌这种七嘴八舌的议论。《诗经·邶风·柏舟》云：'禁得住忧心如焚，一群小人把我恨。'

孔子就是这样的。'别人的怨恨不消，也无损于自己的名声。'这就是周文王啊。"

【注释】

[1] 理：顺。[2] 悄悄：忧心的样子。[3] 愠：怒。[4] 肆：故。[5] 殄（tiǎn）：绝。[6] 殒：同"陨"，坠。[7] 问：声闻。此处指名声。

二十

孟子曰："贤者以其昭昭[1]使人昭昭，今以其昏昏[2]使人昭昭。"

【译文】

孟子说："贤明的人先使自己清楚明白，才想使别人明明白白；现在的人自己都模糊不清，却想使别人明明白白。"

【注释】

[1] 昭昭：明。[2] 昏昏：暗。

二十一

孟子谓高子[1]曰："山径[2]之蹊[3]，间介然[4]用之而成路；为间[5]不用，则茅塞[6]之矣。今茅塞子之心矣。"

【译文】

孟子对高子说："山坡上的小路，始终不断去走它就成了路;隔段时间不去走，那它就会让茅草堵塞住。现在茅草塞住了你的心啊！"

【注释】

[1]高子：齐人，曾学于孟子。[2]径：同"陉"，山坡。[3]蹊：人行处。[4]介然：意志专一而心无旁骛的样子。[5]为间：少顷。[6]茅塞：茅草堵塞之处。

二十二

高子曰："禹之声尚文王之声。"

孟子曰："何以言之？"

曰："以追[1]蠡[2]。"

曰："是奚足哉？城门之轨[3]，两马之力与？"

【译文】

高子说："禹的音乐要高于周文王的音乐。"

孟子说："为什么这样说呢？"

高子说："因为禹传下来的乐钟的悬钮都快断了。"

孟子说："这怎么足以作为证明？城门下面的车辙很深，难道仅仅是几匹马的力量吗？（那是年代久远车马经过太多的缘故。禹的乐钟悬钮快断了，也是因为年代太久远了。）"

【注释】

[1]追（duī）：钟钮。[2]蠡（lí）：将要断绝的样子。[3]轨：

车辙的痕迹。

二十三

齐饥。陈臻曰："国人皆以夫子将复为发[1]棠，殆不可复。"

孟子曰："是为冯妇[2]也。晋人有冯妇者，善搏虎，卒[3]为善士。则之野，有众逐虎。虎负[4]嵎[5]，莫之敢撄[6]。望见冯妇，趋而迎之。冯妇攘臂下车。众皆悦之，其为士者笑之。"

【译文】

齐国闹饥荒。陈臻对孟子说："国内百姓都以为您会再次劝说齐王打开棠邑的粮仓赈济灾民，恐怕不会再那样做吧。"

孟子说："再那样做就成了冯妇一样的人了。晋国有个叫冯妇的人，善于打老虎，后来成了善人（不再打虎了）。有一次他到野外去，很多人在追一只老虎。老虎背靠着山脚，没有人敢上前捉它。人们远远看到冯妇，就快步上前迎接他。冯妇就挽起衣袖伸伸胳膊下了车。人们都高兴他这样做，但其中有士人却讥笑他。"

【注释】

[1] 发：开粮仓赈灾。[2] 冯妇：战国时一男子名，姓冯，名妇，善搏虎。"是为冯妇"，后演化为成语"再作冯妇"，比喻重操旧业。[3] 卒：后。[4] 负：依。[5] 嵎（yú）：山曲叫作"嵎"。[6] 撄：触，迫。

二十四

孟子曰："口之于味也，目之于色也，耳之于声也，鼻之于臭也，四肢之于安佚也，性也，有命焉，君子不谓性也。仁之于父子也，义之于君臣也，礼之于宾主也，智之于贤者也，圣人之于天道也，命也，有性焉，君子不谓命也。"

【译文】

孟子说："嘴巴对于好吃的滋味，眼睛对于好看的颜色，耳朵对于好听的声音，鼻子对于好闻的气味，四肢对于安逸舒适，这些需要都是本性，但能否得到要靠命运安排，所以君子不认为这些是本性的必然（而不去强求）。仁对于父与子，义对于君与臣，礼对于宾与主，智慧对于贤能的人，圣人对于天理，能否各得其宜都属于命运，但也是本性的必然，所以君子也不认为它们属于命运（而是努力顺从本性，力求实现）。"

二十五

浩生不害[1]问曰："乐正子何人也？"

孟子曰："善人也，信人也。"

"何谓善？何谓信？"

曰："可欲之谓善，有诸己之谓信，充实之谓美，充实而有光辉之谓大，大而化之之谓圣，圣而不可知之之谓神。乐正子，二之中、四之下也。"

【译文】

浩生不害问道："乐正子是怎样的人？"

孟子说："是好人，诚信的人。"

浩生不害说："什么叫好？什么叫诚信？"

孟子说："那人值得喜欢就叫作好，那些好处确实在他身上存在就叫作诚信，那些好处充满他本身就叫作美，不但充满而且放出光辉就叫作大，放出光辉且能化育万物的就叫作圣，具有圣德且到了不可测度境界的就叫作神。乐正子符合前两条，但还没达到后四条。"

【注释】

[1] 浩生不害：齐国人，姓浩生，名不害。

二十六

孟子曰："逃墨必归于杨，逃杨必归于儒。归，斯受之而已矣。今之与杨、墨辩者，如追放豚^[1]，既入其苙^[2]，又从而招^[3]之。"

【译文】

孟子说："离开墨家一派的人一定会归到杨朱那一派去，离开杨朱一派的人一定会归到儒家一派的。如果回归，就接受他们算了。现在，与杨朱、墨翟两家相辩论的人，就好像追赶跑掉的小猪，已经把它赶进猪圈了，又要捆住它的脚。"

【注释】

[1] 放豚：跑掉的小猪。[2] 苙（lì）：栏。[3] 招：罥（juàn）。用绳子套，绑住脚。

二十七

孟子曰："有布缕之征，粟米之征，力役之征。君子用其一，缓其二。用其二而民有殍，用其三而父子离。"

【译文】

孟子说："有征收布帛的税，有征收粮食的税，还有使人出力的税。君子采用其中的一种，暂时不用另两种。如果同时征收两种，百姓就有饿死；同时征收三种，父子就要离散。"

二十八

孟子曰："诸侯之宝三：土地、人民、政事。宝珠玉者，殃必及身。"

【译文】

孟子说："诸侯的宝贝有三件：土地、百姓和政治。把珠玉看成是宝贝的，灾祸必定会落到他身上。"

二十九

盆成括仕于齐，孟子曰：“死矣盆成括！”

盆成括见杀，门人问曰：“夫子何以知其将见杀？”

曰：“其为人也小有才，未闻君子之大道也，则足以杀其躯而已矣。”

【译文】

盆成括在齐国做官，孟子说：“盆成括就要死了！”

盆成括被杀，弟子问道：“老师怎么知道他会被杀呢？”

孟子说：“他这个人有点儿小才，但不知道君子的大道，就足以招致自己被杀了。”

【注释】

[1] 盆成括：姓盆成，名括。曾经跟随孟子学习，没有学成就离开了，后在齐国入仕。

三十

孟子之滕，馆于上宫。有业屦于牖上，馆人求之弗得。或问之曰：“若是乎从者之廋也？”

曰：“子以是为窃屦来与？”

曰：“殆非也。夫子之设科也，往者不追，来者不拒。苟以是心至，斯受之而已矣。”

【译文】

孟子到滕国，住在上等的旅馆中。有一双没有编好的草鞋在窗户上不见了，旅馆里的人没有找到。有人问孟子道："跟随您的人就像这样偷拿别人的东西吗？"

孟子说："你认为这些人是为了偷草鞋才来的吗？"

那人说："大概不是的。但您开设课程，对去的弟子不追问，对来的弟子不拒绝。只要他们怀着求学的目的来，就接收他们了（，因此难免品行不好的混在其中啊）。"

【注释】

[1] 业：此处指还未编织完成。

三十一

孟子曰："人皆有所不忍，达之于其所忍，仁也；人皆有所不为，达之于其所为，义也。人能充无欲害人之心，而仁不可胜用也；人能充无穿[1]逾[2]之心，而义不可胜用也；人能充无受尔汝之实，无所往而不为义也。士未可以言而言，是以言𫗧[3]之也；可以言而不言，是以不言𫗧之也，是皆穿逾之类也。"

【译文】

孟子说："每个人都有自己不忍心去做的事，把这种不忍推广到他忍心做的事上，就是仁；每个人都有自己不愿意去做的事，把这种不愿意推广到他愿意做的事上，就是义。如果人能推广不想害人的心，那么仁就用不尽了；如果人能推广不穿洞跳墙（为奸利之举）的心，那么义就用不尽了；只要能推广不接受轻视的实际言行，那么无论到哪里都不会不合乎义了。一个士人，不可以与人说话却非要说，这是用言语诱惑而获利；可以与人说话却不说，这是用沉默诱惑而获利，这些都是属于穿洞跳墙一类的事。"

【注释】

[1] 穿：穿穴。[2] 逾：逾墙。"穿""逾"都是偷盗的行为。[3] 餂（tiǎn）：探取。

三十二

孟子曰："言近而指远者[1]，善言也；守约而施[2]博者，善道也。君子之言也，不下带[3]而道存焉。君子之守，修其身而天下平。人病舍其田而芸人之田，所求于人者重，而所以自任者轻。"

【译文】

孟子说："言语浅近但意义深远，这是妙言；坚守简约但成效很大，这是妙法。君子的话，虽然讲的是身边的事，但是寓含了大道理。君子所坚守的，是修养自身而使天下太平。有些人的毛病就在于舍弃自己的田地，却去耕种别人的田地，即要求别人的很重，要求自己的却很轻。"

【注释】

[1] 言近而指远者：后演化为成语"言近旨远"，意思是话

很浅近，含义却很深远。[2] 施：功劳。[3] 不下带："带"，腰带。古人在与人交谈时目光不可低于对方的腰带，以示一种谦恭的态度。

三十三

孟子曰："尧舜，性者也。汤武，反之也。动容周旋中礼者，盛德之至也。哭死而哀，非为生者也。经[1] 德不回[2]，非以干禄也。言语必信，非以正行也。君子行法，以俟命而已矣。"

【译文】

孟子说："尧、舜，是按自己本性做事的人。商汤、周武王，是通过自身修养后回归本性而做事的人。举止、仪容和进退揖让没有不合于礼的，是美德的最高境界。为死去的人而悲哀哭泣，不是做给活人看的。依据道德准则做事而不走邪路，不是为了求得俸禄。说话一定要讲信用，不是为了要让人知道我行为端正。君子依据法度做事，（结果怎样）只是等待命运安排罢了。"

【注释】

[1] 经：行。[2] 回：违。此处指违背礼节。

三十四

孟子曰："说大人，则藐之，勿视其巍巍然[1]。堂高数仞，榱[2]题[3]数尺，我得志，弗为也。食前方丈，侍妾数百人，我得志，弗为也。般乐饮酒，驱骋田猎，后车千乘，我得志，弗为也。在彼者，皆我所不为也；在我者，皆古之制也，吾何畏彼哉？"

【译文】

孟子说："向诸侯游说就要藐视他，不要看他高高在上的样子。殿堂的基础几丈高，屋檐数尺宽，我如果得志就不这样做。食物大量地摆在眼前，侍奉的姬妾数百人，我如果得志就不会这样做。饮酒作乐，驱马打猎，后面跟从上千辆车，我如果得志就不这样做。他做的那些事，都是我不做的；我做的事，都是符合古代制度的，那么我为什么要怕他呢？"

【注释】

[1] 巍巍然：富贵高显的样子。[2] 榱（cuī）：椽子。此处指屋檐。[3] 题：头。

三十五

孟子曰："养心莫善于寡欲。其为人也寡欲，虽有不存焉者，寡矣；其为人也多欲，虽有存焉者，寡矣。"

【译文】

孟子说:"修养心性的办法没有比节制欲望更好的。一个人做人如果节制欲望,即使善良的本性失去了一些,也是不多的;如果欲望强烈,即使善良的本性还有保存,也是很少的。"

三十六

曾晳嗜羊枣[1],而曾子不忍食羊枣。公孙丑问曰:"脍炙[2]与羊枣孰美?"

孟子曰:"脍炙哉!"

公孙丑曰:"然则曾子何为食脍炙而不食羊枣?"

曰:"脍炙所同也,羊枣所独也。讳名不讳姓,姓所同也,名所独也。"

【译文】

曾晳喜欢吃羊枣,因此曾子不忍心吃羊枣。公孙丑问孟子道:"炒肉与羊枣哪种好吃?"

孟子说:"炒肉好吃啊!"

公孙丑说:"那么曾子为什么吃炒肉却不吃羊枣呢?"

孟子说:"炒肉是大家都喜欢吃的,羊枣却是个别人喜欢吃的。正如人们避讳尊长的名字却不避讳尊长的姓,因为姓是大家都相同的,而名只是个别人所独有的。"

【注释】

[1] 羊枣:果实小且又黑又圆,又叫"羊矢枣"。曾子的父

亲很爱吃羊枣，因此曾子在父亲去世后每次吃羊枣都会思念父亲，便不忍去吃。[2] 脍炙："脍"，切细剁碎的肉。"炙"，"脍炙"，此处以炒肉代指。

三十七

万章问曰："孔子在陈曰：'盍归乎来！吾党之士狂简[1]，进取，不忘其初。'孔子在陈，何思鲁之狂士？"

孟子曰："孔子'不得中道而与之，必也狂狷乎！狂者进取，狷者有所不为也'。孔子岂不欲中道哉？不可必得，故思其次也。"

"敢问何如斯可谓狂矣？"

曰："如琴张[2]、曾皙、牧皮者，孔子之所谓狂矣。"

"何以谓之狂也？"

曰："其志嘐嘐[3]然，曰，'古之人，古之人。'夷考其行，而不掩焉者也。狂者又不可得，欲得不屑不洁之士而与之，是狷也，是又其次也。孔子曰：'过我门而不入我室，我不憾焉者，其惟乡原[4]乎！乡原，德之贼也。'"

曰："何如斯可谓之乡原矣？"

曰："何以是嘐嘐也？言不顾行，行不顾言，则曰'古之人，古之人'。行何为踽踽[5]凉凉[6]？生斯世也，为斯世也，善斯可矣。阉[7]然媚于世也者，是乡原也。"

万章曰："一乡皆称原人焉，无所往而不为原人，孔子以为德之贼，何哉？"

曰："非之无举也，刺之无刺也，同乎流俗，合乎污世[8]。居之似忠信，行之似廉洁，众皆悦之，自以为是，而不可与入尧舜之道，故曰

'德之贼'也。孔子曰，恶似而非者：恶莠[9]，恐其乱苗也；恶佞，恐其乱义也；恶利口[10]，恐其乱信也；恶郑声[11]，恐其乱乐也；恶紫[12]，恐其乱朱[13]也；恶乡原，恐其乱德也。君子反[14]经[15]而已矣。经正则庶民兴；庶民兴，斯无邪慝矣。"

【译文】

万章问孟子道："孔子在陈国时说：'为什么不回去呢？我那些学生志向广大而狂放，进取而不忘当初的志向。'孔子在陈国为什么怀念鲁国那些狂放的人呢？"

孟子说："孔子说：'找不到不偏不倚保持中正的人与他交往，那就一定与狂放的人和狷介之士交往吧！狂放的人有进取心，狷介的人有的事不去做。'孔子难道不想与保持中正的人交往吗？不一定能找到，所以只得求次一等的了。"

万章说："请问怎样的人才叫作狂放的人呢？"

孟子说："像琴张、曾皙和牧皮那样的人，就是孔子所说的狂放的人了。"

万章又问："为什么说他们狂放呢？"

孟子说："他们志向远大口气也大，总说什么'古人啊古人啊'！可是，考察他们的实际行为，却与所说的话不相符。如果找不到这种狂放的人，就想找不屑于做肮脏事的人交往，这就是狷介之士，这就又次一等了。孔子说：'经过我家门口却不进我屋里来而我不觉得遗憾，只有好好先生了。好好先生，是伤害道德的坏人。'"

万章说："什么样的人才叫他好好先生呢？"

孟子说："（好好先生批评狂放的人）为什么这样志向远大口气也大呢？说话不考虑能否做到，做事不考虑与自己说的话是否一致，只会说什么'古人啊古人啊'。（又批评狷介之士）为什么这样孤单寂寞呢？活在这个世上，就得做适应这个世界的人，让大家都说好就行了。像阉人那样四处逢迎、讨好世俗的人，就是好好先生。"

万章说："一乡的人都说他是老好人，他无论到哪里都表现出是个老好人。孔子却认为他们伤害了道德，为什么呢？"

孟子说："这种人，要指责他举不出什么过错来，要责骂他又没有什么值得责骂的；他们只是同世俗同流合污，平时似乎忠诚老实，行为举止似乎廉洁；大家都很喜欢他们，他们自身也自以为是，可是与尧、舜之道格格不入，所以说他们是伤害道德的坏人。孔子说，厌恶那些表面相似而实际上完全不同的东西：厌恶狗尾草，因为怕它冒充禾苗；厌恶谄媚之言，因为怕它冒充义理；厌恶夸夸其谈，因为怕它扰乱诚信；厌恶郑国的淫靡音乐，因为怕它破坏雅乐；厌恶紫色，因为怕它混淆了红色；厌恶好好先生，因为怕他扰乱了美德。君子使事物回归正道就行了。正道不被歪曲，百姓就会奋发振作；百姓奋发振作，就没有邪恶了。"

【注释】

[1] 狂简：志向高远而处事疏阔。[2] 琴张：名牢，字子张。子桑户死，琴张在其尸体前高歌。[3] 嘐嘐（xiāo）：志大言大。[4] 原：同"愿"，谨善。[5] 踽踽（jǔ）：独行不前进的样子。[6] 凉凉：薄。指与人不亲厚。[7] 阉：同"奄人"的"奄"。此处是闭藏的意思。[8] "同乎流俗，合乎污世"：后演化为成语"同流合污"，指没有独立人格，顺从世俗。也指和坏人一起做坏事。[9] 莠（yǒu）：像苗的草。[10] 利口：能说会道的样子。[11] 郑声：

淫乐。相当于靡靡之音。[12] 紫：闲色。[13] 朱：正色。[14] 反：
同"返"，复。[15] 经：常。指万世不变的常道。

三十八

　　孟子曰："由尧舜至于汤，五百有余岁；若禹、皋陶，则见而知之；
若汤，则闻而知之。由汤至于文王，五百有余岁。若伊尹、莱朱[1]，则
见而知之；若文王，则闻而知之。由文王至于孔子，五百有余岁，若太
公望、散宜生[2]，则见而知之；若孔子，则闻而知之。由孔子而来至于
今，百有余岁，去圣人之世若此其未远也，近圣人之居若此其甚也，然
而无有乎尔，则亦无有乎尔。"

【译文】

　　孟子说："从尧、舜到汤，经历了五百多年；像禹、皋陶
这些人，就是亲眼见到而了解尧、舜之道的；像汤，就只是听
到尧、舜之道而了解的。从汤到文王，经历了五百多年。像
伊尹、莱朱这些人，就是亲眼见到而了解汤的治国之道的；
像文王，就只是听到汤的治国之道而了解的。从文王到孔子，
又经历了五百多年，像太公望、散宜生这些人就亲眼见到而
了解文王的治国之道的；像孔子，就只是听到文王的治国之道
而了解的。从孔子一直到现在，只经历了一百多年，离圣人
的时代是这样的近，距圣人的家乡是这样的近，可是却没有
继承圣人事业的人，以后也就没有继承圣人事业的人了。"

【注释】

　　[1] 莱朱：商汤时的贤臣。[2] 散宜生：周文王时的贤臣。

附录

《孟子》人物介绍

孟子弟子

1.乐正子：名克，孟子的弟子，战国时人，仕于鲁国。

2.公子丑：战国时期齐国人，孟子的弟子，与万章等著《孟子》一书。公孙丑在书中记其言颇多，有《公孙丑章句》共二十三章、六千多字。

3.孟仲子：孟子的堂弟，学于孟子门下。

4.陈臻：孟子的弟子。

5.公都子：战国时期齐国人，孟子的弟子。

6.充虞：孟子的弟子，曾为董治做棺椁之事。

7.高子：战国时期齐国人，孟子的弟子。

8.徐辟：孟子的弟子。

9.陈代：孟子的弟子。

10.周霄：魏国人，约在梁惠王与梁襄王时期。

11.公明仪：孟子的弟子。

12.彭更：孟子的弟子。

13.万章：战国时期邹国人，孟子的弟子。据《史记》载，孟子晚年，经常同万章等弟子谈论经书，并和万章等弟子一起著《孟子》一书。（"孟子去齐，绝粮于邹薛，退与万章之徒，序诗书，述仲尼之意，作孟子七篇。"）《孟子》七篇中有《万章章句》共十八章，万章名字出现了二十二次之多；对孟子有"尧以天下与舜"等问题达三十八次之多。

14. 咸丘蒙：孟子的弟子。咸丘，本是地名，原在鲁国。此处是以地名为姓。

15. 屋庐子：名连，孟子的弟子。

16. 桃应：孟子弟子。

17. 滕更：滕国国君的弟弟，求学于孟子。

18. 浩生不害：齐国人。

19. 盆成括：曾学于孟子，学问未成而离去，后仕于齐国。

【附】《孟子弟子考》一篇，原收入《曝书亭集》卷五十七，共列孟子弟子乐正克、万章、公孙丑、浩生不害、孟仲子、陈臻、充虞、屋庐连、徐辟、陈代、彭更、公都子、咸丘蒙、高子、桃应、盆成括、滕更等十七人。其大多以赵岐《孟子章句》为据，如"乐正子克，宋政和中赠利国侯。赵岐曰：孟子弟子，为鲁臣。""万子章，宋赠博兴伯。赵岐曰：孟子弟子。""公孙子丑，宋赠寿光伯。赵岐曰：孟子弟子。"唯盆成括一条，引"孙奭曰：盆成括，尝学于孟子"。按：孟子弟子人数，多有异说。赵岐注列孟子弟子十五人，学于孟子者四人，凡十九人。尚有季孙、子叔二子，岐明言孟子弟子，而彝尊未收。宋政和中，以程振请赠爵者十八人，皆本赵注，唯遗滕更一人。彝尊则增滕更，去季孙、子叔，凡十七人。《朱熹集注》则只取十三人。元吴莱《孟子弟子列传》取十九人。张九韶《群言拾唾》载孟子弟子十七人，去季孙、子叔、滕更、盆成括，增孟季子、周霄。宫梦仁《读书记数略》则去滕更、浩生不害、盆成括，增孟季子、曹交、周霄。

诸侯国君及公子

1. **梁惠王**：魏惠王（前400—前319），姬姓，魏氏，名罃，谥号"惠"。本为魏侯，僭越称王。魏惠王由安邑迁都大梁（今开封西北）后，魏国又称梁国，魏惠王又称梁惠王。据《史记》载："惠王三十五年，卑礼厚币以招贤者，而孟轲至梁。"

2. **梁襄王**：梁惠王之子，名赫，谥号"襄"。

3. **齐宣王**（前350—前301）：妫姓，田氏，名辟疆，战国时代齐国国君，齐威王之子。

4. **邹穆公**：与孟子同时代人，其在位时间大约为公元前382—公元前330年之间，是邾娄（后为邹）国除邾文公籧篨之外最为时人及后人称颂的英明君主。

5. **滕文公**：战国时滕国的贤君，名宏，滕定公之子，当时世称元公。周显王四十三年（前326），滕文公以世子身份出使楚国，途经宋国时两次拜见孟子，向孟子请教治理国家的办法。滕文公受到孟子的教诲，做了国君后根据孟子的意见在国内推行仁政，实行礼制，兴办学校，改革赋税制度等。不久，滕文公声名大振，远近都称其为"贤君"，自愿来滕国定居者络绎不绝。

6. **鲁平公**：姬叔，战国诸侯国鲁国君主之一。鲁平公在位时，鲁国国力衰弱，当时"战国七雄"中的六国都已经称王，鲁国苟延残喘于列国之中。

臣子侍从

1. **庄暴**：齐宣王的近臣。

2. **臧仓**：战国末年鲁国人，鲁平公的男宠，曾向鲁君进谗诋毁孟子，使其不接见孟子。后因此以臧仓代指进谗害贤的小人。

3. **景丑**：齐国大夫。

4. **孔距心**：齐国大夫。

5. **蚳蛙**：齐国大夫。

6. **王驩**：字子敖，齐国大夫。

7. **沈同**：齐国大夫。

8. **陈贾**：齐国大夫。

9. **时子**：号博昌，著名战国时期齐国贤人。

10. **尹士**：齐国人。

11. **然友**：滕国世子的老师。

12. **戴不胜**：宋国大夫。

13. **戴盈之**：宋国大夫。

14. **淳于髡**：姓淳于，名髡，齐国的辩士。

15. **子产**：郑大夫公孙侨，郑穆公之孙，公子发之子。

16. **公行子**：齐国大夫。

17. **匡章**：陈姓，田氏，名章，战国时期齐国名将，人称章子或者匡子。

18. **储子**：战国时齐国人。齐宣王时曾为相，与孟子相交。

19. **北宫锜**：战国时期卫国人，五十多岁时新任卫国太宰，上任后欲对国家的制度进行一些调整和改革，翻遍了古籍文献也未查到周朝制定的官爵和俸禄的等级制度，请教了许多人俱不能答，只好不远千里迢迢到齐国来请教孟子。

20. **曹交**：名交，曹国国君的弟弟。

21. **季任**：任国国君的弟弟。任国国君朝会于邻国，季任留守任国。

22. **白圭**：名丹，周人。曾相魏，曾筑堤治水，善生产，节以货殖，欲省赋利民，实行"二十抽一"的税法。

23. **王子垫**：齐王之子，名垫。

诸子百家

1. **许行**（约前372年—前289年）：东周战国时期著名农学家、思想家。生于楚宣王至楚怀王时期，约与孟子同一时代。在《孟子·滕文公上》中，记载有许行其人"为神农之言"，因此被归为农学家，而后世也将许行视为先秦时代农学家的代表人物。但因没有著作流传于世，详细思想内容与其他事迹皆不可考。

2. **陈相**：陈良弟子，后转向许行学习。

3. **夷子**：学墨家。

4. **景春**：学纵横家。

5. **长息**：公明高的弟子。公明高，曾子的弟子。曾子（前505—前435），名参，字子舆，春秋末年鲁国南武城人（今山东临沂平邑郑城镇南武城人），著名的思想家，孔子的晚期弟子之一，与其父曾点同师孔子，是儒家学派的重要代表人物。

6. **告子**：身份不详。一说告子是东周战国时思想家，法家人物，曾受教于墨子；一说告子是孟子的学生；因告子本人无著作流传，也有其人纯属杜撰一说。但可以明确的是，孟子与告子都是战国时人，孟子持"性善"论（人生来有向善的力量），告子持"不善不恶"说（人生下来本无所谓善恶）。其中，《告子》以两人的论辩开头，集中阐述了孟子关于人性、道德及其相关理论。

7.**孟季子**：其人不详，疑孟仲子的弟弟。唐崔灏《四书考异》以为原文本无"孟"字，此"季子"即是"季任为任处守"之"季任"。

8.**宋轻**：先秦道家宋尹学派的代表人物，亦名宋钘、宋荣、宋荣子。

9.**慎子**：慎到，善用兵，学黄老道德之术，著十二篇。